Referral Marketing

The World's Best Known Marketing Secret

Building Your Business by Referral

アイヴァン・マイズナー
マイク・マセドニオ
大野真徳
［著］

小川 維［訳］

リファーラルマーケティング

人生でたった一冊しかネットワーキングに関する本を読まないとしても、この本さえ読めば成功に必要なすべてを得ることができるでしょう。シンプルで飾らない、**究極のリファーラルマーケティングの手引**きです。

ジャック・キャンフィールド
『こころのチキンスープ』著者

＊＊＊

いつの時代にも必要不可欠な一冊です。紹介をもとにしたマーケティングでビジネスを強力に後押しし、つねに競合他社の先を行く存在になるにはどうすればよいのか。本書を読めば、あなたが知るべきこと、実践すべきこと、そしてあなたの取るべき態度のすべてを知ることができるはずです。

ブライアン・トレーシー
40冊以上の書籍の著者

あなたの事業を「ふつう」あるいは「まあまあ」の状態から、ずば抜けて成功した状態に変えることができるとしたら？　それもシンプルかつ実証された方法があるとしたら、知りたくはないですか？　**もし答えが「イエス」なら、この本を読んでください。**

キース・フェラッジ
『一生モノの人脈力』著者

＊＊＊

この本だけは絶対に読み損なってはいけません！　最初から最後まで「必読」です。このように業種や場所を問わない経済的かつ非常に強力なマーケティング戦略は、世界中ほかに存在しないでしょう。

スーザン・ロアン
『How to Work a Room』著者

リファーラルマーケティング　目次

第1章

4つのマーケティング手法

リファーラルマーケティングのもつアドバンテージとは？

チェックタイム！

チェックタイムです！　さて、売上を伸ばすにはいくつの方法があるでしょうか？　10？　100？　それとも1000？　じつは、あなたの会社の売上を増やす方法は大きく分けて「4」つしかありません。にわかには信じ難いかもしれませんね。では、どうぞ続きを読んでください。

第一の方法は「宣伝」です。一口に「宣伝」といっても、ご存じのとおり、やり方はいろいろあります。たとえば、ラジオ、新聞、雑誌、ダイレクトメールで宣伝する方法があります。それから、掲示板やテレビCM、公園のベンチやボールペン、風船やチラシを使って宣伝することもできます。大胆なのがお好みであれば、飛行機のスモークで空に文字を書くなんてのもありかもしれません。少し時間が経てば空の文字は消えて無くなってしまいますが、それでも宣伝の1つの方法であることには変わりはありません。

私たちが知っている企業を考えてみましょう。いままでに働いたことがある会社や、自分が経営している会社も含めてです。どの企業もなんらかの方法で宣伝をしているはずです。ところが、定番の宣伝方法は、どれもお金がかかります。新聞にしても、全国紙に10センチメートル四方の広告を掲載する場合、1日だけで何十万円もコストがかかります。

25万円の広告を週1回、1年間掲載するとしましょう。この場合、年間で1250万円以上の費用がかかります。ボリューム割引で25パーセントオフになったとしても、まだ1000万円近いお金が必要です。起業したばかりの会社にとってはもちろん、起業して数年の会社、さらには歴史の長い会社にとっても、この規模の出費はあまり現実的とはいえません。

別に、宣伝するのを止めましょうということではありません。あなたが提供している商品やサービスの種類によっては、効果を発揮する宣伝の方法はたくさんあります。

とはいえ、あなたの会社が大企業であっても、街の生花店であっても、結局のところ、宣伝に使う予算を無限にもっているわけではありません。そのため、決まった予算の範囲で宣伝方法を選び、実践するしかないわけです。ここで大事なことは次の質問を考えてみることです。「宣伝の結果、必要なだけの、あるいは、望むだけの売上アップにつながっているだろうか？」

自問してみてください。「期待以上の売上アップにつながっているだろうか？　宣伝効果でたくさんの仕事が生み出されているだろうか？」もし答えがノーなら、宣伝に使う予算を増やしてみる必要があるかもしれません。それが不可能なら、別の戦略を検討するほうがよいでしょう。

世の中では激しい顧客獲得競争が行われています。あなたの競合相手は、あなたから顧客を勝ち取ろうとしています。景気がよいときですら、宣伝は競合他社に対する勝利を保証してくれるものではありません。なぜなら、あなたが目星を付けている見込み客は、日々何千もの宣伝による集中砲火を浴びせられているからです。つねにこれだけの宣伝にさらされているということは、次のことを意味します。それは、あなたの見込み客は、あなたからでなくても、同じ商品やサービスをいくらでも提供してもらえるということです。

景気が悪いときには、宣伝は全く機能しないかもしれません。景気が著しく悪化すれば、あなたと競合他社で、より限られた数の見込み客をめぐって競争をすることになります。顧客の例も、自分たちが実際に使うお金に関して敏感になっていることでしょう。

売上を伸ばす第二の方法はPRキャンペーンです。これは非常に効果的なのですが、宣伝と同じく、規模の小さな企業にとっては多大な出費になるうえ、時間的にも厳しいものです。大手企業は通常PR会社に委託しますが、これが現場の営業担当一人ひとりの信頼向上につながるかというと、それほどの効果はありません。したがって、PR会社への委託が難しい小規模な企業だけでなく、大手企業の営業担当も、独自のPRプログラムを考える必要があります。

優れたPRプログラムがあれば、あなたの会社の信頼度を上げることが可能です。これは結果としてリファーラルマーケティングにもプラスに働きます。これについては、第10章のリファーラルマーケティングを支えるよいPRプログラムの重要性についてという項目で触れます。とはいえ、まずは次のことを理解しておくことが重要です。ＰＲというのは、営業のための下地をつくることはできても、それだけで取引の成約に至ることは、めったにありません。もちろん、ＰＲを軽視してはいけませんが、それが即座に結果につながることはまれです。したがって、どの企業もＰＲだけに依存することはできません。

第三の方法は、リファーラル（紹介）を通じて売上を伸ばす方法です。昔から、リファーラルマーケティングは最も費用対効果に優れたマーケティング手法として認知されています。『*Thriving on Chaos*』の著者であるトム・ピーターズは、リファーラルマーケティングのことを、顧客やクライアントを増やす重要な手段の１つとして位置付けています。

ピーターズいわく、ほかの宣伝方法やマーケティング方法の場合と同じく、リファーラルマーケティングにも「入念に計画された、体系的な」アプローチが必要だということです。それにもかかわらず、企業のマーケティングプランにリファーラルマーケティングが取り入れられているのを「見たことはない」と言います。ピーターズは、目覚ましい成果を手にしたければ、高度に体系化されたプランが必要だと述べています。

4つのマーケティング手法

マーケティング戦略	初期の目標	最終目標	コスト	アドバンテージ
宣伝（オンラインを含む）	認知度の向上・見込み客づくり	市場におけるイメージの構築・販売	メディアにとっては大きな利益になる可能性	ターゲットを絞ることもできるし、広い顧客層をカバーすることも可能
PR	認知度の向上	市場におけるイメージの構築・多少販売にも貢献	PR会社にとっては大きな利益になる可能性	広い顧客層をカバー
リファーラル	リファーラルを生み出す	販売	人件費	ターゲットを絞ることもできるし、広い顧客層をカバーすることも可能。効率的で派生的効果がある。費用が少なくて済む。質の高い顧客を獲得できる
営業電話（コールドコール）	直接コンタクトすることで販売	販売	かなりの人件費、靴の皮底、忍耐	（がんばって考えてみましたが…何も思いつきませんでした！）

残念なことに、マーケティングに関する統計のほとんどが示していることは、顧客があなたのビジネスをクチコミする可能性は、あなたのサービスに満足だったときよりも、不満だったときのほうが10倍高いということです。したがって、目覚ましい成果を得るには、プランをつくり、体系的なプログラムを構築するのが最善の方法です（マーケティング戦略といえば、もう1つ挙げておくべきものがありました。宣伝やPRと並んでよく用いられる方法です。それは……営業電話！　そうです、「営業電話」です。口に出すだけでゾッとします。ほかの選択肢があるのに、プロとしての人生の残りを営業電話に費やすのは正気とは思えません）。

さて、マーケティングの実態をご確認いただきましたが、いかがでしたか？

売上アップやビジネスの拡大をめざすなら、どの戦略がよいのでしょうか。前述の4つから1つを選ぶなら、「宣伝」がお勧めです。あなたの会社のメッセージを伝える方法としては、最も即効性があるからです。ところが、たいていの場合、宣伝に使える予算は限られています。では、PRはどうでしょうか。こちらはほかのマーケティング戦略と併用するのがよいでしょう。最後に、皆さんがどう思うかはわかりませんが、その昔、わたしは次のことを心に決めました。生きているかぎり、二度と営業電話はやらない！

となると、あなたのビジネスを成長させる効果的な方法としては、次の選択肢が残ります。つまり、リファーラルです。

❖費用対効果に優れた宣伝方法

リファーラルマーケティングも宣伝の一形態であり、メディアを使ったほかの宣伝方法と同様、入念なプランニングがあってこそ、投資した時間とエネルギーに見合った成果を得ることができます。リファーラルマーケティングを始めて、そこから利益を得るようになれば、それがいかに費用対効果に優れたマーケティング手法であるかを理解していただけるはずです。しかし、その恩恵を享受するには、体系的なリファーラル・マーケティング・プログラムを構築することが必要になります。

リファーラルマーケティングが各自のビジネスにもたらす価値については、多くの経営者や事業者がそれを認識しています。一方で、どうすれば、たくさんのリファーラルを継続的に生み出すことができるのかについては、あまり知られていません。それどころか、多くの経営者や事業者が、自分の商品やサービスを**すぐにでも**必要としている人々がいるという事実に気づいていません。

❖誰もがリファーラルを必要としている

事業者に限らず、人は一般に誰でも「リファーラル」（紹介）を必要としています。たとえば、歯科医を選ぶのに、チラシだけを見て決めたいと思う人はあまりいません。普通は、治療を実際に受けた人からより詳しい情報を得たうえで決めたいと思うものです。

同じく、普通は自分の弁護士を電話帳から選びたいとは思いません。不動産業者をタウンページから選ぶこともしないでしょう。会計士であれ、整体師であれ、保険代理店であれ、歯科医であれ、機械の整備業者であれ、どんな業者を選ぶにしても同じことです。人は誰もが信頼できる第三者からの紹介を必要としているのです！

昔から問題はただ1つでした。それは、商品やサービスを必要としている人々と、それを提供している人々とを、どのようにして結びつけるのかという問題です。体系的なリファーラル・マーケティング・プログラムの出発点は、次のことを認識することです。世の中には、あなたが顧客を必要としている以上に、あなたの商品やサービスを必要としている人たちがいるのです。

これは一般的な話ですが、広告だけで業者を選ぶと、どんな業者に当たるかわかったものじゃありません。こんな話があります。何年も前のこと、サンディエゴの銀行が探偵を使って、銀行強盗の追跡と、盗まれた現金の回収を試みました。捜査の結果、強盗はメキシコにいることがわかりました。探偵は国境を越えて追跡しましたが、そのとき、スペイン語の通訳が必要なことに気づきます。彼は電話帳を開き、最初に目に入ったスペイン語の通訳を雇いました。

それからだいぶ日にちが経ったある日、ついに、探偵は銀行強盗を捕まえます。そして、通訳を通して、強盗に次のように言いました。

「金はどこだ？」

強盗はスペイン語で答えました。

「なんの金だ？　なんの話だかさっぱりだ」

すると、探偵は拳銃を取り出し、強盗に突き付けながら、通訳に次のように言いました。

「『金のありかを言わないなら、ここで射殺する』そう伝えてくれ」

通訳からこのメッセージを聞いた銀行強盗は、スペイン語でこう言いました。

「セニョール、金なら、ラパスのヴィア・デル・リオにあるパラシオホテルの2階の男性用トイレの4番目の床板の下にコーヒー缶に入れて隠してある……」

探偵は通訳に尋ねました。

「なんて言ったんだ？」

通訳は、一瞬考えて、次のように答えました。

「彼は男らしく死ぬ覚悟だと言っています」

ほかの情報源が無く、広告だけを頼りに業者を雇うと、提供されるサービスの質については、かなりのリスクを負うことになります。一方、信頼している知人から紹介してもらった業者なら、リスクは大幅に軽減されます。誰かがすでにその業者を利用し、あなたに自信をもって薦めているわけですから。

❖リファーラルで獲得したビジネスは質が高い

知り合いからのリファーラルでやってきた見込み客を、宣伝を見てやってきた、似たような見込み客と比べてみましょう。リファーラルの場合は、取引が成立しやすいうえに、顧客の獲得にかかる費用も少なくて済みます。多くの場合、リファーラルによりもたらされた見込み客は、勘違いや期待外れといったことが少なく、質の高い顧客になります。以下のリストは、事業者が挙げたリファーラルの利点です。リファーラルで獲得したビジネスと、宣伝で獲得したビジネスを比べたとき、リファーラルには次のような利点があると言います。

●圧倒的に成約しやすい

●1年目に平均で5倍以上の売上になる
●顧客の獲得に必要なコストが最も低い
●より高い確率でさらに別のクライアントを紹介してもらえる
●障害となるものがずっと少ない
●顧客ロイヤルティーが非常に高い
●長期的なクライアントとして取引が続く

そして、最も重要な点ですが

●驚くほど信頼感がある

最後に挙がっている点はとくに重要です。共通の友人や知人の紹介があることにより、見込み客がもっている、あなたの商品やサービスに対する信頼度は、はじめから高いレベルにあります。何十人もの人に、毎日、このようなリファーラルを提供してもらえるようにすること、それがリファーラルでビジネスを構築するということです。そして、実際にどうすればよいのかは、この本が教えてくれます！

宣伝文句になったリファーラル

たいていの企業は、宣伝に関してなんらかのプランをもっています。ところが、どういうわけか、リファーラルマーケティングで売上をアップするためのプランを用意している企業がほとんど存在しないのはなぜでしょうか？

皮肉なことに、リファーラルマーケティングがいかに効果的なのかを〝宣伝文句として〟使っている企業すらあります。まるで、見込み客に対して次のように言っているかのようです。「私たちはほとんど、このような広告にお金をかける必要はありません。なぜなら、既存のお客様からのリファーラルで新しいお客様がやってくるからです。でも、この広告をご覧になったあなたはついています。万が一あなたが私たちのお客様とお知り合いでない場合に備え、念のためこの広告を出すことにしたんです」

かつてラジオのＣＭでこんなものを聞いたことがあります。広告主は中堅の商業銀行でした。そのＣＭでは、リスナーに質問を投げかけていました。「あなたは自分の使っている銀行をお友達に紹介したりしますか？」。彼らが言いたいのは、自分たちは、新規顧客のほとんどを既存の顧客からのリファーラルで獲得しているということです。この銀行は、自分のビジネスにとっての、リファーラルがもつ価値に気づいているわけです。それも、ＣＭの中で使いたくなるくらいの価値を見いだしているのです。

最近、また別のラジオＣＭを聞きました。地元の事業者のものでした。彼らは60秒のうち50秒を、彼らにとってリファーラルがどれほど重要なのかを話すことに使って、最後の10秒でこう言っています。仕事の80パーセント以上がリファーラルで、そして残りの20パーセントは「このような広告！」からもたらされていると。さて、皆さんも当然考えることかもしれませんが、この種の広告を出している事業者は、ほんとうに強力なリファーラルを受け取っているのでしょうか。それとも、そういうイメージをつくりだそうとしているだけなのでしょうか。

この章では、4種類のマーケティング方法を検討し、リファーラルでビジネスを成長させる意義を考えてみました。以降の章では、実際に自分のリファーラルマーケティング・プランを立て、リファーラルマーケティングの効果を最大限に引き出す方法についてお話しします。

アクションアイテム

1. 売上アップのためにやっていることをすべてリストに書き出してみてください。（宣伝、ＰＲ、営業電話、リファーラル）
2. リストアップした項目それぞれについて、それにかかる金銭的コストと時間的コストを追跡記録してください。

3．リストアップした項目それぞれについて、それによって獲得したビジネスを追跡記録してください。

第2章

リファーラルマーケティング、ネットワーキング、クチコミ、バズ、バイラルマーケティング
それぞれの意味するものは？

マーケティング関連の用語というのは、さまざまな解釈があり、意味が曖昧になりがちです。話を進める前に、マーケティング用語のいくつかを取り上げ、ここではどのような意味で使っているのかご説明します。まずは、これら（やや使い古された）マーケティング用語の意味を明らかにしてから、リファーラルでビジネスを発展させるためのプランを一緒に考えていきましょう。

もちろん、私たちは、これが用語の正式な定義であるとか、私たちがこれらの用語の所有権をもっているなどと主張するつもりはありません。私たちは、まず、広く使われている定義に着目し、それらを本書でどう使うかを明確にしてから始めたいと思います。

複数の意味で使われているのが**「ネットワーキング」**という言葉です。ある人にとっては、外に出かけて名刺交換をし、巨大なデーターベースをつくることを意味しています。あるいは、人前に出る機会や、見込み客を見つけるための機会として捉えている人もいます。中には、ネットワーキングを、ただのおしゃべりや飲み会にすぎないと思っている人もいます。具体的な目的をもたず、

ただ人に会って交流するというだけです。一方、ここでいうネットワーキングとは、1つのプロセスを指しています。それは、コンタクトを増やし、それを売上アップにつなげたり、知識や影響範囲を拡大したり、さらにコミュニティーに貢献するためのプロセスです。

ビジネスネットワーキングで成功するには、次のことを理解することが大切です。それは、ビジネスネットワーキングとは、ほかの人を助けることを通じて、自分のビジネスを発展させるということです。あなたが誰かを助けると、その人はあなたをより助けよう、あるいは、自分が知っている人たちをあなたに紹介しようという気になります。要するに、ネットワーキングとは、リファーラル（紹介）をベースとしたビジネスを構築するために必要なプロセスです。ネットワーキングとは、1つのプロセスを指しています。それは、コンタクトを増やし、それを売上アップにつなげたり、知識や影響範囲を拡大したり、そして、コミュニティに貢献したりするためのプロセスです。ネットワーキングを通じて、ポジティブなメッセージを効果的に伝達していくのです。リファーラルはその先にある結果です。

ここで、**「リファーラル」**とは何かを定義しておくことが重要です。リファーラルとは特定の商品やサービスを必要としている人に対して、それらを提供できる事業者を個人的に推薦・紹介することをいいます。

リファーラルマーケティングは、ほとんどどんな事業においても、成功のための最も強力な方法となります。ネットワーキングは、フォーマル、インフォーマルを問わず、こうした事業での成功という目標を果たすために行われるのです。

本書でいうネットワーキングとは、リファーラルをベースにしたビジネスを構築するという明確な目的をもって行うものだということを念頭に置いておいてください。

しばしば、リファーラルマーケティングと同義で使われているのが、**「クチコミ」**という言葉です。実際、私たちはプロとしてのキャリアのなかで、この言葉を頻繁に使ってきました。しかし、長い年月をかけてリファーラルマーケティングの概念が発達してくるにつれ、「クチコミ」はリファーラルマーケティングの構成要素にすぎず、同義語ではないと考えるようになりました。そのため、本書やその他の場所でマーケティングに焦点を当てて話をするときはクチコミを、「たんにほかの人があなたの商品やサービスについて話していること」として定義します。クチコミマーケティング・プランでは、特定のリファーラル提供者を通じて、ターゲット層に対して効果的なメッセージを伝達します。そのような意味で、クチコミは、次の章で論じるように、顧客サービスの質と密接に関連しています。

「ネットワークマーケティング」という言葉について触れておく必要があります。この用語は、しばしばマルチ・レベル・マーケティング組織が自分たちの販売システムを表現する際に用いています。マルチ・レベル・マーケティングとは、商品やサービスの販売のために、ディストリビューターがさらにほかのディストリビューターと契約を結び、そのディストリビューターもまたほかと契約を結ぶというようなタイプのマーケティングです。このシステムでは、「上流」に位置するディストリビューターが、より「下流」での販売に対するコミッションを受け取ります。

「マーケティングバズ」あるいはたんに**「バズ」**と呼ばれるものは、クチコミマーケティングで使われる用語です。その商品やサービスの消費者やユーザー間での交流が、マーケティング・メッセージを増幅させます。

「バイラルマーケティング」または**「バイラル広告」**は、既存のソーシャルネットワークを用いて、ウイルスが自己増殖するようなプロセスで、ブランド認知度を高めたり、商品の販売などほかのマーケティング目標を果たしたりします。たとえば、最新のファッションや、映画、注目のスポットなどについて、誰もが話題にしているというようなトレンドを意味します。

リファーラルマーケティング

この本では、ビジネスを構築するための包括的なリファーラルマーケティング・プランをつくり、それを実行に移す方法を示します。したがって、ここでいう、**「リファーラルマーケティング」**という用語は、信頼関係を構築することを通じて、新規の顧客やクライアントを獲得し、その結果、継続的な個人的紹介によるビジネスを獲得する戦略のことです。

そして、ネットワーキングは、そのためのツールとなります。

第3章

リファーラル（紹介）によるビジネス

結果を出すための考え方と態度

❖リファーラルマーケティングの〝矛盾〟

もし、経済状況や競合他社の動きに左右されず、年々ビジネスを成長させる方法があるとしたら、どう思いますか？　じつはそんな方法が存在します。それはリファーラルマーケティングと呼ばれています。

リファーラルマーケティングには〝矛盾〟が存在します。というのも、ほとんど誰もが「リファーラル」という言葉を知っていて、それが事業者にとって重要であるということも理解しています。にもかかわらず、その具体的な活用方法を知っている人はほとんどいません。つまり、これは「世界的に有名なマーケティングの秘密」だといえます。

リファーラルマーケティングは、世界で最も効果的であると同時に、最も理解されていないマーケティング戦略です。リファーラルを通じてマーケティングをするというコンセプト自体は、専門家のあいだにも浸透しているのですが、マーケティングの教本にリファーラルマーケティングが登場することはめったにありません。申し訳程度に触れることはあっても、どうすれば実際に質の高いリファーラルを生み出すことができるのかについては、詳細に説明されていることは、全くと言っていいほどありません。ごくまれにリファーラルマーケティングについて触れている場合でも、経営者や事業者が行動に移せるような、明確で簡潔な体系的プランは提供されていません。中には、細かい部分ばかりに注目していて、プロセス全体を示していないケースもあります。

❖「クチコミのファクター」

多くの事業者が、リファーラルでビジネスを成長させるには、「質の高い顧客サービス」を提供するだけで十分だという誤解をしています。

質の高い顧客サービスは、ビジネスの長期的な成功の前提条件です。しかし、顧客サービスの質を高めるだけでは、リファーラルマーケティングが生み出せるような多くのビジネスを生み出すことはできません。その理由の1つは、私たちが「クチコミのファクター」と呼ぶものにあります。

クチコミファクターは、以下の論理ステップにより説明することができます。

1. 人は、あなたの会社のサービスに満足だったときよりも、不満だったときにそれを人に話してしまいやすい
2. したがって、質の高い顧客サービスは、どちらかというと、リファーラル数を増やすことよりも、悪いクチコミを減らすことと関係している
3. したがって、リファーラルを通じて売上を伸ばすには、顧客サービスの質を上げるだけではなく、よいクチコミを増やす必要がある

要するに、質の高い顧客サービスを提供すれば悪いクチコミを減らすことはできますが、売上を伸ばすためには、それだけでは不十分だということです。売上を伸ばすにはリファーラルマーケティグのスキルを身につけることが必要なのです。

米国西海岸にある、とある調査会社の調べでは、自動車整備のサービスに不満をもった人は、22人にその体験を話すそうです。また、テキサスにある調査会社の調べでは、銀行に不満をもった人は、11人にその不満をもらし、最終的には、その11人のそれぞれが5人にマイナスのクチコミを広げるそうです。言い換えれば、1人の顧客の不満を66人が聞くことになるということです。それも、「第2世代」の55人が聞くのは尾ひれの付いた話に違いありません。

この調査結果が部分的にでも真実であるなら（真実でないと思う理由はありませんが）、質の高

い顧客サービスは、せいぜい悪いクチコミを減らしたり、かき消したりすることはできても、よいクチコミを広めることについては、おそらく大した効果はありません。それにもかかわらず、非常に多くの経営者が、ただ優れた商品やサービスを提供しさえすれば、顧客は群れをなしてやってくるという誤解をしています。はじめて会社を経営する場合はとくにその傾向があります。

❖ リファーラルでビジネスを成長させるための基本戦略

これまで本章で見てきたように、多くの人が、よいクチコミというのは独りでに適切なターゲットの元に届くものだという誤解をしています。これは希望的観測にすぎません。あれよあれよと売上が伸びるかというと、実際は、そんなにすぐ効果が出るわけではありません。

以上から必然的に導かれる結論は、リファーラルをベースにした安定的なビジネスを築くためには、自分自身で、ステップを踏んで、リファーラルを生み出すために行動する必要があるということです。

成功のカギとなるのは、以下の2つの戦略です。これらは本書の主題でもあります。リファーラルによってビジネスを発展させたい事業者は、以下の2点を達成する必要があります。

1．強力かつ多様な人脈を築くこと

2．ポジティブなメッセージを生み出し、それを効果的に伝えること

今日、ビジネスで成功を収めるには強みが必要とされています。これは、勝ち残るには、かなりのクリエイティブさが要求されるということを意味します。マーケティングにおけるクリエイティブさの重要性は、いまや企業や各種専門家にとって、成功のための基本戦略になっています。

よい例を1つご紹介します。ある建物に3件の店が並んで入っていました。不景気な時分でした。売上アップを期待した左端の店が、入り口に「年末クリアランスセール！」という看板を出しました。これを見た右端の店は「在庫処分セール！」という看板で対抗しました。

真ん中の店は、すぐに対抗策を講じないと、売上が下がってしまうことは目に見えていました。検討に検討を重ねた末、店のオーナーは次のような看板を店の入り口に掲げました。「入り口はこちら」

このストーリーの教訓は、景気をコントロールすることはできないし、競合他社をコントロールすることもできないが、それらに対する〝自分自身の反応〟をコントロールすることはできる、ということです。

❖ 景気や競合に対するあなたの反応

リファーラルをベースにビジネスを構築するには、まず次のことを理解することが出発点です。それは、身の回りで起きていることに対するあなたの反応というのは、あなた自身がコントロールするものだということです。わたしはこれまで各地を周って、何千人もの事業者に対してプレゼンを行ってきました。あるとき、コネチカットのハートフォードで開催されたビジネス交流会に参加しました。当時、この地域は深刻な不景気に見舞われていました。話題といえば、どんなに売上が悪いかという話ばかりでした。非常に憂うつな体験でした。まるで、誰もが不景気と、それがもたらすビジネスへの影響とに、とりつかれているかのようでした。

交流会には、多くの不動産業者が参加していましたが、そのうちの1人と話をする機会がありました。地域の不動産価格が下がっていることは承知していましたので、彼に「ビジネスのほうはどうですか？」というお決まりの質問をするのは、ためらわれる状況でした。私自身もこれ以上、世界終末論を聞かされるのはうんざりでした。ところが、今年は絶好調だというのです。わたしは驚いて尋ねました。

「不動産業だとおっしゃいましたよね？」

「そうですよ」

「ここはコネチカットですよね？」

「はい」

彼はやや笑みを浮かべて言いました。

わたしはさらに尋ねました。

「それなのに、好調だとおっしゃるんですか？」

「じつは、かつてないくらい好調なんですよ！」

「かつてないくらいですか⁉」

わたしは驚きを隠せませんでした。しばらく考えてから、次のように尋ねました。

「もしかして、起業されたばかりですか？」

彼は笑いながら答えました。

「いいえ。もう10年近く不動産業をやってますよ」


この不景気や厳しい競争下で、なぜ彼のビジネスはそれほど好調なのか、わたしは尋ねました。

すると、彼はポケットに手を入れて、１つのバッジを取り出しました。青と白のバッジで、次のように書かれていました。

不景気参加
絶対お断り!

「それが秘訣なんですか？」わたしは聞きました。「不景気参加お断りだからビジネスが好調だというのですか？」

「そのとおりです。競合が口を揃えて景気が悪いと嘆いているあいだ、わたしはリファーラルを通じてたくさんのビジネスを獲得しているんですよ」

彼がそう言うのを聞いて、わたしは部屋の中を見回し、しばしのあいだ、ほかの人が不景気に対して不満を述べている声に聞き耳を立ててみました。ほとんど全員がお互いに同情し合っている様子でしたが、結論を言うと、実際に新規のビジネスを探し求めている人はほとんどいなかったのです。だから結果として、ビジネスの成果も少なかったのです。

ビジネスで成功したければ、次のことを肝に銘じておくべきでしょう。不景気について他人に愚痴を言うことは全く助けになりません。あなたのビジネスがどれほど悲惨な状況なのかを聞いた人のうち、半分の人はどうでもいいことだと感じるでしょう。残りの半分はというと、自分たちよりもあなたが悲惨なのを知ってよかったと思うことでしょう！

アイヴァン・マイズナー

多くの人が悲観的になっている状況を変えるのは困難です。態度というのは人から人へと広がっていくものです。ポジティブな態度も、ネガティブな態度もです。それなら、ポジティブな態度を取りましょう。自分の周りをポジティブな事業者で固めるのです。

同業者との競争に勝つためには、一緒になって状況を嘆くことは最も避けるべき行動です。景気や同業者をコントロールすることはできませんが、それらに対する自分自身の反応をコントロールすることはできます。ちょうど「入り口はこちら」の看板を掲げた店のオーナーや「不景気参加お断り」と宣言した不動産業者がしたようにです。外部の力に麻痺させられ行動できないようでは、成功することはできません。あなたの態度はあなたの収入を左右するのです！

本書全体を通じて見ていきますが、景気の波に左右されずに自分の置かれている状況をコントロールする唯一かつ最も効果的な方法は、リファーラルマーケティングのスキルをマスターし、競合他社に差を付けることです。

アクションアイテム

1. 質の高い顧客サービスだけで、売上をアップすることができるという考え方を捨てよう。
2. 景気や競合他社、利率や政府官僚、そのほかなんでもあなたが不満をぶつけていた対象に対して、今後はどう反応するのか、それを紙に書いてみよう。

第4章

はじめの1歩

リファーラルマーケティングに関して、経験が浅い場合や、全く経験が無い場合、準備をせずいきなり行動に出るのは禁物です。リファーラルマーケティングで最も重要なことは、実際に周りの人たちがあなたにリファーラルを提供できるようにすることです。

そのためにはまず、あなたが何をしている人物なのかを、リファーラル提供者に正確に伝えなければいけません。あなたがどのような商品やサービスを提供またはつくっているのか、どのような方法、どのような条件で、その商品やサービスを提供するのか。品質やスキルはどうなのか、競合他社と比べてどのような点が優れているのか。これらの情報をリファーラル提供者に伝えなければいけません。そして、効果的に伝えるためには、これらのことを自分自身でも把握していなければいけません。

一見すると非常に簡単なことに思われるかもしれません。自分が何で生計を立てているのかわからない人はいませんよね？　もちろん誰だってわかっています。とはいえ、それを明確かつ簡潔にリファーラル提供者に伝えることができるでしょうか？　実際にやってみると、意外にも事実を正確に把握できていないことがわかるはずです。

もしあなたがリファーラル提供者に対して、自分のやっていることや、販売しているものを正しく伝えることができなければ、どうして彼らが質の高いリファーラルを提供することができるでしょうか？

リファーラルマーケティングで何をめざすのかその計画を立てる前に、まずは立ち止まって現在の立ち位置を正確に把握する必要があります。次の質問の答えをシンプルな言葉で考えてみてください。

- ●なんのためにビジネスをやっているのか？
- ●自分の商品・サービスは何か？
- ●自分の顧客はどのような人か？
- ●自分の競争力はどうか？

これらの質問を自問してみることは、ほかの人に自分のビジネスについて説明するのに役立ちます。こうすることで、包括的かつ体系的なリファーラルのシステムを、より効率的に実践することができるようになります。

自分のミッションを知る

自分がビジネスを始めたきっかけくらいわかっていると思うかもしれませんが、それについて真面目に考えてみるのは、久しぶりだったりしないでしょうか。今やっていることを、なぜ行っているのか、改めて考えてみるよい機会です。次の質問について考えてみましょう。

●自分のビジネスのミッションとは？

たんに生計を立てるということだけではなく、プロとしての長期的な目標はなんでしょうか？たとえば、業界のスタンダードになることをめざすというのでもよいでしょう。つまり、あなたの競合があなたの会社を基準に評価されるようになるわけです。あるいは、世界をもっとよくしたいという夢をもつのもいいでしょう。

●自分のビジネスが向かっている先は？

ミッションを達成しつつあるか？ 達成するためのプランを立てているか？ ミッションの達成に近づくには、方針、手続き、人材をどのように変えればよいのか？

1．自分のビジネスを取り巻く環境は？

自分のビジネスのやり方や目標達成に影響を与える、社会、経済、テクノロジーの傾向とは？

●自分のビジネスの中核となる強みは何か？

自分がやりたいと思うことは何か？ 同業者よりも上手にできることは何か？ 自分のビジネスのミッションは、自分の価値観や適性に合っているか？

ビジネスコンサルタントとして、これまで多くの企業や事業者が「〃あらゆる人〃を対象とした〃なんでも屋〃」になろうとするのを見てきました。よくあるのは、はじめのうちは得意分野をつくって成功をめざすという妥当な方針を掲げるのですが、顧客やアドバイザー、提携先などからの意見で、ころころと方向性を変えてしまうパターンです。その結果、道を見失ってしまうわけです。

当初のアイデアが結果につながる以前に、ビジネスは一貫性がなくなり、ミッションを見失ってしまうのです。このような企業へのアドバイスとしては、定期的に立ち止まって、自分たちのビジネスを分析してみることです。必要なら、自分たちのミッションや理念に立ち返ることもアドバイスします。

筆者（アイヴァン・マイズナー）は1985年にBNI（Business Network International）を創立しました。その際、自分が日ごろから人にアドバイスしていたことを実行に移しました。「メンバー同士がリファーラルを提供し合えるようにすること」をBNIの最重要ミッションに位置付けました。より正確には、「体系的かつポジティブ、そしてプロフェッショナルなクチコミマーケティング・プログラム*を通じて、メンバーが売上を伸ばすのを手助けする」ことです。

＊現在では「リファーラル・マーケティング・プログラム」と呼んでいます。
1985年以来、新しい活動やプログラム、その他BNIメンバーに役立つプロジェクトに関して、多くの人が価値あるアイデアをBNIに提供してくれました。その多くは非常に優れたアイデアでしたが、一方でBNIの守備範囲外のものも少なくありませんでした。たとえば、営業やマーケティングに関する専門的なトレーニングを提供することについては、BNIよりも得意としている企業、教育プログラム、研究機関などがあったからです。

数年前のことですが、何人かのBNIのディレクターが、アイヴァンにあるアイデアを提案しました。それは、リファーラルで確かな成功を収めるためのトレーニング・プログラムを、BNIが一般の事業者向けに開発するというものでした。一見すると、これはBNIの活動をさらに強化するうえで優れたアイデアに思われました。しかし、BNIのミッションと照らし合わせた結果、アイヴァンのテストを通過することはできませんでした。確かに、価値のあるアイデアでしたし、マーケットにはニーズもありました。ただ、それはBNIのミッションの一部とはいえず、BNIのビジネスに取り入れられることはありませんでした。このアイデアに関してアイヴァンが選んだのは、自分が共同経営者になり、わたしが仲間と一緒にリファーラルトレーニング会社を設立するのを支援することでした。いまでは、リファーラル・インスティテュート（Referral Institute）として知られています。BNIとリファーラル・インスティテュートは強力なアライアンス関係にあります。こうしてBNIはそのミッションに忠実であり続けたのです。

マイク・マセドニオ

ＢＮＩは、簡単に新しいアイデアを採用することは極力避けてきました。非常に価値あるアイデアに対してもそうでした。ＢＮＩのミッションに直接関係がないものや、ＢＮＩの焦点を変えてしまうようなものは採用しなかったのです。これこそ、ＢＮＩがこれほど短期間で、世界最大級かつ最も成功しているリファーラルマーケティング組織になった理由の一つだといえます。

自分の商品・サービスを知る

リファーラルマーケティング・プランがうまくいけば、リファーラル提供者からの紹介で、見込み客がはじめてあなたの商品やサービスを購入することになります。そして、あなたを信頼し、良好な関係が築ければ、継続して購入してくれるはずです。とはいえ、彼らがどのような理由であなたの元にやって来たにせよ、あるいは、どのような理由であなたの元に留まるにせよ、彼らがあなたの顧客である第一の理由は、あなたの商品やサービスを必要としていることです。

リファーラル提供者は、あなたがどのような商品やサービスを提供しているのか、見込み客に伝える必要があります。そのためには、まずあなたがリファーラル提供者に明確な情報を伝えておく必要があります。リファーラルを通じて売上をアップしたい商品やサービスのそれぞれについて、以下の項目に対する答えを考え、リファーラル提供者に伝えます。

- その商品やサービスの目的は何か？　どのようなニーズを満たすことができるのか？
- 商品やサービスの説明。商品の形、大きさ、機能、特徴。おもなサービスの内容、メリットなど。
- 自分の商品・サービスは、どのように顧客の元に届けられるのか？
- 費用とその条件（場所、作業の複雑さ、必要なツールなど）は？

このほかにも、戦略上、自分の商品やサービスについて把握しておくべき事柄があります。自分の商品が時代遅れになっていないか。同じサービスを提供するのに、より新しく、よりよい方法はないか。あなたの商品やサービスが社会や環境にもたらす影響は何か。経済や規制の動向が、商品やサービスの販売方法、または販売条件に影響を及ぼさないか。長期的に見て、現在の商品やサービスを販売し続けることで充実感を得られるかなどです。

❖ 自分のターゲットマーケットを知る

ターゲットマーケットとはなんでしょうか？　非常に簡単に言ってしまえば、あなたの商品やサービスにニーズがある特定の顧客層のことです。ほかにもあなたのマーケティングメッセージを耳にする人はいますが、彼らこそがそのメッセージの「聴き手」となり、彼らのためにあなたはマーケティングプランを設計することになります。町中の人すべてや、あなたのテレビコマーシャルを目にするかもしれない人すべてなど、1つのマーケットにいる全員に商品・サービスを販売しようとするのではなく、マーケティングメッセージを、自分の商品・サービスに対するニーズや購買意欲が最も高そうな人に向けて発信することが必要です。

自分の顧客についてよく知っている場合でも、時折、当たり前のことを一歩引いた視点から吟味してみるのも大切です。リファーラル提供者に対して、以下の点を伝えられるようにしましょう。

- どんな人があなたの顧客になりそうか？
- 顧客はなんのためにあなたのところに来るのか？
- あなたがほんとうに専門、得意としている分野は何か？
- 仕事のなかで、あなたが最も喜びを感じ、最も利益率が高いものは何か？

これらの質問に答えることができれば、リファーラル戦略を考えるうえで有利なスタートを切ることができます。では、どこにマーケティングのエネルギーを集中させればよいのでしょうか？たとえば、あなたのビジネスがカリブ海クルーズに特化した旅行代理店なら、ターゲットを探す際は、動物愛護協会の名簿よりは退職者協会の名簿から探したほうが賢明です。テレビやラジオのトーク番組で宣伝するのはどうでしょうか？　展示会は？　タウンフェアは？　答えは、イベントの主旨によります。イベントなどの機会を一つひとつ吟味し、そこに自分のターゲットとなる人がたくさん来ているかどうか見極めましょう。そして、最も効果のありそうなものにマーケティングのエネルギーを集中させるのです。

❖自分の競争力を知る

競合他社への対処法を見いだしたければ、少し時間を取って、自分の競争力を分析してみましょう。自分のUSP（他社にはない強み）を理解したり、強調したりするうえで助けになります。他社との違いはどこにあるのか、どうすれば競争において自分を最も有利にできるのか。

自分の競争力を知る方法として、USPを次のように説明することができます。「USP（Unique Selling Proposition）とは、あなたのビジネスの目的を、最も簡潔かつ説得力のある方法で述べたものです。これは、あなたの仕事の独特の付加価値をほかの人に伝えるためのものです」

競争力の分析を行うに当たっては、万能の公式というものは存在しません。ほとんどは、ビジネスのセンスがあるかどうかにかかっています。競合他社の動向を注視して、つねに対抗策を考えるようにしましょう。たとえば、次のような点に注意を払います。

● 価格やコストに競争力があるか（相見積もりを出したときに、ビジネスにつながっているか）

●商品やサービスの質において、張り合えているか
●売り手としての評判はどうか（なぜ自分の元に人がやってくるのか）
●自分のビジネスは成長しているか、それとも基盤を失いつつある、あるいは、やっとのことでマーケットシェアを維持している状態なのか
●事が起こるのを待ちながら、いざというときには対応したいと思っているだけなのか

同時に、競争力を維持するには、つねに世の中の動向を注視し、競合他社よりも素早く変化に対応することが必要になります。テクノロジーや社会の変化が、競争にどう影響を与えるか。競合他社と比較して、自分の商品やサービスは先進的か。競合他社にオンラインマーケティングで出し抜かれていないかなど。自分の業界を突き動かす要因（成長率、購買層の推移、商品やマーケティングにおける革新性、競合他社の参入と撤退、コストや効率の変化など）を理解することで、競争で優位に立つことができるようになります。

競争戦略のための5つのカギ

競争戦略には、顧客を引きつけ、競争圧力に耐え、マーケットでの地位を強化するための、アプローチとイニシアチブが必要となります。アーサー・トンプソンとA・J・ストリックランドが

『*Strategic Management*』の中で述べているように、競争戦略には次の5つが考えられます。

1．低コストリーダー戦略

商品やサービスを低コストで提供することで、幅広い顧客層に訴えかける。顕著な例としては、家具のＩＫＥＡ、スーパーマーケットのウォルマート、航空会社のジェットスターなどが挙げられる。

2．幅広い購買層をターゲットにした差別化戦略

幅広い購買層に訴えかけるような方法で、自社の商品やサービスを競合他社のものから差別化する。ノードストロームは、顧客サービスの方針や人事の方針で有名。ホールフーズは、健康食品とオーガニック食品に重点を置いた食料品小売店としてメジャーになった。

3．ベスト・コスト・パフォーマンス戦略

低コストと高品質を両立させ、顧客が支払うお金に対して、より大きな価値を提供する。品質や機能の点で同等の商品を提供する他社よりも、コストと価格を抑えることを目標にする。ゼネラルモーターズのサターン部門は、エコノミー車の生産に成功し、顧客満足度ではより高級な車に匹敵する。

4. 低コストを基礎にしたフォーカス（ニッチ）戦略

顧客層を明確にし、低コストで競合に勝つ。ギャップ（Gap）の戦略はこれに当たる。

5. 差別化を基礎にしたフォーカス（ニッチ）戦略

ニッチな顧客層に対して、顧客の好みや要望を取り入れた商品・サービスを提供する。ロールス・ロイスは、限られた数のハイエンド高級車を特注で販売。車体に対する特定の要望をもったマーケットに狙い定め、堂々たる店構えで、メインストリームのスタイルを提供している。

❖次のステップ

さて、ここまでで自分のビジネスについて、ほかの人にどのように伝えたらよいのか、かなり明確なイメージがつかめたのではないでしょうか。自分の会社のミッションや、商品・サービスの特徴、ターゲットマーケットを構成する人々、そして、いかにして競合に対抗するのか。ネットワークを構築し、リファーラルという最も効果的な方法で売上アップを狙ううえでは、これらのことをリファーラル提供者や見込み客に伝える力が不可欠です。

アクションアイテム

この章を読み終えたら、以下の質問に答えられるはずです。

1. 自分のビジネスのミッションは？
2. たんに生計を立てるということだけではなく、自分のプロとしての長期的な目標は何か？
3. 自分の会社はどこへ向かっているのか？
4. ミッションを達成しつつあるか、または達成するためのプランを立てているか？
5. ミッションの達成に近づくには、方針、手順、人材をどのように変えればよいのか？
6. ビジネスを取り巻く環境とは？　自分のビジネスのやり方や目標の達成に影響を与える、社会、経済、テクノロジーの傾向とは？
7. 自分のビジネスの中核となる強みは何か？　自分がやりたいと思うことは何か？
8. 同業者よりも得意なことは何か？
9. ビジネスのミッションは自身の価値観や適性と合っているか？
10. 自分の商品・サービスの目的とは？　どのようなニーズを満たすことができるのか？
11. 自分の商品・サービスをどのように説明するか？　大きさ、形、機能、特徴、おもなサービスの内容、メリットは？

12. 自分の商品・サービスは、どのように顧客の元に届けられるのか？
13. 自分の商品・サービスの価格は？　また、それはどのような条件の下か？
14. 最もふさわしい顧客とは？　彼らが自分の元にやってくる理由とは？
15. 自分のビジネスのどの部分が最も利益をもたらし、自分に満足を与えているか？
16. 価格やコストは競争に耐えるものか？　価格で比較されたときに、顧客は自分の元にやってくるか？　商品やサービスの質において張り合えているか？
17. 売り手としての評判はどうか（なぜ自分の元に人がやってくるのか）？
18. 自分のビジネスは成長しているか、それとも基盤を失いつつある、または、やっとのことでマーケットシェアを維持している状態なのか？

第5章

ネットワーキングVS直接営業

仮に必要なだけリファーラルをもらえるとしたら、営業は要らない？食べていく必要がないなら、それでもいいでしょう！

リファーラルマーケティングに精通していて、実際に成功している人に聞けば、営業スキルは必須だと答えるはずです。営業スキルは、リファーラルマーケティングのプロセス全般で必要になります。見込み客との取引を成立させるときだけではありません。

第一に、自分自身をリファーラル提供者に対して売り込む必要があります。リファーラル提供者に、あなたが知人に紹介するに値する人であることを納得してもらう必要があるのです。また、次のことを忘れないことが大切です。リファーラルというのは、成約が保証されているわけではありません。リファーラルとは、紹介してもらった相手とビジネスをするための機会ですが、（たいていの場合）自分自身で取引を成立させないといけません。そこで、次の点が重要になります。売り方を心得ていること、期待どおりの商品・サービスを提供できること、顧客にプロセスと結果の両方に関して満足してもらえること、この3点です。あなたが上記のことを成し遂げることができれば、リファーラル提供者の印象もアップします。一方、あなたが「最初の営業」（リファーラル提供者に自分を売り込むこと）すらできないのなら、リファーラル提供者はあなたにリファーラルを提供しようとは思いません。なぜなら、リファーラル提供者は、自分とリファーラル先との関係を危険にさらすことはしたくないからです。要するに、リファーラルを提供する気にならない訳です。

2つの研究が次のことを示しています。1つは1990年代初頭にカリフォルニアで行われた研究、もう1つは2006年にフロリダで行われたものです。これらによれば、リファーラルのうち、およそ34パーセントが実際に売上につながっているということです。これは驚くべき数字です。とはいえ、100パーセントというわけにはいきません。したがって、ネットワーキングにおいても、営業スキルは依然として重要です。営業スキルには個人差があります。リファーラルを生み出すための知識とスキルを持ち合わせ、かつ取引を成立させるための知識とスキルがあれば、とりあえず基礎ができたと言えるでしょう。

第2に、見込み客と最初のアポを取るには、見込み客に対して自分自身を売り込む必要があります。たとえリファーラルが大いに役立つとしても、依然として自分自身で見込み客を説得する必要があります。つまり、あなたとのアポイントが時間の無駄にはならないこと、あなたと会ってよかったと思えることを信じてもらえなければなりません。ただし、その際に強引な態度や優柔不断な態度、曖昧な態度を取るのは禁物です。リファーラル提供者からあなたの話を聞いた人は、あなたのアプローチに対して高い期待値をもっており、プロとしての態度や礼儀を期待しています。まず、あなた自身が、双方にとってメリットのある取引ができるという確信をもつ必要があります。そして、それを見込み客に対して、態度と行動で示してください。リファーラル提供者に恥をかかすようなことだけは絶対に避けましょう。

第3に、アポイントが取れたら、当然ながら、次は取引を成立させなければなりません。見込み客を説得して、あなたの商品・サービスを購入してもらうわけです（「営業」と聞けば、一般にはこの部分を想像します。ご存じのとおり、これが営業のすべてではありません。とはいえ、短期的には収益に関して最も重要な部分です）。**ここは最もあなたの誠実さが問われる場面です。**見込み客が知るべき情報は、すべて提供しなければいけません。この時点で伝えていない追加料金をあとから請求したり、突然条件を変更したり、おとり販売をしたりしてはいけません。

あなたのビジネスに効率よくリファーラルをもたらす仕組みができれば、あなたに見込み客が継続的に紹介されることになります。しかし、成約できる保証はありません。つまり、見込み客を新規のクライアント、顧客、あるいは患者さんへと変えるスキルが求められます。

しかし、ここで次のことに注意する必要があります。リファーラルマーケティングの場合、取引を成立させることは、販売プロセスのスタート地点でも、ゴール地点でもありません。まず、前述のとおり、取引成立に至るには、過去に少なくとも2、3件、ほかの顧客との取引実績が必要です。次に、リファーラルマーケティングに欠かせない長期的な人間関係を築くには、新規顧客とリファーラル提供者の両方をフォローアップしなければなりません。これもまたプロセスの一部なのです。

次のことを忘れないでください。リファーラルマーケティングにおいて最も重要な点は、紹介してくれた人（リファーラル提供者）の株を上げることです。リファーラル提供者に恥をかかせずに「売る」方法を心得ていることを示す必要があります。見込み客の話に耳を傾け、ニーズを聞き出し、それに基づいてソリューションを提供する。その際は相手にいくつかの選択肢を与えます。もし、自分がよいソリューションを提供できないとわかったら、決して無理に売ってはいけません。もしも、あなたの営業テクニックというのが、買ってくれるまで見込み客を「軟禁」するというものだったらどうでしょうか。リファーラル提供者は決して喜ばないはずです。なぜなら、あなたは彼と見込み客との人間関係を悪用し、傷つけてしまったからです。この場合、その1回の取引は成立するかもしれませんが、その顧客と将来的に取引できる可能性を自分でシャットアウトしてしまうことになります。そして、リファーラル提供者からふたたびリファーラルをもらえる可能性も失われてしまうのです。

マイク・マセドニオ

リファーラルマーケティングにおける営業について、１つ言えることは次のことです。もし営業に自信がない、あるいは、営業の専門的なトレーニングを受けたことがないなら、そういったトレーニングに投資することは、決して時間の無駄にはならないでしょう。リファーラルマーケティングやリレーションシップ・マーケティング、そしてリファーラル・ネットワーキングのあらゆる場面で役に立つはずです。

アクションアイテム

1. 営業に関してどれくらい自信があるか自己評価してみましょう。営業に関して、過去にどのような専門的なトレーニングを受けましたか？
2. リファーラル提供者に自分を売り込む際には、自分の営業プロセスや目標を説明しましょう。
3. 見込み客に会った際にも、自分の営業プロセスを説明しましょう。
4. 日ごろからリファーラル提供者に自分の営業プロセスを伝えておきましょう。

第6章

ネットワーキングは狩猟よりも農耕に近い

畑を耕すかのように、人間関係を育みましょう

この本で最もお伝えしたいことは、「リファーラルでビジネスを発展させるということは、狩猟よりも農耕に近い」ということです。それは、ほかの事業者との信頼関係を育むことです。

何年も前のことですが、次のような教訓を得ました。「ほかの人を手助けして、その人が欲しいものを手に入れる手助けをする意志があれば、自分自身もなんであれ欲しいものを手に入れることができるようになる」。これはビジネスにおいても、人生においても、同じことです。新しい世紀が始まった今、ビジネスを支えてきた永続的な価値について思い起こす必要があります。その1つは、信頼です。私たちは、自分が信頼を置く人や企業に仕事を依頼します。したがって、リファーラルをもらいたいと思うなら、まず信頼を獲得する必要があるのです。これにはプロセスが必要です。それは、農耕のプロセスであり、長期的かつ永続的なリファーラル・パートナーシップにつながる信頼関係を育むプロセスです。

残念なことに、今日のハイテク社会ではすぐに結果を求める風潮があります。リファーラルマー

ケティングは一獲千金のスキームでも、一時的な流行ものでもありません。リファーラルマーケティングとは、ビジネスの成功を支える土台です。このアプローチで効果を得るには、次のことを理解している必要があります。それは、信頼を築くには時間がかかるということです。少しの粘り強さと、適切な努力、そして少しの時間があれば、新規ビジネスのほぼ100パーセントをリファーラルで獲得することも不可能ではありません。

さて、いまからリファーラルマーケティングのプランを立て始める人が、リファーラルだけで自分のビジネスを支えようというのは、「絵に描いた餅」だと思われるかもしれません。ところが、実際に可能なのです。それはすでに行われてきたことであり、あなたにもできることです。

実例で説明しましょう。何年か前ですが、リファーラルインスティテュートは、フランチャイズ化で拡大をめざしました。その際に、リファーラルマーケティング・プランを実行に移しました。5年もしないうちに、4つの大陸で50以上のフランチャイズをもつに至りました。**この実績は100パーセント、リファーラルによるものです。**一般的に考えてみましょう。米国には3000を超えるフランチャイズ企業がありますが、フランチャイズユニットが50以上に到達したものは、そのうちわずか5パーセントにすぎません。

カルビン・クーリッジはかつて次のように言いました。「この世で粘り強さに勝るものはない。才能ですらそうだ。失意の秀才ほどありふれたものはない。天賦の才ですらそうだ。報われない天才というのは、もはや1つのことわざだ。教育ですらそうだ。この世は教育を受けた落後者であふれている！」

粘り強さと意志の強さは、いかなる場合にも成功のカギとなります。ある人物の話をご紹介しましょう。ずっと昔の話ですが、ある男がビジネスに失敗しました。その翌年、彼は議員選挙で落選しました。そのまた翌年、彼はふたたびビジネスで失敗しました。3年後、彼は精神衰弱に陥ります。その2年後、彼は州議会の議長選出で落選しました。そのまた2年後、今度は選挙人選出で落選します。さらに、3年も経たないうちに、彼は連邦議員選挙で落選します。5年後、彼はふたたび議員選挙で落選しました。7年後、彼は上院議員選挙で落選します。その翌年、彼は副大統領の選出で落選します。その2年後、彼はふたたび上院議員選挙で落選しました。それから2年後のこと、彼は合衆国大統領に当選しました。その男の名はエイブラハム・リンカーンです。

ここから読み取れる教訓はこうです。「決してあきらめてはいけない」。リファーラルでビジネスを構築するには時間と、粘り強さと、他人を手助けする意志が必要になります。

ここまでで、リファーラルでビジネスを大きな成功へと導くための青写真を描けたかと思います。これらのアイデアを実行に移せば、大幅な収益アップが期待できます。問題は、あなたが実際にどの程度これらのアイデアを実行に移すかです。あなたのリファーラル・マーケティング・プログラムがどうなるかは、あなたしだいです。もっとも、これは、ビジネスにおいても、人生においても、当たり前のことではないでしょうか？

なんの変哲もない鉄の棒が5ドルの価値だとしましょう。それを馬のひづめに変えたらおよそ11

ドルになります。ねじ回しや包丁に変えれば、同じ鉄の棒が２５０ドルになるかもしれません。または、針に変えれば総売上約３５００ドル、時計のぜんまいに変えれば25万ドルくらいにはなるかもしれません！　もし、なんの変哲もない鉄の棒が5ドルから25万ドルの価値になるとすれば、この本に書かれたアイデアは、それを実行に移す人にとってどれくらいの価値になるのか見当も付きません！

ここでラルフ・ワルド・エマソンのすばらしい言葉をご紹介しましょう。「私たちの前にあるものも、私たちの後ろにあるものも、私たちの内にあるものに比べれば、小さなものにすぎない」。リファーラルに基づいてビジネスを構築するということは、私たちの内にある最善のものを活用することです。それは、ほかの人との分かち合いであり、思いやりです。私たちの知るかぎり、ビジネスをするうえで、これに勝る方法はありません。

リファーラルマーケティングとは、体系的かつプロフェッショナルな方法で信頼関係を構築することを意味します。長年かけてリファーラルでビジネスを構築してきた経験から、次のことを学びました。何を知っているかや、誰を知っているかが重要なのではなく、どれほど相手のことを知っているのかが重要だということです。

強力かつ多様性に富んだ人脈を築き、ポジティブなメッセージを、あなたのことを知っていて、信頼してくれている人たちに、効果的に伝達することができれば、ほぼ間違いなく、成功はあなたのものになるでしょう。

第7章

VCPプロセス™　強力な人脈を構築するうえでの3つの段階

リファーラルマーケティングにおいてカギとなるコンセプトは「人間関係」です。ほかの個人や事業者との人間関係は、情報や支援、リファーラルを獲得するシステムを構築するうえで、その土台となります。リファーラルマーケティングが機能するのは、これらの人間関係が双方向型、つまり、両者に恩恵をもたらすものだからです。

リファーラルマーケティングには多種多様な人間関係が関わってきます。なかでも重要なのは、リファーラル提供者との関係、彼らが連れてくる見込み客との関係、そして、そうした見込み客のなかから顧客になってくれた人たちとの関係です。これらの人間関係というのは、どこからか降って湧くようなものではなく、自分で育て上げる必要があります。人間関係は、相互的な信頼と恩恵を糧に発展していきます。人間関係が成熟していく過程には、認知（Visibility）の段階、信頼（Credibility）の段階、利益（Profitability）の3つの段階があります。これをVCPプロセスと呼んでいます。

私生活においても、ビジネスにおいても、人間関係というのは、それを構成する個人間における固有の関係であり、時間をかけて進化を遂げるものです。はじめは暫定的でもろく、まだ見ぬ可能性と期待とが詰まった状態にあります。そこから、具体的な体験と親交を通じて、より強力になっていきます。そして、信頼とコミットメントへと成熟していきます。VCP過程は、ビジネスと私生活の両方における、人間関係の誕生、成熟、強化のプロセスを記述したものです。これは、人間関係の状態を評価し、それがリファーラルをもらえるようになるまでのプロセスにおいて、どの段階にあるのかを知るのに役立ちます。また、VCPプロセスは、将来的に友人、クライアント、同僚、仕入先、仕事仲間、あるいは家族となる人たちと、効果的かつ恩恵のある人間関係を育むために活用することもできます。これを成し遂げることができれば、人間関係はお互いにとって恩恵のあるものになり、それゆえに長く続くものとなっていくのです。

❖ 認知の段階(Visibility)

人間関係における最初の段階は認知(V)の段階です。これは、あなたと相手が知り合いになる段階です。ビジネスにおいては、リファーラル提供者の候補となる人や見込み客が、あなたのビジネスについて知った段階を指します。きっかけとしては、あなたが行ったPR活動や、宣伝活動、あるいは共通の知り合いかもしれません。次に、相手はあなたが実際に仕事をしている姿や、人とやり取りをしているところを目にするかもしれません。そして、コミュニケーションが始まり、つながりをもつようになります。たとえば、電話で商品に関する問い合わせを1、2回やり取りするかもしれません。さらに、個人的にも親しくなり、気の置けない関係になるかもしれません。とはいえ、まだお互いについてはあまり知らない段階です。このような人間関係が集まって、カジュアルな人脈を構成している訳です。これは、ある種の事実上のつながりであり、1つあるいは複数の関心を共有することに基づいています。

認知（V）の段階は重要です。なぜなら、認知と認識とを生み出す段階だからです。認知度が上がり、より広く知れわたるようになれば、ほかの人に関する情報がより多く入ってくるようになります。そして、より多くの機会を得ることにつながり、ほかの人やグループからリファーラルを提供する相手として認められるチャンスも増えます。認知度というのは、積極的に維持向上させていかなければいけません。それなしには、次の段階には進むことはできません。

認知が向上すると……

- より広く知れわたるようになる
- ほかの人に関する情報がより多く入ってくるようになる
- より多くの機会を得ることにつながる

●ほかの人やグループからリファーラルを提供する相手として認められるチャンスも大きくなる

リファーラル提供者との人間関係が認知（V）の段階にあるかどうかを知るには、次の点が試金石になります。それは、お互いに名前と職業を認識しているかどうかです。

※自分の連絡先をひととおり調べてみると、この条件に一致しない人が出てくると思います。これらの人たちとの関係を認知以前（Pre-Visibility）の段階と呼ぶことができます。

❖信頼の段階（Credibility）

信頼とは、頼りになる、または、信用に足るという段階を表す言葉です。あなたと相手が、お互いに対する期待感をもつようになり、そして、その期待が満たされることによって、両者の人間関係は信頼（C）の段階へと移ります。人間関係が満足なものであるという確信をそれぞれがもてるようになれば、人間関係はさらに強化されていきます。

アポイントが守られ、約束が果たされる。事実が裏付けられ、実際にサービスが提供される。そのとき信頼はより大きくなります。昔から、「結果は言葉以上にものを言う」と言いますが、それはほんとうです。これは非常に重要です。相手の期待に応えられなかった（暗黙のものを含め、相手との約束を守ることができなかった）場合、人間関係の芽が地表に顔を出す前に、それを摘んでしまうことになります。それだけでなく、あなたが望まないような「認知」を生み出してしまう可能性すらあります。

自分がどれくらい信頼されているかを知るには、第三者に尋ねてみるのも1つの方法です。長く付き合っている知り合いや、過去に仕事をしたことがある人に聞いてみます。その人は、あなたの信頼性をほかの人に保証してくれるでしょうか？　あなたのことを誠実な人物だと言ってくれるでしょうか？　あなたの商品やサービスが効果的だと感じているでしょうか？　あなたのことを、いざというときに頼りになる存在として捉えてくれているでしょうか？

ＶＣＰプロセスを基準に人間関係の評価を行う際は、人間関係というのは双方向型のものだということを念頭に置く必要があります。したがって、人間関係の評価は、あなた自身の認識と相手の認識との最小共通項になります。たとえば、あなたが信頼（Ｃ）の段階にあると思っていても、相手がまだ認知（Ｖ）の段階だと感じているうちは、その人間関係は認知（Ｖ）の段階だと判断する必要があります。

❖ 利益の段階（Profitability）

成熟した人間関係とは何か？　それは私生活においてもビジネスにおいても、利益の観点から定義することができます。お互いに実りある人間関係になっているか。お互いがその人間関係から満足を得ているか。その人間関係は互恵性によって維持されているか。もし、人間関係の継続を支える相互的な恩恵がないなら、おそらくその関係は長続きしません。

人間関係がこれらの発展段階を経るのに必要な時間には大きなばらつきがあります。どれくらいで互恵的な人間関係が構築されるのか、一概に言うことはできません。1週間かもしれませんし、1ヵ月かもしれませんし、1年かかることもあります。急な案件が生じた際には、クライアントとの人間関係を一晩で認知から信頼まで進展させる必要があるかもしれません。利益（P）の段階についても同じことが言えます。すぐに実現できるかもしれませんし、1年かかるかもしれません。多くはその中間くらいです。必要な時間は、その人との接触頻度やその質によっても違ってきます。なかでも、人間関係を進展させたいというお互いの気持ちに左右されます。

目先のことばかりに気を取られていると、人間関係の十分な発展を妨げることになりかねません。あなたが顧客の側だとしましょう。数ヵ月間ある業者と断続的に取引をしたとします。その後、その業者が提供してくれたサービス、時間、善意、信頼性といった価値を顧みず、小銭を節約するためにもっと安い業者を探し回る、という場合を考えてください。これで人間関係から恩恵を享受することができるでしょうか？　むしろ、人間関係の成熟を妨げているのではないでしょうか？　一方、もしあなたがこの業者に自分が依頼できるすべての仕事を任せたとしたら、両者に恩恵をもたらす条件を見いだすことができるかもしれません。

安さばかりを追求しているようでは、恩恵を享受することはできません。第6章でお話しした狩猟と農耕の対比を思い出してください。恩恵とは、自ら育む必要があるのです。それは農耕と一緒で忍耐を必要とします。庭にリンゴの木を植えたとしましょう。まずは苗木に肥料と水を与え、それが若い木へと成長するのを見守る必要があります。それから、その木が実を結ぶのを待ちます。ところが、3年経ってもまだリンゴが実らなかったとしましょう。あなたはその木を抜き、裏庭に植え替えるかもしれません。ところが、その木が新しい土になじむには、さらに2年の歳月が必要になるのです。その木はまだ実を結ばないでしょう。あなたは、その木をもう一度別のところに移そうとするかもしれません。ご想像のとおり、これでは、たとえ木が枯れてしまうことはなくても、この木がリンゴを実らせることは決して無いでしょう。

このように、リファーラルマーケティングのための人間関係の構築においては、認知と信頼（C）の段階が重要なのです。

さて、相手との関係が**利益**（**P**）**の段階にある**といえるのは、相手が積極的かつ恒常的にリファーラルを提供してくれていて、かつ自分も同じことをしている場合に限られます。ここから言えることは、**利益**（**P**）**の段階にある関係とは、たんに過去に仕事をしたことがある、あるいは、リファーラルを提供してくれたことがあるというだけでは不十分だということです。**とはいえ、幸いにも利益（P）の段階にある関係がいくつかあれば、十分にビジネスを成功に導くことができます。

ここで重要なのは、これら3つの段階が表しているのは、「リファーラルプロセス」であって、

「営業プロセス」ではないということです。はじめは混乱するかもしれません。相手が自分から何かを購入した時点で、相手との関係が利益（P）の段階にあると考える人もいるでしょう。しかし、そういうことではありません。ここでお話ししている利益（P）の段階にある人間関係とは、相手があなたに恒常的にリファーラルを提供してくれているような場合に**限られる**のです。

人間関係を認知、信頼、利益に分類してみましたが、今度はネットワーキングにおける行動様式について、このVCPプロセスを使って考えてみましょう。あなたがどのようなネットワーキング行動様式をとっているかは、交流会のような場で、あなたがほかの参加者とつくっている人間関係によって決まると言えます。

次の例を考えてみましょう。あるネットワーキングイベントに参加したとします。参加者のなかに知っている人はいません。あなたは部屋の中を回って、自己紹介をし、名刺を集め始めます。さて、その後1週間も2週間も連絡を取らずに過ぎた場合、出会った人があなたの名字、名前、職業をおぼえていてくれる可能性はどの程度でしょうか？　もし、彼らがあなたのことをおぼえていなかったり、あなたが彼らのことをおぼえていなかったりするなら、前述のとおり、人間関係は認知以前（pre-V）の段階だといえます。

これは多くの事業者が陥りやすいネットワーキングにおける大きな落とし穴です。事業者が行っているネットワーキングの効果を検証したところ、認知以前（pre-V）と認知（V）のネットワーキングに時間を投資している人が多いことがわかりました。彼らが落とし穴にはまってしまう原因は、時々前に会ったことがある人物に再会するという体験です。この体験が、あたかもネットワーキングがうまくいっているかのような錯覚を生み出してしまうのです。つまり、同じ人物に繰り返し出会うことで、この調子で新しい人と知り合いになっていけばよいと考え、同じ段階のネットワーキングを続けてしまうのです。ところが、実際には認知以前（pre-V）や認知（V）の段階にある人々からリファーラルをもらえる可能性は非常に低いといえます。

あなたなら、人間関係がどの段階にあるとき、自分の評判をかけて他人を紹介する気になるでしょうか。ほとんどの事業者は、「少なくとも信頼（C）の段階にあることが確信できる必要がある」と答えるはずです。相手にリファーラルを提供してくれるよう頼む際にも、このことを念頭に置いておくとよいでしょう。

VCPプロセスで陥りやすい誤りは、相手との関係を過大評価することです。思い出してください。ここでは、「リファーラルプロセス」における人間関係について話をしています。取引の相手になったというだけで、人間関係が信頼や利益（P）の段階にあると誤解してしまう傾向があります。しかし、「営業プロセス」をそのまま「リファーラルプロセス」に置き換えることはできません。信頼（C）の段階になくても、相手から購入することは可能です。しかし、リファーラルのために自分の評判を相手に預けるには、信頼（C）の段階に達していることが必要です。

自分の評判を預けることに比べれば、自分で購入することのほうが、はるかにたやすい。

——マイク・マセドニオ

ここでクイズです。あなたがある交流会に参加したとします。新しい人に出会い、挨拶をして回ります。ひと晩で数十枚の名刺を集めました。イベントが終わったあと、あなたは彼らを自分の連絡先データベースに追加します。以降、彼らの元には、あなたからの宣伝メールやニュースレターが届くようになります。この段階は認知（V）でしょうか、信頼（C）でしょうか、それとも利益（P）でしょうか？

答え：どれでもありません！　これは「迷惑」ネットワーキングと呼ばれます。彼らは、あなたからのメールで受信箱をいっぱいにしてほしいと頼んだおぼえはありません。忘れないでください。ネットワーキングとは、ほかの人を手助けすることを通じて、自分の売上を増やすことを意味します。努力してほかの人を手助けし、その結果として、人間関係を認知以前（pre-V）から認知（V）へ、そして信頼（C）へ、それから利益（P）へと進めていくことで、あなたのネットワーキングは、より成功に近づいていきます。

最大限の効果を得るためのカギは、認知以前（pre-V）を認知（V）に変えるネットワーキングに使っている時間を、信頼（C）を利益（P）に変えるネットワーキングに投資し直すことです。

アクションアイテム

1. あなたの人脈のなかでトップ20に入る相手をリストアップしましょう。
2. データベースを参照せずに名字、名前、職業を言える人を、認知に分類しましょう。
3. 自分がどのような手助けをした相手なのか明確にわかっている人を信頼に分類しましょう。
4. 恒常的かつ積極的にリファーラルを提供してくれていて、かつ自分も相手に同じことをしている人を、利益に分類しましょう。
5. 人間関係が強い順番に並べ、リストの上から一人ひとりに会って人間関係をVCPプロセスの次のレベルへ進める計画を立てましょう。

第8章

ネットワーキングイベントにおける10原則

会話の輪に入る

交流会などのネットワーキングイベントに参加するのがはじめての場合、誰でも最初は少し不安に感じるものです。これは至って自然なことです。会場の中は知らない人だらけです。おまけにほかの参加者のほとんどはお互いを知っている様子です（なかには全員を知ってそうな人までいます……）。会話も盛り上がっています。あなたがよほど社交好きでないかぎり、見知らぬ人の集団に入っていって、全員と知り合いになるのは、想像しただけでドキドキしてくるかもしれません。

不安になるのは自然なことです。しかし、断言できますが、じつは、ビジネスネットワーカーのグループほど、オープンで歓迎ムードが強い人たちが多い集まりはありません。男性も女性も、誰もが喜んで新しい人と知り合いになり、あなたのことを自分の人脈に迎え入れてくれます。彼らのほとんどは、もともと他人に対して関心をもつ傾向があり、彼らにとって、新しい人に会うことは、新たな人間関係構築のきっかけであり、個人的、社会的、そしてビジネスにおける自らの世界を、より豊かにしてくれる可能性を意味しています。

どこからアプローチすべきか？

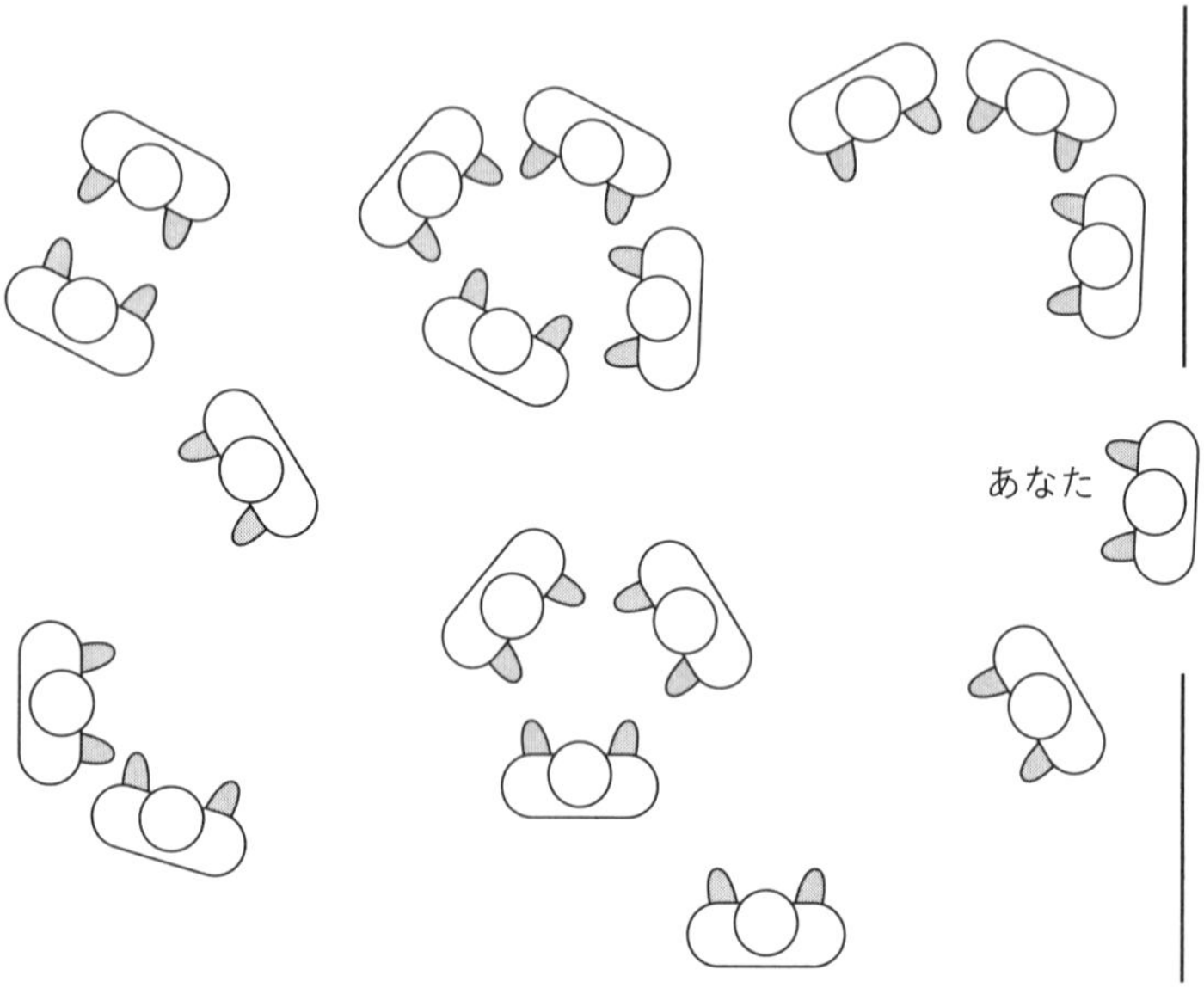

とはいえ、交流会やその他の集まりに参加する際には、会場の中をひと目見て怖じ気づいてしまうこともあると思います。あなたが目の当たりにするのは、部屋中知らない人たちだらけで、彼らがせわしなく会話をしている様子です。その様子は、もしあなたが上から観たら、ちょうどこんな感じに見えるはずです。

ご覧のとおり、会場では2人、3人、4人……といったグループごとで会話がなされています。あなたにとって、彼らは初対面の人たちですから、これらの会話の輪に加わることは、なんとなく会話の邪魔をしているような気がするかもしれません。ここが厄介なところです。どうしたらよいのか、どこからアプローチすればよいのか見当が付かない人もいることでしょう。

しかし、よく見てください。会話の輪はそれぞれ異なっています。構成人数の違いだけではなく、その形も違っています。そこから、もしあなたが輪に加わろうとしたらどういう反応が返ってくるのか、その形の違いから多くのことが読み取れます。たとえば、次のような形をしたグループがあります。

クローズド2 – クローズド3

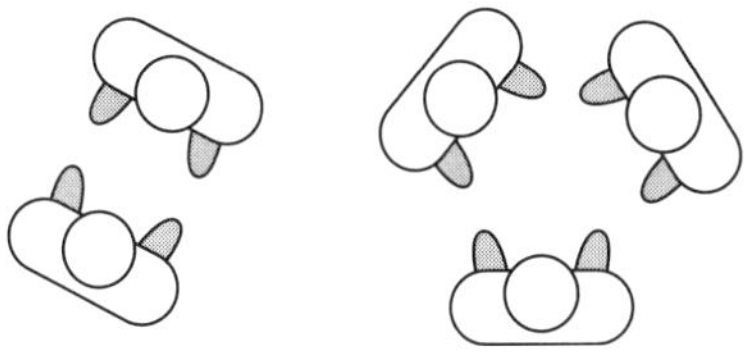

これらのグループ（**「クローズド2」「クローズド3」**）は、周りに背を向け、内側を向いて話をしています。彼らはプライベートな会話をしているわけです。どの方向からアプローチしても、背を向けられている状態です。これらのグループは、少なくともいまは「クローズドな（閉じた）」状態だといえます。会話が中断される気まずさや、「敵意溢れる目線」が好きなら別ですが、そうでないならグループに割り込むのは、やめたほうがいいでしょう。

ほかのグループを見てみましょう。

これらのグループ（**「オープン2」「オープン3」**）には、開いた部分があるため、そこからなら顔を合わせながらそのグループにアプローチする

オープン2　–　オープン3

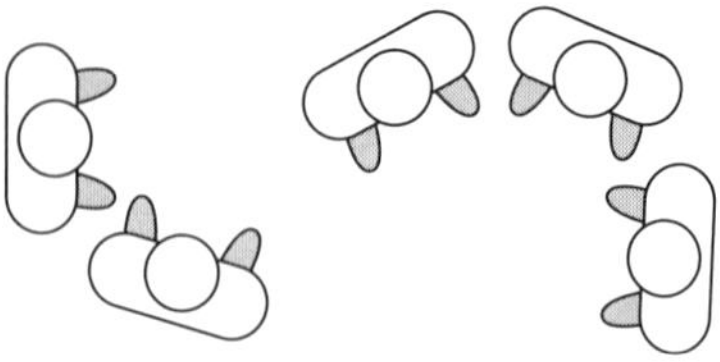

ことができます。この形は「歓迎」の意を示しているといえます。「会話の内容はプライベートなものではなく、あなたが輪に加わって自己紹介をしてください」というシグナルです。

しばらく観察していると、これらのグループは開いたり、閉じたりしていることに気づくと思います。これは、会話の「満ち引き」が目に見える形で現れたものです。閉じていたグループが開いたときは、会話の流れが途切れたことを意味します。あるいは少なくともプライベートな会話ではなくなったのかもしれません。なかには、会場の中を見渡して、移動するそぶりを見せたり、会話の輪に新しい人を招き入れようとしている人がいるのかもしれません。これこそ会話に加わる絶好のタイミングです。というのも、これは多くの場合、会話が終わりかけている、あるいは、会話が終わって新たなトピックに移ろうとしている、または、新たな人を加えようとしていることを意味します。

会場に入ったら、各会話のグループの形の変化に注目することで、次のようなことがわかります。

A、B、Cは、閉じたグループであり、おそらくプライベートな会話をしています。いまはまだ

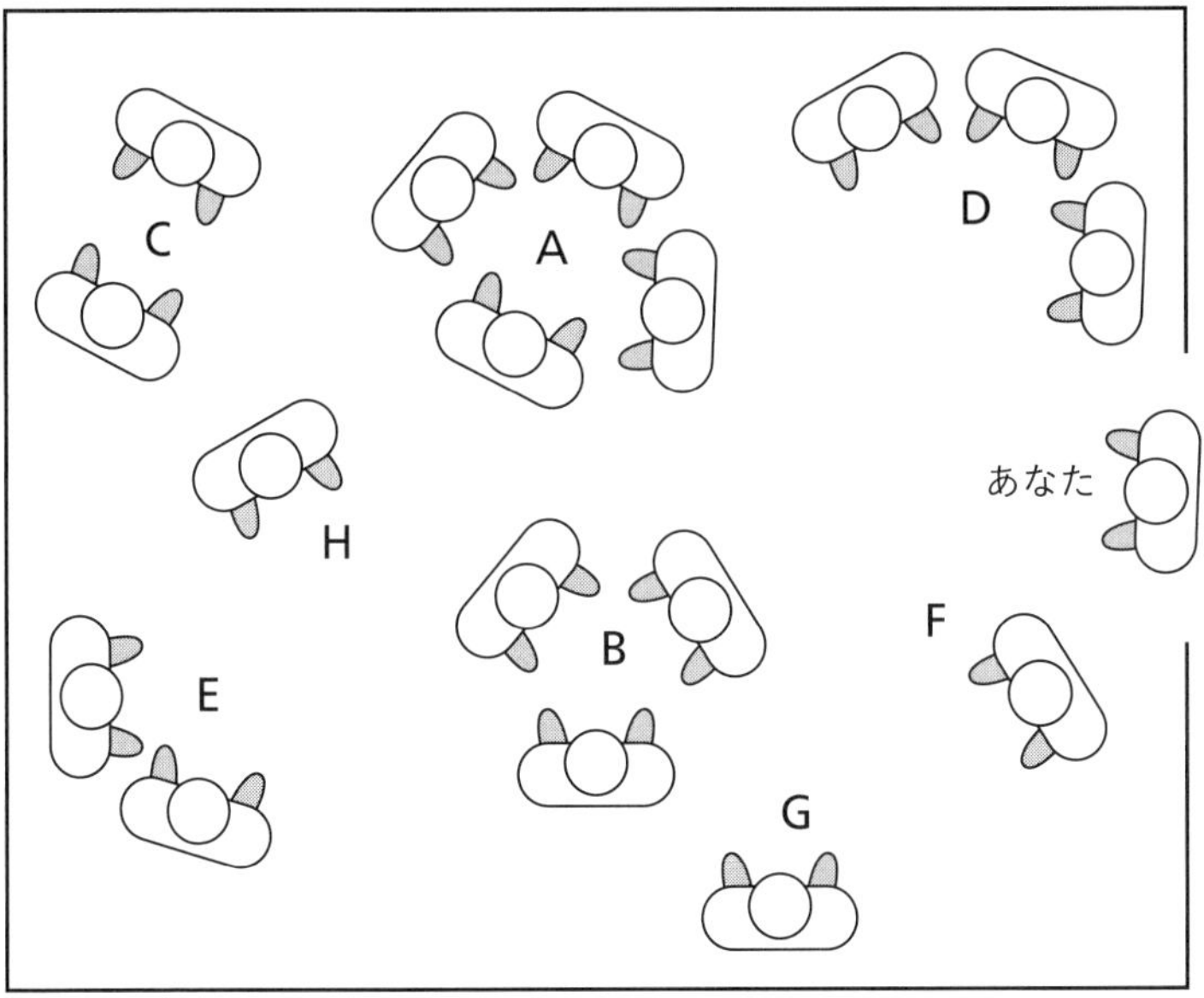

自己紹介に行くタイミングではありません。Fの人物は、あなたの少し前に会場に入ったようです。まっすぐGの人物のところへ向かおうとしています。どうやら知り合いのようです。おそらく、お互いに話すことがあるのでしょう。すぐに会話に入るのはやめましょう。少し待って、2人の輪が開くのか、閉じるのか様子を見てからにしましょう。

開いた部分をもつDやEのグループは、あなたを歓迎していることを意味しています。グループの中に入り、しばらくほかの人の話を聞き、無理なく会話に入れるタイミングを待ちましょう。おそらく相手から笑顔で自己紹介してくれるはずです。これで、あなたは新しい友人を増やす第1歩を踏み出すことができたわけです。一方、人物Hはというと、現在のところ1人でたたずんでいるようです。これはチャンスかもしれません。あなたから近づいていって、すぐに自己紹介をしましょう。

ネットワーキングイベントの参加者のなかには、イベント中ずっと、同じグループで固まっている人たちもいます。とはいえ、よく見ていると、一見固定されているように見えるグループも、前述のとおり、ときどき開いたり、閉じたりしていることがわかります。また、いったん解散して、また別のメンバーで新たなグループをつくっている場合もあります。周りを観察して、開いた（オープンな）グループを見つけたら、いつでも入れるようにしておきましょう。また、自分のグループに新しい人が入ってきたら、速やかに自己紹介できるようにします。すぐに場の雰囲気にも慣れて、１つのグループから、別のグループに気軽に移動できるようになるはずです。そうなれば、新たに会場に入ってきた人があなたを見て、一番人気のネットワーカーだと思うようになる日も近いかもしれません。

構成人数にかかわらず会話のグループの形を読み解き、どのタイミングで加わればよいのかを判断するスキルは、学習により習得することができます。このスキルなしには、ネットワーキングイベントに参加することは重荷に感じられることでしょう。そして、いくつかのイベントに参加してみて、それがうまくいかないと、自分には向いていないと判断してしまうのです。

これは大きな間違いです。ネットワーキングは「コンタクトスポーツ」です。よいネットワーカーになるには、進んでイベントに参加し、人と交流するしかないのです。ただし、人脈の構築へとつなげるには、イベントで出会うそれぞれの会話のグループの空気を読めるようにならないといけません。

確かに、「ルーキー」から「ネットワーキングの達人」になる道のりは長いものです。それでも、場の空気を読めるようになれば、重荷に感じている初対面の壁を乗り越えることができるはずです。もしかしたら、準備万端を通り越して、次のイベントを楽しみに感じるようになるかもしれません。

さあ、イベントに参加して、ネットワーキングをしてみましょう！

❖カジュアルな人脈を最大限に活用

新たな関係を築く対象となる人と知り合うことは、リファーラルでビジネスを築きあげるための基礎となります。多くの新人ネットワーカーが次のような質問をします。「ビジネス交流会で、もっと多くの人に出会い、よりよい人脈を築くにはどうしたらいいでしょうか?」。これは重要な問題です。この質問への回答として、筆者（アイヴァン・マイズナー）は「ネットワーキングイベント参加の際の10原則」をまとめました。この原則は、商工会議所の交流会や企業のパーティーなどでも有効です。

交流会は、その性質上、カジュアルな人脈を構築する機会を提供してくれます。これについては、あとで触れることにします。

原則1：いつでもネットワーキングツールを持ち歩く

ネットワーキングイベントにおける10原則、その1つ目は、「**いつでも**ネットワーキングツールを持ち歩く」です。これは基礎であり、出発点となります。成功する事業者に共通しているのは、次のような「ツール」をもっていることです。すぐれたネットワーカーの「ツール」には、名札（必要な情報を書いたもの）、たくさんの名刺、自分のビジネスに関するパンフレット、ポケットサイズの名刺ファイル（自分が紹介できる事業者の名刺を入れておく）が含まれます。

効果的なネットワーキングのためには、市販されている名札を購入する必要があります。紙に「はじめまして、わたしは○○です」と書いて張り付けただけのものより、市販のもののほうがプロフェッショナルな印象があるからです。名札には、氏名のほか、会社名または業種を記入する必要があります。会社名でおおよその業種がわかる場合は、会社名だけでもかまいません。

山田太郎
○○印刷（株）

メアリー S. カールトン
広告 & マーケティング
コンサルタント

会社名から専門分野がはっきりしない（たとえば、「カールトン・ドナー＆フィンチ」という名前のコンサルティング会社）のような場合には、専門分野を記入します。

名札ケースに名刺を入れるだけで、ロゴマーク入りのオリジナル名札になります。

より効果的なツールにするために、名刺の代わりに名札専用のカードをあらかじめ用意しておくことをお勧めします。5メートルくらい離れたところからでも、あなたの専門分野がなんであるかが確認できるように大きくてハッキリとした文字でつくっておきましょう。相手の名札を見るときは、つねに専門が何であるかを確認します。相手の業種や会社名がわかれば、相手のビジネスに関する質問をすることができるので、会話を始めやすくなります。つねにたくさんの名刺を持ち歩きましょう。財布、ブリーフケース、カレンダー、車などにも入れておき、名刺を切らさないようにしましょう。すべてのスーツのポケットに、アルミニウム製などの薄型名刺ケースを入れておくこともお勧めです。

原則2：何人と知り合いになるかの目標設定をする

1つのことだけを目標にネットワーキングイベントに行く人もいます。それは「何時に帰るか？」ということです！　ネットワーキングイベントから最大限の効果を得るには、何人と知り合いたいか、あるいは、何枚の名刺を集めたいのか、目標を立てる必要があります。目標に達するまでは帰らないようにしましょう。

実践してみようと思ったら、15人から20人を目標にして、全員から名刺をもらうようにしてみてください。あまり乗り気になれないようなら、もう少し人数を減らしてもかまいません。いずれにせよ、参加者の人数やイベントのタイプに応じて、達成可能な目標を設定しましょう。

原則3：ゲストではなく、ホストのようにふるまう

アデル・シェール博士は、著書『*Skills for Success*』の中で、あるカクテルパーティーでの出来事について書いています。彼女はそこである男性に出会ったのですが、彼は初対面の相手に自己紹介することをためらっていました。そこではシェール博士は次のように提案しました。それは、「別のシナリオを考えてみる」ことでした。彼自身がゲストではなくホストであるシナリオです。彼女は彼に尋ねました。「もし自分がホストだったら、知らない人に自己紹介をして、それからその人たちをお互いに紹介しませんか？　どこに飲み物や食べ物が置いてあるのか教えてあげませんか？　会話が途切れないように注意しませんか？　小さな会話の輪を見つけて、そこに新しい人を連れていったりしませんか？」

この男性は、ホストの能動的な役割と、ゲストの受動的な役割の違いをよく理解しました。ゲストが座ってリラックスしているあいだ、ホストはほかの人のために動くことを期待されています。しかし、シェール博士の結論はこうです。「実際にはホストでなくても、ホストの役割をしてかまいません」。あなたが大勢の人たちのなかでもっと能動的になったとしても構わないのです。

これに加えて、自分が所属しているネットワーキング・グループで、自分から「アンバサダー」や「ビジターホスト」の役を引き受けることをお勧めします。アンバサダーやビジターホストは、

ビジター全員を歓迎し、ほかの人に紹介する役割です。もし座っているビジターを見かけたら、自己紹介をして、ほかのメンバーへの紹介を希望するか尋ねます。

メンバーがたくさんいる場合は、ほかのメンバーにその人の紹介を任せ、自分は新しいビジターの歓迎に戻ります。このテクニックを使えば、すぐに卓越したネットワーキングスキルを身につけることができるはずです。同時に、短期間で多くの事業者に対する露出度を高めることができます。

ジョージア州立大学でマーケティングを教えているトーマス・スタンリー教授によると、自力で億万長者になった人たちに共通の特徴とは、場所を選ばずネットワーキングをしていることだそうです。最も重要なのは、彼らがいつでもそうしているということです。つまり、ビジネスカンファレンスでも、フィットネスクラブでも、ゴルフコースでも、あるいは、飛行機で隣に座った人とでも、ネットワーキングをするということです。この事実だけでも、新しい人と知り合いになる機会を得たいというモチベーションにつながると思います。

ビジネスミーティングで知らない人の間に座るもよし、温泉（スパ）で会話を始めるもよしです。必要が無いときでも友人をつくるようにしましょう。

原則4：相手の話を聞き、5Wの質問をする

『人を動かす』（D・カーネギー著、山口博訳、創元社、1999年）など多くの著作で知られる

デール・カーネギーがアドバイスしているように、ほかの人のビジネスに対して純粋な関心を示しましょう。たとえば、印刷業者に出会ったら「どういった種類の印刷がご専門ですか？　商業印刷ですか？　４色刷りですか？　オンデマンド印刷？　コピー？」（What）、「場所はどちらですか？」（Where）、「いつからやっていらっしゃるのですか？」（When）などの質問をします。

それぞれの質問に対する答えから、その人や、その人がしている仕事の種類について理解を深めることができます。その結果、ほかの人に紹介したり、別のネットワーキング・グループに招待したりしやすくなります。

原則５：可能なときは、いつでもリファーラルを提供する

優良なネットワーカーはつねに「ギバーズ・ゲイン」（Givers Gain＝与えるものは与えられる）の理念を信じています。ネットワーキングをするということは、出会った人を手助けする誠実な努力をすることとです。相手の手助けをする際には工夫が必要です。

ビジネス交流会などで出会った初対面の人が、あなたの商品やサービスへのニーズを示すことは少ないと思います。だからといって、あなたが彼らに提供できるものが何もないということにはなりません。

なんらかのニーズを示す人がいて、かつ、あなたがそのニーズを満たせる人を知っているとします。ぜひこの機会に、相手の手助けができる人物を自分の人脈から紹介しましょう。ただし、誤解

しないでほしいのですが、これは「会ったばかりの相手にリファーラルを出しましょう」という意味ではありません。かろうじて認知（V）の段階にあるような相手を第三者に紹介することは危険なことです（第7章を参照）。ここで言っているのは、すでに自分の人脈にいる人で、自分が知っていて信頼できる人物を、今会った相手に紹介するという意味です。努力してこのスキルを向上させれば、人からポジティブな印象で記憶してもらえるようになるはずです。

そして、人脈が広ければ広いほど、それだけ、自力ではアクセスできなかったリソースを活用することができるようになります。最も重要なことは、それが認知度や露出度の増加、チャンスや成功へとつながるということです。

原則6：自分の商品・サービスを説明する

相手のビジネスについて知ったら、自分のビジネスについても必ず相手に伝えます。具体的かつ簡潔に伝えます。狙いを定めた「狙撃銃型」のアプローチにします。自分がやっていることを列挙するのは避けましょう。また、あなたのビジネスが何であれ、相手が自分の仕事について知識をもっていると考えるのは間違いです。相手が興味を示すようなら、自分のビジネスについて説明しましょう。この点については、のちの章で詳しくお伝えします。

これは、筆者（マイク・マセドニオ）がリファーラルインスティテュートの紹介に使っている簡潔なフレーズです。「私たちは、事業者の皆さんが、一生もののリファーラル（Referrals For

Life）を生み出すお手伝いをしています。リファーラルで、仕事は少なく遊びは多く、収入は2倍に」。

原則7：出会う人と名刺交換をする

出会った人には名刺を2枚もらいます。1枚は自分で保管し、もう1枚はほかの人に紹介する際に使います。これでネットワーキングの舞台準備が整いました。自分の名刺を片方のポケットに入れておき、もらった名刺は反対のポケットに入れます。こうしておくことで、自分の名刺を探すのに苦労することも、間違って他人の名刺を渡してしまうこともありません。ところで、ビジネスフォーラム、ビジネス朝食会、交流会などのネットワーキングイベントで集めた名刺はどう活用するのでしょうか？　これらの名刺は、会った相手を思い出したり、フォローアップをしたり、ビジネスチャンスを発見したり、情報やリソースにアクセスするための道具になります。

有益な情報が無いか、必ず名刺を見返しましょう。相手の肩書や会社名だけでは、何をしている人なのかわからない場合もあります。その会社が提供している商品・サービスのリストまたは概要が載っているかどうか確認します。たとえば、弁護士の名刺を受け取ったら、専門分野が書かれているか確認します。不足している情報を聞き出したら、相手の仕事への関心を示すためにも、許可を得たうえで相手の目の前でメモを取ります。

原則8：それぞれの人との会話は10分以内にする。友人や同僚と長話をしない

原則2を思い出してください。目標にした数の人に会うには、どれほど会話が盛り上がっても、一人ひとりと長話をしてはいけません。「できるかぎり多くの人と知り合う」という目標を見失わないようにしましょう。特別に興味を引かれる人に出会い、もっと話がしたいという場合には、別途アポを取ります。会話の続きは、また会う機会にいつでもできるはずです。

ネットワーキングをしている最中に取引を成約させようと思わないでください。現実的ではありません。別途日時を決めて会う約束をし、もっとビジネスをするのにふさわしい環境で、自分の商品・サービスについて話ができるようにしましょう。時間をかけて相手のニーズを完全に把握すれば、それだけビジネスが成約する可能性が高い見込み客に出会うことができ、売上のアップにつながります。

上手に会話を終える術を身につけましょう。正直が一番です。まだ名刺交換していない人がいるからという理由でも、オードブルや飲み物を取りに行くという理由でもかまいません。これが言いづらい場合には、あたかもホストのように振る舞って、新しく知り合った人たちを知人に紹介することで、会話を終了しましょう。もっとよい方法は、もし適切ならですが、相手が知っている人にあなたのことを紹介してもらう手もあります。

何よりも、友人や同僚と長話をするのはやめましょう！　これらの人々はあなたがすでに知っている人たちです。ネットワーキングイベントに行くのは、知らない人と出会うためです。以前に筆

者（アイヴァン・マイズナー）がビジネス交流会に参加した際、仕事仲間同士で2時間も立ち話をしている人たちを見ました。終まいに、1人がこう言ったそうです。「こんなの時間の無駄だよ。ビジネスになりゃしない。そうだろ？」。まさにそのとおり。

原則9：収集した名刺の裏にコメントを書く

これは、翌日フォローアップする際に、その人をより詳しく思い出すのに役に立ちます。筆者（アイヴァン・マイズナー）の経験から次のようなことが言えます。

交流会では、できるだけ多くの人と知り会うようにしています。ところが、2時間で20人と知り合ったあたりから、どの名刺が誰のものだかが怪しくなってきます。そこで、つねにペンを携帯し、新しく知り合った人との会話が終わると、その人から離れ、名刺の余白や裏面にメモを取るようにしています。日付とイベント会場も記入しておきます。この情報は効果的にフォローアップを行ううえで非常に重要です。忙しいときほど、これが重宝します。わたしの場合は、いつも相手のニーズを書き留めるようにしています。

たとえば、

「BNIのチャプターを訪問してみたい」
「よい印刷業者を探している」
「引っ越しを考えている友達がいて、不動産業者を探している」

あるいは、最も重要なものになると、

「アポを望んでいて、火曜日に電話」

といったものです。

もし相手が特定のニーズを示さなかった場合、会話のなかで相手についてわかったことを記入します。相手の仕事や人脈、関心、趣味などを記入します。

たとえば、

「バックパック旅行が好き」
「ロスのジョー・スミスを知っている」

「部下が10人いる」

その人のことをより鮮明に思い出すために役立つことはなんでも記録しておきましょう。原則10で述べるように、出会った人に関してより多くの情報があれば、それだけフォローアップが成功する確率も高くなります。

❖名刺に関するビジネスマナー（アジア編）

名刺交換はほとんどの文化圏で重視されています。とくにアジアの国々では、お互いに自己紹介したあと、お辞儀をして「名刺の儀式」を始めます。日本では、「名刺交換」と呼ばれています。日本では、名刺は表を上にして、相手のほうを向けて渡します。名刺を渡す際は、両手で名刺の角（手前）を持って相手に差し出します。これは相手に敬意を払うためです。

アジアの文化においては、アメリカ以上に名刺が大切にされます。名刺は、文字どおり個人の分身と見なされ、敬意をもって扱われます。受け取ったあとにポケットに突っ込んだり、許可を得ずにメモをしたり、曲げたり、あるいは、どういう仕方であれ折りたたんだりしてはいけません。地域によっては、最初に見たあとで再度見返すだけでも失礼に当たり、アジアのネットワーク仲間を侮辱することになってしまいます。

原則10：会った人にフォローアップする

よくあるのが、ネットワーキング組織に加入し、膨大な時間を費やしていているのに、フォローアップがボロボロなせいで、ネットワーキングが失敗に終わってしまうというパターンです。上手なフォローアップこそネットワーキングの生命線だということを忘れないでください。たとえ原則1から原則9までを徹底していても、効果的なフォローアップを行わなければ、時間を無駄にしていることになります！

あとで連絡すると約束したら、必ず連絡します。たとえ約束していなくても、電話や手紙でフォローアップします。また、フォローアップの際には、ニュースレターを送ってよいかどうか尋ねることもできます。ただし、相手がスパムだと思うようなものを送りつけてはいけません。効果的にフォローアップをすれば、ネットワーキングはさらに強力になります。

今度、事業者の集まりに出かけてネットワーキングをする機会があったら、ネットワーキングイベントの10原則を念頭に置いてみてください。この10原則をリストにして、手帳やブリーフケース、お財布に入れておくことをお勧めします。次回ビジネス交流会に行ったら、会場に入る前にリストを再確認しましょう。

この章では、ポジティブな印象を生み出し、それを効果的に伝達するうえで最も重要な点をお伝えしました。リファーラルでビジネスを構築するには、「洞穴から抜け出し」(第15章の「洞穴族」を参照)、ほかの事業者と直接会うことが必要になります。

アクションアイテム

1. 市販の名札を購入しましょう。常にたくさんの名刺を持ち歩きましょう。
2. ネットワーキングイベントから最大限の効果を得るには、知り合いたい人数や集めたい名刺の枚数について目標を設定します。目標を達成するまで帰らないようにしましょう。
3. ゲストではなくホストのように振る舞いましょう。人前でもっと能動的になりましょう。自分が所属しているネットワーキング・グループで、自分からビジターホストの役を引き受けましょう。
4. つねにほかの人のビジネスについて質問しましょう。
5. 相手のニーズを満たせる人物を紹介できないときは、代わりに、相手が関心をもつ情報を提供しましょう。

6. 相手のビジネスについて知ったら、自分のビジネスについても必ず相手に伝えます。具体的かつ簡潔に伝えましょう。

7. 会った人と積極的に名刺交換をしましょう。

8. 「できるかぎり多くの人と知り合う」という目標を見失わないようにしましょう。友人や提携先と長話をするのはやめましょう！ また、ネットワーキングをしている最中に取引を成約させようと思わないでください。現実的ではありません。

9. メモを取りましょう。上手なフォローアップはネットワーキングの生命線です。あとで連絡すると約束したら、必ず連絡しましょう。

第9章

記憶に残る自己紹介を考える

❖有意義な人脈を構築する

リファーラルマーケティングの第1の目的は、売上をアップさせることです。そのためには、あなたのビジネスを利用してくれる、もしくは、そのような第三者を紹介してくれる事業者との有意義な人脈を構築する必要があります。リファーラルマーケティングとは「チームスポーツ」なのです。

❖起立してプレゼンをする

相手が1人なのか集団なのかにかかわらず、自己紹介のメッセージを伝える方法は色々あります。最も基本的な自己紹介の方法は、口頭でのプレゼンテーションです。上手な自己紹介ができていますか？

相手が評価するのは内容だけではありません。あなた自身も評価の対象です。身だしなみ、振る舞い、話を聞く態度、会話の終わり方、これらはすべてが、相手に伝わるメッセージに影響を与えます。次のことをおぼえておいてください。大切なのは、１人の個人に、それも友人に向けて話しているかのように話すことです。

❖世間話に時間を使わない

限られた時間で自己紹介をし、自分のビジネスの概要を伝えなければいけないことを考えると、長々と世間話をするのは避けたいところです。

リファーラルマーケティングで売上アップを狙うなら、相手の心に確実に届くメッセージを考える必要があります。時間を取って、自分の商品やサービスの概要を簡潔に表現できる自己紹介を考えてみてください。そうすることで、初対面の人に対して、自分が提供している商品やサービスの内容を上手に説明することができるようになります。交流会などのネットワーキングイベントに参加する際は、手軽に使える原稿をいくつか用意しておくと便利です。

❖簡潔な自己紹介

ビジネスを目的とした団体や組織では、たとえゲストであっても、自己紹介を求められることがあります。自己紹介のための原稿を用意しておくことで、よりよい結果につなげることができます。いくつか用意すべき原稿の１つに、自分のビジネスの概要を入れておきます。これに加えて、自分の商品・サービスのさまざまな側面について触れたものも用意しましょう。初対面の相手に対して自己紹介する際は、次の構成がおすすめです。

- 名前
- 自分のビジネスまたは専門
- 特定の商品・サービスのもつ利点（どのように相手の役に立つのか）
- 名前をもう一度

名前を述べ、自分のビジネス・職業を述べるところまでは説明するまでもありません。ビジネス・職業の説明と、商品・サービスの利点は分けて話してもかまいませんが、多くの場合は相互に関連してくると思います。場合によっては、ビジネス・職業の説明と商品・サービスの利点とを併せて説明すると楽なこともあります。また、自分の職業を述べる際は、自分が実際に何をしているのかも説明するとよいでしょう。

「わたしはファイナンシャルプランナーです。将来の計画を立てるのをお手伝いをします」
「わたしは広告／マーケティング・コンサルタントです。広告費から最大の成果を得るお手伝いをします」

たんに「ファイナンシャルプランナーをしています」や「広告キャンペーンのプランニングをしています」などと言うよりも、このほうが効果的です。

❖「初対面」の自己紹介をクリアしたら

ここで重要なのは、先で挙げた例は「初対面」の自己紹介を想定しているということです。異業種交流団体のなかには、毎週ミーティングを行っているところもあります。毎週のミーティングでは、メンバー全員が1人ずつ順番に立って自己紹介をします。グループ全員に対して、それぞれ自分のビジネスの概要を述べた1分間程度のプレゼンテーションを行います。このようなグループのメンバーになったら、プレゼンテーションにバリエーションをもたせることが非常に重要になります。

毎週ミーティングを行うグループに所属していると、毎回同じ、使い古しのプレゼンテーションをする人をよく見かけます。これでは、「毎週プレゼンテーションをしている」というよりも、「毎週あのプレゼンテーションをしている」と表現したほうが適当かもしれません。面白くもないし、バリエーションもない、毎回同じ内容の繰り返しでは、効果的なプレゼンテーションにはなりません。こんなプレゼンをしていると、過去に同じ話を何度も聞いている聴き手の多くは、話を聞かなくなってしまいます。一方、効果が期待できるやり方は、自分のビジネスの概要を簡潔に述べたあとで、自分のビジネスの1つの要素だけに焦点を当てたプレゼンテーションを行うことです。

経験を積んで、プレゼンテーションに自信が付いたら、今度は抜きん出たプレゼンをして、結果につなげる方法を考えましょう。どのようなイベントであっても、聴き手はつねにさまざまなことに気を取られています。たとえば、部屋の中の出来事や考え事（何を言おうかなど）に気を取られています。めざすのは、これに打ち勝ち、聴き手の注意を獲得することです。

名前の代わりに、質問からプレゼンテーションを始めるのも1つの手です。ほかの人が全員自分の名前でプレゼンテーションを始めているとしましょう。これが繰り返されるうちに、聴き手は徐々に話を聴かなくなっていきます。ここで質問を使ってプレゼンテーションを始めることで、聴き手の心をつかむ作戦です。

一番のおすすめは、「○○な人をご存じでしょうか?」という質問です。これは、著名な作家であり、ビジネストレーナーであるマーク・シアーが推奨するものです。「○○な人」には、特定の条件の人を当てはめます。これはほかの人があなたにとってよいリファーラルを見つけるうえで役に立ちます。これが効果的な理由は、聴き手に買ってもらおうとしている雰囲気を消してくれるからです。代わりに、聴き手が知っている第三者を連想させます。

同時に、聴き手は自分自身についても、条件に当てはまるかどうか考えてみるはずです。たとえば、あなたが不動産業者だとします。あなたが次のような質問でプレゼンテーションを始めたとしましょう。「子どもが生まれたばかりの人をご存じでしょうか？」。この場合、続けて、子どもが生まれたばかりの人は家が手狭になることから、不動産のニーズがあるという話をすることができます。同様に、あなたがファイナンシャルプランナーなら、生命保険や学資保険のニーズについて話すこともできます。

質問で聴き手の心をつかむことができたら、次のステップは、あなたのサービスが相手にとってどのようなメリットをもたらすのかを伝えることです。最も効果的な方法の1つは、過去に同じ条件の人の役に立った事例について、エピソードや顧客からの推薦状を用いて説明することです。

その次のステップは、具体的な行動の要請です。「〜なのですが、力を貸していただけませんか」というセリフを試してみてください。事業者のなかには、なんでも自分の力だけでやることに〝拘《こだわ》る〟人もいて、こういうセリフを言うのは気が引けるかもしれませんが、効果があるので試してみてください。

●スミスさんを紹介していただきたいのですが、力を貸していただけませんか？
●○○団体で講演をやりたいのですが、力を貸していただけませんか？
●○○のようなタイプの事業者を紹介していただきたいのですが、力を貸していただけませんか？

聴き手の注意を引き付けることができたら、自分の名前、会社名、そして、キャッチフレーズで締めくくります。

以下は、筆者（マイク・マセドニオ）がリファーラルインスティテュートのプロモーションに使っている効果的な60秒プレゼンテーションの例です。彼は、聴き手の前に立ったあと、静かになるまで待ってからプレゼンテーションを始めます（3秒から5秒間の沈黙が聴き手の注意を引き付けてくれます！）。それから、次のプレゼンテーションが始まります。

「既存の顧客こそ最高のリファーラルの源泉になる。そう信じている人をご存じないでしょうか？残念なことに、アイヴァン・マイズナー博士の著書『*Truth or Delusion: Busting Networking's*

Biggest Myths』によると、これは必ずしも正しいとはいえません。さらに残念なのは、そのように信じている事業者が、既存の顧客以外にも7種類のリファーラル源泉が存在することに気づいていないことです。既存の顧客だけに依存するよりも、これら7種類のリファーラル源泉を利用するほうがずっと効果的です。

最近、私たちのサービスを活用したファイナンシャルプランナーの例を挙げます。彼は10年以上の経験があるベテランで、膨大なクライアントのデータベースをもっていました。しかし、私たちのサービスを活用した結果、彼は、自分のすべてのクライアントを併せたよりも強力な、単一のリファーラル源泉を手に入れることができることを知ったのです。

そのようなわけで、ファイナンシャルプランナーの前で話をする機会をもちたいのですが、力を貸していただけませんでしょうか？　既存顧客以外の7種類のリファーラル供給源を知りたいファイナンシャルプランナーを紹介してください。

わたしはリファーラルインスティテュートのマイク・マセドニオです。事業者が一生もののリファーラル（Referrals For Life）を生み出すお手伝いをします」

❖メモリーフック

「メモリーフック」は、初対面の人たちに対してプレゼンテーションをする際に活躍します。メモリーフックというのは、プレゼンテーションのなかで使用する、あなたがやっていることを鮮明に描写する要素のことです。メモリーフックを使うことで、聴き手が頭の中でイメージしやすくなります。あなたの商品やサービスをイメージしてもらうことで、ニーズがありそうな人に出会った際に、あなたのことを思い出してもらいやすくなります。

メモリーフックは、初対面の相手に対して、あるいは、VCPプロセスの初期の段階にある相手に適しています（第7章を参照）。あえてこれを言う理由は、多くのリファーラル・ネットワーキング・グループでメモリーフックが使い古されているのを見てきたからです。リファーラル・ネットワーキング・グループは、メンバーが頻繁に顔を合わせることで、長期的な信頼関係を構築することを意図しています。メンバーは定期的に顔を合わせているため、これらのグループにおける人間関係は、多くの場合、信頼（C）や利益（P）の段階にあります。

一方、メモリーフックが活躍するのは、認知以前（pre-V）の段階です。この段階では、会ったばかりの人に、あなたのことをおぼえてもらうための補助的なツールが必要な場合があるからです。

認知以前（pre-V）の段階で使えるメモリーフックをご紹介します。文字どおり何年も記憶に残るフックとなるような優れたものです。

●カイロプラクター：「健康は肩甲骨から」あるいは「患者さんに背を向けられても平気ですよ！」

●歯科医：「虫歯は虫歯でも、弱虫さんの虫歯ならお任せください」

●スポーツクラブのインストラクター：「身体を大事にしないと、それこそ大事に至りますよ！」

●美容師：「髪型がしっくりこないあなた、当店にこないといけません！」

●保険外交員：「車も、仕事も、人生も、保障があれば故障なし！」

●弁護士：「遺言と信託は、生きているうちに済ますのがおすすめですよ！」

●配管業者：「取引は流れてはいけませんが、トイレは流れないといけません！」

●不動産業者：「わたしは皆さんの住まいを探すお手伝いをします。住宅ではなく、住まい。つまり、ただ住むのではなく、あなたが住みたいと思う場所をお探しします」

●屋根修理業者：「よいカワラ屋根は何年経ってもカワラない！　よくないカワラは屋根が無いのとカワラない！」

●セラピスト：「あなたの心の取扱説明書を持っています」

ご覧のとおり、メモリーフックは聴き手の注意を引き付けるうえでは非常に効果的です。ただし、ここで改めて強調しておきますが、メモリーフックは、間違った使い方をしたり、使い古したりしてはいけません。また、メモリーフックは自分の仕事やそのやり方と関連性があるものにする必要があります。職業によっては、笑いを取ろうとしたり、下手にこりすぎたりすると、かえって信頼を損なう場合もあります。

メモリーフックは、初対面の相手に対する自己紹介で用いるのが効果的です。すでにネットワーキング仲間である人に対して、繰り返しメモリーフックを使用するのは適切ではありません！　簡単に触れましたが、**人間関係が信頼（C）や利益（P）の段階にある場合には、メモリーフックを使うことは、完全に時間の無駄です。**ＢＮＩのように、メンバーが高度な信頼関係にあるネットワーキング・グループでは、通常認知以前（pre-V）の段階を通り過ぎており、メモリーフックの使用は適切ではありません。

❖ 散弾銃VS狙撃銃

自分がどのような仕事をしているのかを人に伝えるには、提供している商品やサービスを、最も基本的な構成要素に分解してみるのが効果的です。この構成要素をエッセンスとして「狙撃銃型アプローチ」を行いましょう（これと正反対なのが「散弾銃型アプローチ」です。自分のビジネスを最大限に幅広く描写して、何かしら相手の心を捉えるのを期待するやり方です）。あなたのビジネスの構成要素で最も具体的なものはなんでしょうか、考えてみてください。一見するとこのアプローチは直感に反するように思われるかもしれません。ところが、実際にはそのほうが効果的なのです。まるで、車が横滑りしたときに、滑った方向にハンドルを切る必要があるようなものです。

狙撃銃型アプローチでは、次の選択肢からプレゼンテーションに含める項目を選び、そこに狙いを定めましょう。

- 特定の商品・サービス
- ターゲットのマーケット
- 特定の顧客層へのメリット
- あなたに対するリファーラルになる特定の状況

これら4つすべてを含める必要はありません。1つだけでも目的は果たせます。

補足資料を用意

可能なかぎり視覚に訴えるものを使いましょう。見たり、聞いたり、感じたり、触ったりするものを用いることで、それだけ、人の記憶に残りやすくなります。記憶に残れば、それだけメッセージをおぼえていてもらえる可能性も高まり、それだけリファーラルをもらえる可能性も高くなります。ここで言っているのは、会場にパンフレットをまき散らしましょうということではありません。実際問題として、状況によっては、あなたが資料を配ったことで、その後に行われるプレゼンテーションの妨げになる可能性もあります。

プレゼンテーションをする際は、必ず聴き手のニーズを考慮し、話題をその分野に絞りましょう。大勢の人の前で短いプレゼンテーションをする場合は、自分のビジネスの要素のうちで、聴き手の大部分が関心をもちそうなものに焦点を絞ります。聴き手が1人または2人の場合は、可能なかぎり、相手のニーズを見極めたうえで話しましょう。

❖ 推測をしない

多くの人が陥る致命的なミスは、他人が自分のビジネスに詳しいと思い込むことです。ある生花店の経営者がとある異業種交流会で次のように言ったのを聞いたことがあります。「何を説明したらいいのでしょうか? 皆さん、花屋の仕事ならご存知ですよね?」。大間違いです! 私たちは、この生花店が提供している多様な商品やサービスを把握しているわけではありません。本人は自分のビジネスについて知っていますから、ほかの人も知っていると推測してしまったのです。こちらとしては、彼がFTD(各地の生花店と連携して遠隔地に素早く花を届ける米国のサービス)に加入しているかどうかも尋ねる必要がありました。そのほかにも……

- ●クレジットカードで支払えるか
- ●季節ごとのおすすめはあるか(もしあるなら今は何がおすすめか)

- 急ぎの案件でも受けられるか
- 結婚式用の注文を受けられるか
- 会員制のディスカウントをやっているか
- 会社名義で請求してもらえるか
- フリーダイヤルはあるか
- FAXによる注文は可能か
- バラの色には、それぞれ違った意味があるのか
- 卒業祝いにはどんな花束がよいのか
- 花を長持ちさせる秘訣とは
- かつて最も大変だった注文とは

生花店のビジネスに関して、知らないことならまだまだあります。彼はせっかく自分のビジネスの特徴や独自性について説明する時間を与えられたのに、またとない大切な機会を無駄にしてしまったのです。

誰もが自分のビジネスに関して話すことや、提供しているサービスについてほかの人に伝えることがあるはずです。このことに注意を払いましょう。そして、あなたの仕事について他人に話をするチャンスを逃さないようにしましょう！

❖ プレゼンテーションの準備をする

効果的で簡潔な自己紹介を準備するのは、通常それほど大変なことではありません。まず、プレゼンの原稿を書いてみて、必要に応じて推敲を重ねます。次に、ネットワーキング・グループで実際に使う前に、知り合いの前で練習します。練習に協力してくれた相手が、あなたの仕事を理解し、あなたのプレゼン方法を気に入ってくれたら、これで大勢の前でプレゼンをする準備が整いました。

ポジティブなメッセージを生み出し、それを効果的に伝達するためには、実際にネットワーキング・グループの前で自己紹介をする前に、プレゼンの準備と練習をしておくことが不可欠です。

❖ 自分自身や自分の仕事に自信をもつ

いま自分がどの程度成功しているのかにこだわる必要はありません。どんなときも今の自分に自信を持つことが大切です。次の言葉は、マーサ・タフトという小学生の女の子が自己紹介で言った言葉です。「わたしの名前はマーサ・バウワーズ・タフトです。わたしのひいおじいさんは大統領でした。わたしのおじいさんは上院議員でした。わたしのお父さんはアイルランド駐在の大使です。そしてわたしはガールスカウトです！」

アクションアイテム

以下のガイドラインに従って、自分の職業・ビジネスについて、60秒のプレゼンテーションをつくってみましょう。

1. 自己紹介の目的は、ほかの事業者にあなたの職業と、あなたへのリファーラルの出し方を伝えることだということを忘れないでください。
2. 「○○な人をご存じでしょうか？」や「○○なことを知っていますか？」などの質問でプレゼンを始めてみましょう。紹介してもらいたい人の特徴や条件を具体的に伝えます。
3. あなたのビジネスが、そのような特徴・条件の人にどう役立つのかを説明します。過去にあなたがそのような人の役に立った例を、エピソードや推薦状を用いて説明しましょう。
4. 具体的な行動を要請しましょう。たとえば、「○○のために、○○な人（可能なかぎり具体的に）を紹介していただきたいのですが、力を貸していただけませんか」という要請です。

5．特定の商品・サービスの利点、名前・会社名で締めくくります。

第10章

ブランドを伝える

ビジネスのイメージを向上させるツールとテクニック

❖ イメージ

ポジティブなメッセージを生み出し、それを効果的に伝達するには、ビジネスの方向性や、提供する商品・サービス、そして、見込み客を明確にする必要があります。以下では、効果的なイメージを構築する方法についてお話しします。

『*Marketing on a Shoestring*』の著者である、ジェフ・デビッドソンは次のように述べています。「イメージの時代がやってきた。企業から個人に至るまで、誰もがイメージの影響を受けることは疑いようのない事実だ」。このことは、私たちが、あれこれとイメージの向上に躍起になっていることからもうかがい知ることができます。たとえばセミナーです。身だしなみや話し方に関するものから、コミュニケーションや交渉スキルに関するもの、テレビ映りをよくする方法や、ワードローブマネージメントに関するものまで、どれも人気を集めています。

なぜ、私たちはこれほどまでにイメージの影響を受けるのでしょうか。それは、私たちが、仕事中も、移動中も、テレビを見ているときも、つねに大量の情報とイメージによる集中砲火を浴びせられていることが理由です。私たちの頭脳は、これらの刺激を素早く吸収することをおぼえたのです。瞬時に物事を評価し、次に進む。それが正しくても、正しくなくてもです。だとすれば、ここでもジェフ・デビッドソンの言葉を借りれば、「事業規模にかかわらず、ビジネスの成功は、あなたが自分自身をどのように位置づけ、人に対して何を伝えるかにかかっている」といってよいでしょう。

❖ イメージを向上させるには？

この章を執筆するに当たっては、リファーラルインスティテュートの共同経営者である、ニューオーリンズのエディー・エスポジトの協力を得ました。エディーは、ベテランのビジネスコーチで、リファーラルマーケティングのエキスパートです。これまで、数多くの事業者や経営者のために、効果的なリファーラルマーケティング・プランの作成を支援してきました。エディーは、「いかなるマーケティングプランにおいても重要なことは、自分の行動のすべてを通じて企業イメージを伝達し、それを維持することだ」と述べています。

Entrepreneur.comのオンライン用語集では、「企業イメージ」を次のように定義しています。

一般の人があなたの会社の名前を聞いたときにもつ印象のこと。あらゆる、事実や出来事、個人の経歴、宣伝や目標、これらが一緒になって作用することで、一般の人がもつ印象が形成されます。

よく定義を見ていただければすぐにわかることですが、ここでは「あらゆる」出来事や個人の経歴が問題になっています。したがって、あなたのすることのすべてが、企業イメージにプラスまたはマイナスに働くということです。そう聞くと脅かされているような気がするかもしれませんが、じつのところ、これが企業イメージにふさわしい行動をつねに心掛けるための指針にもなるのです。企業イメージを維持するには、あなたの活動のすべて、提供する商品のすべて、あなたの身の回りにいる人物のすべてが、それにふさわしいものでなければいけません。

イメージは重要です。なぜなら、しばしばイメージこそが人の決定を左右するからです。その決定とは、あなたの商品やサービスを購入するかどうかの決定、あなたに融資をするかどうかの決定、または、あなたとリファーラルパートナーになるかどうかの決定かもしれません。たとえば、次のような経験をした人も多いのではないでしょうか。買い物をする際、色々な店を調べた結果、より安い店があるにもかかわらず、最も安心感のある店（印象が自分の期待に合っている店）から購入したという経験です。

企業イメージを考えるうえでは「関係者」のことを考慮に入れる必要があります。ここでいう関係者とは、あなたのビジネスの活動によって影響を受ける個人または組織のことです。利害関係は直接的である場合も、間接的である場合もあります。接触頻度も毎日という場合もあれば、ごくたまにしか接触しない場合もあります。

原則として、誰もがあなたに対して共通のイメージを抱くようになることが望ましいといえます。これには、家族、友人、近所、銀行、ターゲットのマーケット、仕入先、その他、あなたが接触するすべての人が含まれます。ターゲットのマーケットだけに話を集中させたいと思うかもしれませんが、忘れてはいけないのは、私たちはネットワーキングやリファーラルマーケティング・プランについて考えているのだという点です。前述の人たちは、全員あなたのネットワークにいる人たちです。あなたのイメージは、ネットワーク全体を通じて一貫している必要があります。

あなた個人やあなたの会社が一貫性のあるイメージを伝えるには何が重要なのか、これについてエディーは以下の項目を挙げています。これは、エディー自身のリサーチ、そして、ニューオーリンズのPRエキスパートであるジェニファー・ケリーとのコラボレーションの成果です。あらゆる事業者や経営者が、ポジティブな企業イメージを伝え、維持するための原則を10項目にまとめました。

1．ミッションとビジョン

ポジティブなメッセージを生み出すに当たって、まずやるべきことは、ビジネスの方向性や、提供する商品・サービス、そして、見込み客を明確にすることです。まずは、入念に考えられたミッションとビジョンをもつことから始めましょう。企業イメージの形成は、社是から始まります。社是は、その会社がどのようになるのか、その価値に基づいて、どのように振る舞うのか、そして、何をめざしているのかといったことを定めます。たとえば、もしあなたの会社が「運動と食生活を重視する一流のフィットネス会社になること」をミッションまたはビジョンとして掲げていたとします。この場合、人はあなたの会社にどのようなことを期待し、どのような想像をするでしょうか。おそらく、コンディション良好のトレーナーや最先端のトレーニング機材、そして、レストランでは健康的なメニューが用意されているのを想像するはずです。

2．適切な外見（ロゴ）

会社の外見はロゴから始まります。これについては、プロに依頼することを強く検討してください。ポジティブな企業イメージを生み出すためには、プロがデザインしたロゴを使い、あなたの思い描くイメージを関係者に伝えることが出発点となります。会社のロゴは、名刺から、パンフレット、レターヘッド、ウェブサイトに至るまで、あらゆる場所に載ることになります。したがって、ロゴは、会社のエッセンスを捉え、会社のミッションとビジョンとを象徴するものであることが重要です。スタイルや色も、あなたが関係者（顧客、見込み客、リファーラルパートナーなど）に伝えたいイメージに合ったものを選ぶ必要があります。

3. 電話戦略

ビジネス専用の電話回線を用意し、迅速で適切な電話対応を行うことは、ポジティブな企業イメージを構築するうえで、非常に重要です。電話に関して、企業イメージを維持するうえで考慮すべきこととしては、このほかに次の点が挙げられます。

- 誰が電話に出るか？　オペレーターなのか、自動応答なのか？
- 電話が保留のあいだはどうなっているか？　顧客にメッセージを聞かせるチャンスとして活用しているか、それとも、ただ沈黙のなかで待たせているだけか？
- 電話番号は、電話帳やインターネットで簡単に見つけられるか？

電話環境を整えることは、れっきとした会社であるという印象を与える効果があります。

4. 施設

電話やメール、ブログは、企業イメージを伝える方法として一般化していますが、これらはある意味では「不透明」だといえます。具体例を挙げれば、電話対応もブログの執筆も、じつは風呂に入りながらやっていたということも無いとはいえません。一方、実際に店舗やオフィスを構え、そこで来客対応をすれば、すべてがオープンになっていて、透明性があります。そこで、次の点が重要になります。

●施設は自分が伝えたいイメージにふさわしいか？
●働いている人、壁にかけてあるもの、組織、スタイル、色など、すべて伝えたいイメージに適合しているか？
●設備は適切か？

会計士のオフィスに期待することと、グラフィックデザイナーのオフィスに期待することの違いを考えてみましょう。きちんと整頓され、設備が整っていることは、どちらの場合も期待してよさそうですが、グラフィックデザイナーのオフィスは、ちょっと風変わりで、カラフルで、面白いものが色々と置いてあっても不思議ではありません。一方、会計士のオフィスには、もう少し堅い雰囲気を期待するのではないでしょうか。

5. 電子メール

メールはビジネスにおける主要なコミュニケーション手段となったことから、メールが企業イメージにもたらす影響について考えることが重要になっています。まず、会社のドメイン名やメールアドレスをもっているでしょうか？ メールアドレスが会社のドメイン名のものでないと、はじめからよくない印象を与えてしまいます。たとえば、「rod55@freemail.com」というアドレスからメールが届いたら、どういう印象をもちますか？ 次に、イメージの一貫性を保つうえではメールテンプレートが効果的です。簡単に用意できて、写真やロゴを入れることもできます。最後に、送信するメールの内容や言葉遣いには注意を払いましょう。メールは簡単に人に転送できますので、巡り巡って誰が読むことになるかわかったものじゃありません。そのため、電子メールにおいても、書面によるやり取りと同じような注意を払う必要があります。完成度が高く、的を射た内容で、誤字脱字が無いようにしましょう！

6. 資料

資料を用意する際は、まず名刺から始めます。プロにデザインしてもらいましょう。名刺は、ミッションとビジョン、そして企業イメージと直結しています。そこで次の点に注意が必要です。

●渡す名刺が、折れていたり、汚れていたりしていないか
●文房具や封筒、感謝状は、企業のイメージと一貫性があるか
●色やロゴ、質感のコーディネートができているか
●パンフレットの内容は有益なものか、デザインはプロに依頼したか
●これらの資料は企業イメージの維持向上につながるものか
●印刷や製本はプロに依頼したか

7．ウェブサイト

今日のビジネスにおいては、ウェブサイトをもつことは単なる選択肢の1つではなく、必須になっています。顧客、仕入先、将来のリファーラルパートナー、その他の関係者は、あなたに電話をしたり、直接会ったりする以前に、ウェブサイトを訪問する可能性が高いといえます。また、あなたのことを紹介された人が、あなたについて調べようと思った際、最初に見る可能性が高いのがウェブサイトです。今日、ウェブサイトに求められているのは、有益な情報が掲載されていること、わかりやすいこと、そして、見つけやすいことです。ウェブサイトのデザインは必ずプロに依頼しましょう。企業イメージに合致していて、検索エンジン対策もできたウェブサイトにします。その他、必要な情報に簡単に辿り着けるようなウェブサイトにすることも重要です。デザイナーやウェブマスターと協力して、重要なコンテンツには2クリック〜3クリックで到達できるようにしまし

ょう。また、ソーシャルメディアも忘れてはいけません。たとえば、ビジネス用のフェイスブックやツイッターアカウントをもっている場合は、ロゴを使用します。イラストや写真、文章は、自社のブランディングに合致するものである必要があります。

8. 制服や備品

関係者があなたやあなたの職業に求めているプロとしてのスタンダードについて考えてみましょう。あなた自身や、あなたのスタッフはつねにそのスタンダードに従っている必要があります。企業イメージを維持向上するには、組織の全員が適切な身だしなみと行動とを心掛ける必要があります。もちろん、ケータリング会社の宅配ドライバーがスーツを着る必要はありませんが、会社のイメージに合致した適切な服装をすることで、イメージの維持向上につながります。色やロゴ、スタイルなども考慮する必要があります。何が企業イメージを維持向上させるのか、その判断をスタッフ任せにしてはいけません。身だしなみについては、一貫性のある決定を行う必要があります。ロゴ入りのアイテムやユニフォームの活用を検討し、イメージの強化を図りましょう。

9. 業務用車両

顧客や見込み客が、あなたやあなたのスタッフが乗り物を運転しているのを目にする場合、どのような車両を使っているかは重要です。新車でなくてもいいのですが、つねに清潔で整備された車両である必要があります。たとえば、有能なビジネスアドバイザーというイメージを伝えたいとします。それなのにクライアントの目の前にポンコツで乗り付けたらどうでしょうか。当然イメージダウンです。同様に、宅配に使う車が、へこみだらけの汚い車両だったら、ケータリング会社としてのイメージにとって決してプラスにはなりません。エディーが旅行帰りに空港からタクシーを拾ったときのことです。そのタクシーはピカピカで、客席にはその日の新聞が用意されていました。ドライバーは小さな保冷庫から飲み物を取り出して、エディーに提供してくれたそうです。新車でこそなかったものの、タクシーのドライバーだけあって、よいイメージ伝達する「道」をよく知っていたのです。

10. ソーシャルメディア

7にも挙げたように、今日ではソーシャル・メディア・サイトは非常に人気です。同時に便利なツールでもあります。とはいえ、インターネットに投稿するすべてが、あなたの会社のイメージに直結しています。これはいくら強調しても足りないくらいです。賢い選択が必要であり、もしスタッフを雇っているなら、ソーシャル・メディア・サイトに関するポリシーの策定を検討しましょう。ソーシャル・メディア・サイトが苦手という人は、マーケティングやＰＲの専門家の手を借りる方法もあります。

あなたのつくるもの、売るもの、配るもの、そして、書くこと、言うことのすべてが、関係者の抱くあなたの会社に対するイメージの形成に影響を及ぼします。イメージに細心の注意を払いましょう。そして、確実に一貫性のある資料をつくりたいなら、躊躇《ちゅうちょ》せずプロに依頼しましょう。

❖ 企業イメージを形成するPR戦略

もう1つ、よいリファーラルマーケティング・プランをつくるうえで重要なのは、適切な広報（PR）戦略です。今日のメディア中心の社会では、あなたのビジネスの盛衰は、メディアにどう映るかにかかっていると言っても過言ではありません。印刷物であれ、テレビであれ、オンラインであれ同様です。地元のビジネス雑誌や新聞のビジネス欄、ウェブサイトを見てみてください。どれを見ても、企業の経営者や地元の事業者の特集記事やインタビューが載っています。

これらの記事のほとんどは、その記事で取り上げられている人物がPR会社に作成を依頼しているものです。その人を紹介する文章も、取り上げられている個人または企業が、資金を出して、PR会社と協力して作成しています。取り上げられている個人や企業がお金を出しているわけです。あるいは、社内の広報担当者と協力して作成している場合もあります。

あなたが歴史ある町に拠点を置く、改築工事の請負業者だとしましょう。市議会で歴史的建造物の修復を行うことが決まったとします。この場合、その建物が地域にとって、どれほど重要なのかについて、質の高いインタビューを行うことで、何百もの建設業者、開発業者、保全団体、歴史協会、その他、建築や歴史保全に関心のある人たちの目を引くことができます。

ここで、バージニア州リッチモンドに拠点を置く、ある工具店の経営者の話をご紹介しましょう。彼は、地域での露出度を高め、新規ビジネスを獲得したいと考えていました。注目を集めることで販売している商品の宣伝につなげようと、彼は都市彫刻コンテストを後援することにしました。このコンテストでは、参加者は、いらなくなった工具だけを使って作品をつくります。彼は、参加者の努力が伝わるように、制作中の作品の写真と、完成した作品の写真を撮影しました。さらに、ＰＲ業者を使い、終始確実に露出度を最大化できるようにしました。その結果、コンテストの審査が終わってから数週間後、地元で最も評判のある雑誌で大きく取り上げられました。ＰＲ業者は、コミュニケーションの手はずを整え、クチコミを広げ、雑誌の出版元に掛け合って、自分たちの指示どおりの記事を載せてもらえるようにしました。

ＰＲと広告の違い

一般の読者の目には、いや、一般のマーケティング担当者の目にさえ、その記事は出版社がライターを雇って書いたか、外部の記者が書いたものに見えたはずです。

あなたのビジネスに関する記事（何ページにもまたがる写真付きの記事）を出版物に載せてもらうのは、同じ出版物に1ページの広告を出すよりも、ずっと少ないコストで済みます。PRと広告の違いは、「獲得したメディア」と「購入したメディア」の違いだと考えることができます。記事やインタビューは確実に載せてもらえる保証はありません。一方、広告は契約に基づいて確実に載せてもらえるという違いがあります。なるほど、事前に計画を立て、人と協力して記事を作成し、それを載せてもらうには、それなりの努力が必要です。しかし、多くの場合それは合理的な投資になります。たとえ、あなたのターゲットが掲載された記事を見逃したとしても大丈夫です。高画質で光沢のある紙に記事を再印刷し、魅力的な資料にして保管しておけば、キーアイテムとして長期にわたって使用することができます。

❖ 報道してもらうには、報道価値が必要

意外かもしれませんが、編集者や記者は、記事のアイデアをあらゆる場所に求めています。新聞や雑誌で取り上げてもらおうとする人の多くは、ニュースリリースではなく、パンフレットを送ります。ところが、彼らは次のことを見落としています。多くの読者は、仕事で疲れていて、注意も散漫、精神も疲れぎみです。編集者や記者が求めているのは、そんな読者の心に引っかかる要素や、読者に訴えかける視点、あるいは、読者との接点です。編集者や記者に何かを送る際は、下調

べも必要です。よい記事を間違った記者に送ってしまっては、全員の時間が無駄になります。多くの新聞や地元の雑誌は、彼らの紙面に価値を加えてくれるような記事なら、ぜひ受け取りたいと思うはずです。したがって、あなたがすべきことは、なぜ読者がそのアイデアに関心をもつのか、なぜそれがニュースに値するのかを編集者に伝えることです。あなたのしていることが、どう地域の人の心に訴えかけるのかや、どのような点で広く影響を及ぼすのかを伝えましょう。

果たして、編集者や記者があなたのビジネスの活性化に協力してくれるのでしょうか？　もちろんしてくれます。それには、自分が記事を載せてもらいたい出版物を読み、あなたと関心が一致するトピックを書いている記者を見つけましょう。そして、最高のアイデアをメールや電話で伝えます。記者や編集者に電話をする際は、ほかの人に対するのと同様に、最大限プロフェッショナルな態度を取りましょう。

あらゆるメディアを考慮に入れます。ただし、読み手や聴き手があなたの会社に合っている必要があります。どのメディアも、読み手や聴き手に関する統計データを持っています。企業イメージの維持と同様に、ＰＲプログラムにも一貫性をもたせたければ、プロの手を借りて計画を立てることを検討しましょう。

❖ビジネスのPRにつながる10の方法

以下のリストは、PR戦略を立てるに当たって役立つ一覧性に優れたツールです。

1．記事を書く

顧客にしたい相手が関心をもっている問題に取り組むことで、あなたのアイデンティティーと信頼性を向上させることができます。それには、その問題について記事を書くのも有効な方法です。執筆のスキルに自信がないなら、プロのライターに依頼して、あなたのアイデアを出版に適した文章にまとめてもらうのもよいでしょう。

出版物に名前を載せるだけで、あなたの信頼性は向上し、認知度も高まります。一度の努力で、何千もの見込み客に影響することができるわけです。出版物を見た人は、評判あるメディアがあなたのことを十分に評価していて、そのうえであなたのメッセージを掲載しているのだと推測します。これにより、あなたの知識の専門性を暗示することができます。

書いた記事を掲載してもらえる機会を見つけるには、図書館に置いてある『*Writer's Market*』という本を見てみましょう。これは、あらゆる種類の定期刊行物について、どこに対して、どのように記事を売り込んだらよいのかを解説している著名な本です。

あらかじめ理解しておく必要があるのは、記事を書いたこと自体に対しては、報酬が支払われないこともあるということです。編集者は、記事が印刷されたことにより、あなたの露出度が向上すれば、それで十分な報酬になっていると考える場合もあります。時には、執筆の見返りとして、広告スペースを提供してくれることもあります。もう1つ重要な点は、執筆料をもらった場合には記事は出版社のものになるということです。もし、マーケティング資料として再利用を考えているなら、なんらかの取り決めをしておきたいところです。

もし出版社に記事を受け入れてもらえなくても、その記事をマーケティング資料として活用することができます。

2. コラムを書く

『*You Can Be a Columnist*』の著者であるシャーロット・ディグレゴリオは次のように述べています。「名声を得ることも、プロとして成長することも、難しいことではありません。コラムを書くだけで、地元、地域、さらには、全国レベルで露出度を高めることができます」。地域での企業イメージ構築につながるコンテンツを考え、地元で定期刊行物を出している出版社に連絡を取り、アイデアを売り込みましょう。

コラムを書くことができる機会は意外にも数多く存在します。米国には、およそ1400の新聞があります。ニューヨークタイムズのコラムを書くのは難しいとしても、地域や地元の新聞で、あなたの専門的知識が読者の役に立ちそうなところを見つけて説得することならできるかもしれません。まずは、町に出て、あらゆる無料のコミュニティー新聞、季節報、定期刊行物を集め、内容をチェックしてみましょう。あなたがターゲットにするマーケットと読者層が一致するものを数個選びます。次に、編集者に電話をして、コラムのアイデアを売り込みます。もし、機会を提供してもらえたら、『*You Can Be a Columnist*』を1冊購入し、仕事に取りかかりましょう。

3. ニュースレターを発行する

ニュースレターの発行は、知名度やブランドの認知度を上げる効果的な方法です。ニュースレターを発行することで、あなたのビジネスや、あなたが提供している商品・サービスについて人に伝えることができます。同時にマーケットにおける認知度を高め、信頼できるエキスパートとしての評判を高めるのに役立ちます。コストを抑えるには、メールで発行するのも効果的です。

ニュースレターにはさまざまな種類があります。デザインや文面の長さは、どれくらい時間をかけるのか、どれくらいの頻度で出すのか、どれくらいの費用をかけるのかによって違ってきます。

ニュースレターの発行には多くの時間を必要とします。月に1回発行するためには、リサーチを行い、記事を書き、編集し、レイアウトを整え、印刷し、配布またはメール送信という作業を4週間ごとに繰り返すことになります。なかには、プロのライターに依頼してニュースレターを書いてもらう人もいます。また、ニュースレターの制作会社も存在していて、あなたの分野に適したフォーマットや、ひな形を使ってニュースレターを作成してくれます。競合しないほかの業者や小売店と提携してニュースレターを発行する方法もあります（リレーションシップ・マーケティング）。費用を折半すれば、コストを抑えることができます。

ニュースレターを書くに当たり、把握しておくべきポイントはたくさんあります。

●どのような人が読み手になるのか
●読み手は何を知りたがっているのか
●ニュースレターを発行する目的は何か
●どのような種類の情報を含めるのか
●何色刷りにするのか、紙の質はどうするのか（どれくらい費用をかけられるのか）
●どれくらいの頻度で発行するのか
●どのような方法で発行するのか（第8章で触れたように、メールで送る場合は、スパムと受け止められないように、受信者がオプトイン及びオプトアウトできるようにしておく）

ニュースレターは、リファーラルマーケティングを補完するには最適な方法です。なぜなら、ほかの人の宣伝をする機会になるからです。リファーラル提供者や彼らのビジネスについて、ニュースレターの中で簡単に触れることで、信頼関係をぐっと深めることができるだけでなく、読者に対しても役立つ情報を提供することができます。

4. 講師を務める

大学や短大で、社会人向けの授業（対面、電話またはオンライン）を担当することは、あなた自身を宣伝し、専門分野における評判を構築するには絶好の機会です。このアプローチの最大のメリットは、地元で名前が売れることです。無料で注目と信頼を獲得できます。また、講演料をもらえる場合もあります。

実際の受講者だけでなく、大学が郵送で配布する授業カタログによって、何千人もの人があなたとあなたのビジネスについて知ることになります。事実上、これは無料でダイレクト・メール・マーケティングを行っているのと同じであり、大学のデータベースにある人たちに対して露出度を向上させることができます。

講師を務めることには、そのほかにも利点があります。

- 商品・サービスを販売できる（注意：適切かつ許可がある場合のみ）
- 人前で話をすることで自信につながる

- パブリックスピーカーとして自分を宣伝できる
- 講師を担当した機関の研究者とのあいだで価値ある人脈をつくれる

電話帳を使って、地域で社会人向けの授業を行っている教育機関をチェックしてみましょう。社会人向けの授業を管轄する部署に電話をかけ、彼らのプログラムに関する情報と、あなたの授業をカリキュラムに追加してもらうための要件に関する情報を提供してもらいましょう。

5. スピーチをする

地域には数多くの団体があり、メンバーのためにスピーカーを招待して講演を行っているところもあります。ロータリー、キワニス、オプティミスト、ライオンズクラブは、毎週のように会合を行っており、ゲストのスピーカーがさまざまなトピックについて講演を行います。専門職団体、同窓会、協同組合などの会合でもスピーカーを招いています。

地元の商工会議所を訪問するか、市のホームページを見て、地域の団体のリストを入手しましょう。次に、代表者、またはスピーカーのスケジュールやプログラムを管理している人物に連絡を取ります。あなたの略歴と、スピーチできるトピックの例を送ることを提案してみてください。

通常、これらのスピーチの機会では報酬の支払いはありませんが（食事が無料で支給されることはあります）、企業イメージの構築と、ビジネスのコミュニティーを動かしている人たちとのコンタクトをつくるうえでは絶好の機会となります。名刺をたくさん持参しましょう。名前、住所、電話番号が載っている配布資料も用意しましょう。ただし、スピーチのあいだに聴き手に何かを販売しようとしてはいけません。まずは、エキスパートとしての地位を確立し、その信頼を売上につなげましょう。

これらの団体でスピーチをするに当たり、パブリックスピーキングのスキルに自信がない場合は、トーストマスターズ・インターナショナルへの加入をおすすめします。各地に支部をもっており、社交的な雰囲気のなかで、楽しくパブリックスピーキングの基本スキルを学ぶことができます。パブリックスピーキングについては、地元の大学や短大でも社会人向けの授業が提供されていることがありますので、調べてみましょう。

6. 推薦状を書いてもらう

推薦状は、あなたの商品・サービスを購入または利用した人からの書面による推薦の言葉です。過去の顧客からの称賛は、極めて効果的なマーケティング手法です。

そこで、満足した顧客に推薦状を書いてもらうことを習慣化しましょう。あなたの商品やサービスについて、感想や意見を書いてもらいます。やってみればわかりますが、通常、満足した顧客は快く応じてくれます。宣伝資料の中で彼らのコメントを使用してもよいか必ず確認しましょう。最後に、法人顧客の場合は、相手の会社のレターヘッドが入った推薦状にしてもらえるか聞いてみましょう。

7．プレスリリースを送る

プレスリリースは、ＰＲ戦略の要です。日々、ニュースの編集者は、広報の専門家、企業や非営利団体の広報担当者、あるいは個人から、大量のプレスリリースを受け取っています。もちろん、そのうち実際に使用されるものはごく一部です。しかし、意外にも日々のニュース記事の多くが、プレスリリースをきっかけにして作成されています。

プレスリリースを読んでもらうためには、読んでもらいたい編集者、出版社、コンテンツの責任者などに、個人的に紹介してもらうことをおすすめします。とりわけ、マーケットが大きい場合にはプレスリリースの山から探して読んでもらわないかぎり、あなたの記事はどこかに埋もれてしまうのがおちです。プレスリリースをメールで送信する場合は、ロゴの画像を送ります。プレスリリースの内容に関連した写真がある場合は、一つひとつキャプションを付けて説明するのを忘れないようにしましょう。

8．ヒント、トレンド、統計を提供する

ヒント、トレンド、統計は、しばしば、マーケティングの「三銃士」と呼ばれます。同時に編集者のお気に入りでもあります。なぜなら、簡潔かつ有益で、理解しやすく、面白いからです。

ヒントというのは、役に立つ実践的な情報を簡潔にまとめたものです。あなたの商品やサービスに関して人に知ってもらいたいことを、5項目〜10項目リストアップしてください。たとえば、あなたが会計士なら、「よくある税金の落とし穴トップ5とその回避法」といったリストをつくるのもよいでしょう。もしあなたが不動産業者なら、「家を買う前に聞いておきたいQ＆A」をつくるといったことが考えられます

トレンドとは、未来の予想図となるような兆候のことです。トレンドは、変化の先端に立つ人々の態度と考え方を反映しています。トレンドは、「何が最先端で、何が最先端でないのか」を教えてくれます。あなたが業界の新しいトレンドを発見したら、メディアもそれについて聞きたがるはずです。既存の顧客について考えてみましょう。彼らのバックグラウンドや購買傾向に何か共通点を見いだすことはできないでしょうか？　あなたの業界の最近の変化について考えてみましょう。その傾向は今後も続きそうですか？　将来的にビジネスの仕方に影響を及ぼすでしょうか？　もしそうなら、それはトレンドかもしれません。

統計は、人々の意識を調査するより科学的な方法です。あなたが設定した特定の質問に対する答えを数量的に測定します。統計は、非常に面白いものになるか、とてつもなくつまらないものになるか、どちらかです。すべてはあなたが設定する質問にかかっています。あなた自身やあなたの知り合いにとって、役に立つあるいは面白い統計にしましょう。報道価値があるものにするためには、有意義な規模で統計を行う必要があります。より多くの回答を得れば、それだけ結果の信頼性

は高くなります。統計はあなたのビジネスと関係があるものにしましょう。そうすることで、統計結果があなたの商品・サービスとどのように関連するのか筋道立てて示すことができます。

1週間続けてUSAトゥデイを読んでみてください。全国紙で、ヒント、トレンド、統計が満載です。また、「CNN Headline News」を視聴してみてください。ニュースとニュースのあいだに、*Fact Check*という見出しの統計をやっています。また、その他の定期刊行物についても、地元の図書館を利用して目を通しておきましょう。この種の情報を提供している囲み記事や側面記事を探してください。そして、あなた自身のヒント、トレンド、統計をまとめたら、それをニュースリリースの形にしてメディアに報告します。ブログがあれば、ブログで情報を公開する方法もあります。その他、ソーシャルメディアで公開することもできます（次項を参照）。

9．ソーシャルメディアでの存在感

誰かがあなたが望まないような仕方で、あなたの写真を投稿したら、あなたのイメージはダメージを受けることになります。定期的にインターネットで自分や自分の会社を検索し、自分のイメージが維持されているかチェックしましょう。

10．記者にとっての専門知識の情報源になる

地域での信頼性を高めるには、新聞で専門家として取り上げられるのが一番です。あるテーマに

関する信頼できる情報源となるためには、メディアにあなたの存在を知ってもらい、記者に対して、継続的にあなたの経歴や専門性を伝えていくのがカギです。

アクションアイテム

1. 強力なミッションとビジョンを考えましょう。
2. 以下の点について自己評価してみましょう。

- ロゴ
- 電話戦略
- 施設
- メールアドレス
- 資料
- ウェブサイト
- あなたとスタッフの身だしなみ
- 業務用車両
- ソーシャルメディア

3. 右記で確認した点について、あなたのミッションやビジョンに適合しないものについては、必要なステップを踏んで是正しましょう。

4. あなたの会社にとってPRの機会となるものを特定し、プレスリリースを発行するための予定表をつくりましょう。

第11章

情報ネットワーク

専門知識と経験の宝庫を見過ごさないように

事業の成功には、継続的な情報収集が不可欠です。業界のトレンドや問題を注視し、経済や技術の変化に迅速に対応していくことで、競争力を養い、維持しなければいけません。あなたの「情報ネットワーク」を構成するのは、あなたの人脈のなかでとくに知識が豊富な人や、あなたが首尾よく業務を遂行するための知識や専門性をもっている人やリソースを指します。

すでにお気づきかもしれませんが、自分の力だけで必要な情報のすべてを入手することは不可能に近いといえます。情報量そのものが多いうえに、人によって関心に偏りがあったり、時間的に制約があったりするからです。ある種のことには詳しくても、ある種のことは等閑《なおざり》になってしまうものです。たとえば、マーケティングとビジネスプランニングに詳しい人でも、人事や法務には弱いかもしれません。

さいわい、あなたの苦手分野は必ず誰かの得意分野です。ほかの人に手助けを求めましょう。これこそ情報ネットワークを構築する目的です。彼らは、あなたの職業やビジネスにおいて成功するには何が必要なのかを熟知しています。そして、あなたの目標達成を支援するのに必要な経験を有しています。

❖ステップ1：情報ネットワークのメンバーを分類する

通常、ビジネスや職業（これから参入する場合も含めて）における懸案事項や専門的問題を相談できる相手が少なくとも数人は必要になります。自分に特定分野の知識が不足していることがわかっているなら、必要な情報を得るには誰にコンタクトを取り、どこに行けばよいのかを事前に把握しておきましょう。

では、情報ネットワークにはどのような人を入れればよいのでしょうか？

1. 目標や関心が近い人

自分と同じ目標や関心をもっている人や、同じことを達成しようとしている人を見つけましょう。これには大きな利点があります。なぜなら、彼らはあなたが必要とする種類の情報を収集しているからです（お互いにそうです）。彼らと協力関係を築き、調査を分担すれば、より迅速に情報収集できます。

2. 同業者

一般に、同業者のなかで成功している人たちは、あなたにとって最良の情報源となります（営業地域やターゲットを異にする同業者）。彼らは、業界のトレンドや問題を認識していて、あなたが直面しているものと同じ問題に直面したことがある人もたくさんいるはずです。このカテゴリーに入る人を3人から5人特定し、話をしてみましょう。彼らは、名簿やマニュアル、業界関連のイベント情報をもっているはずです。また、あなたにとって必要となる可能性がある仕入先と、取引関係をもっているかもしれません。

3. かつての同業者

なぜ、彼らが業界を去ったのかを知りましょう。彼らのビジネスに何が起こったのか。現在は何をしているのか。業界を去って正解だったか。成功事例からだけでなく、失敗事例からも学びましょう。業界やその人が業界から離れていた期間にもよりますが、この種の情報はあなたが計画を立てる際に価値ある情報となります。

4. 著者

書籍や記事の著者、オーディオテープやビデオテープの作者は、カギとなる業界のエキスパートです。彼らは通常、業界での手続きや体系、テクノロジー、戦術、発展方法などについて、広範囲にわたり深い知識を有しています。これらの人から少しヒントを得るだけで、あなたの時間とお金を節約することができます。

5. 当局者

業界の規制、監査、または監視を行う人は、あなたが陥りがちな、法的、事務的、あるいは業務上での落とし穴やその回避策を知っているはずです。もしかしたら、私生活やビジネスが楽になる、法の網の目をくぐる方法まで教えてくれるかもしれません。

6. トレーナー

ここでいうトレーナーとは、あなたの業界や専門分野に関するトレーナーのことです。トレーナーのよいところは、人に知識を伝えることを専門としている点です。トレーナーは、基本を理解するための手助けをしてくれます。新しいテクノロジー、手順、テクニックを紹介してくれます。彼らの提供するトレーニング資料を入手しましょう。必要ならトレーニングセッションを受講します。

7. コンサルタント

事業者は、自分で解決するのが難しいと思われる問題に対処し、変化に対応するために、アドバイザーやコンサルタントの手を借りることがあります。コンサルタントには、ゼネラリストとスペシャリストがいます。コンサルタントは、通常、問題の分析を得意としています。

8. 専門職団体のメンバー

業界団体、ビジネス団体、専門職団体の現役メンバーは有力な情報源となります。メンバーになることで、名簿、ニュースレター、セミナー、プレゼンテーション、イベントカレンダーなどにアクセスできるようになります。彼らはネットワーキングを通じて、業界で起きている問題やトレンドを絶えず把握します。彼らと時間を過ごすことで、いままで気づかなかった仕事のやり方を発見できるかもしれません。

❖ステップ2：情報ネットワークのメンバーを特定する

ステップ1では、どのような人が情報ネットワークの一員になり得るかを見てきました。ステップ2では、これらのカテゴリーに属する人をあなたの知り合いのなかから特定していきます。コンタクト・マネジメント・システムを使って、連絡先を管理していると、このステップはずっと楽になります。とくに、リファーラルマーケティング・プランに使うためのデータベースを構築するのには効果的です。まだ、コンタクト・マネジメント・システムを使っていない場合は、オンラインのデータベースであるRelate 2 Profitをお勧めします。連絡先情報をアップロードしたら、情報ネットワークを構成する人たちを選んで、特定していきましょう。

次のことをおぼえておきましょう。あなたが求めているのは情報です。情報源になる人が多ければ、それだけ情報量も多くなります。思いつくかぎりたくさんの名前を書き出し、それから一人ひとりの連絡先情報を入力していきましょう。

アクションアイテム

1. 情報ネットワークのメンバーまたは候補者を24人特定します。
2. Relatee 2 Profitのデータベース、その他あなたのニーズに合うコンタクト・マネジメント・システムに彼らの情報を入力しましょう。

第12章

サポートネットワーク

支援や励ましを与えてくれる人は、意外と身近にいます

あなたのことを尊敬したり、称賛したりしている人、または、あなたのことが好きな人を頼りにしましょう。彼らは、あなたに対して誠実な関心をもっており、多くがありのままのあなたを受け入れてくれます。そして、通常、あなたの目標を達成するためにできることならなんでもしてくれます。彼らはあなたが必要とする知識や情報をもっていないかもしれませんし、新しい顧客を連れてくることはできないかもしれません。それでも、あなたしだいでは、彼らの惜しみない協力は、感情的、精神的な支え、物理的あるいは経済的な支援につながります。

このような「サポートネットワーク」のメンバーは正念場においてあなたのビジネスを支えてくれます。重要な役割を担ったり、資金を貸してくれたり、励ましてくれたり、あなたのために動いてくれたりします。また、緊急事態に対応するのを手伝ってくれたり、アイデアに賛同してくれたり、少しのあいだならあなたの代理を務めてくれることもあるかもしれません。サポートネットワークを最大限に活用するには、彼らのもつ才能、知識、人脈を把握しておきます。

❖ステップ1：サポートネットワークのメンバーを分類する

あなたを快くサポートしてくれる人には、どのような人がいるでしょうか。次のように分類できます。

◎あなたを指導したことがある人

あなたを指導したことがある人は、時として家族以上にあなたの能力を知っていて、あなたの集中力を引き出す方法を心得ています。彼らはさまざまな形で、あなたを陰で支えてくれたり、後援してくれたりします。

◎あなたが教えたまたは指導した人

あなたから専門的な知識や技能を学び、それが成功につながった人は、あなたに対して恩義を感じています。彼らの多くは、あなたから連絡をもらうとうれしく感じるのではないでしょうか。そして、そのたびにあなたへの感謝を思い出してくれるはずです。また、日ごろからあなたについてよいクチコミを広げてくれることで、ビジネスチャンスを呼び込んでくれたりもします。あなたが指導した人で、あなたの頼みを聞いてくれそうな人はいませんか？　彼らにとっては恩返しの機会になります。きっと、ほとんどの人があなたの成功を手助けしてくれるはずです。

◎あなたが手助けした人

人は、自分のために何かをしてくれた人を忘れないものです。お金や時間、その他何か贈り物をした相手を思い出しましょう。彼らは熱心にあなたをサポートしてくれるはずです。

◎仕事仲間、同僚、仕事上のパートナー、同窓生

学校やキャリアの過程でつくった友人は、しばしば生涯の友人となります。あなたたちはお互いの歴史の一部です。お互いを知っていて、好意や尊敬の気持ちをもっています。なかには、助けが必要なことを認めたくないあまり、友人に助けを求めるのをためらう人もいるかもしれません。エゴが邪魔をして彼らの支援を活用しそこなってはいけません。きっと、多くの人はあなたの手助けをしたいと思っています。あなたが助けを求めたからといって、あなたを見下したり、引け目を感じさせたりするようなことはしないはずです。

◎家族や親友

家族や友人は当たり前のものになっているかもしれませんが、おそらく、彼らは最も頼れる存在です。決して無視してはいけません。ただし、どれくらい頼りになるかには個人差があることに注

意しましょう。

◎非ビジネス団体の仲間

仕事以外で一緒に活動をしたことがある人（防犯パトロール、マンション組合、地域青少年活動など）は、団体の活動以外でも快くあなたの支援をしてくれるかもしれません。キワニスやライオンズクラブのメンバーは、努めてお互いの成功に貢献するようにしています。これらの団体に加入し、活動に参加し、時間を惜しみなくつぎ込んでみてください。そうすれば、あなたもほかの人から支援を得ることができるでしょう。

◎以前のマネージャー、上司、インストラクター

あなたの以前のマネージャーや上司、インストラクターなど（あなたが少なくとも敬意をもっている人たち）は、あなたの仕事のやり方、倫理、価値観、性格、スキル、関心をよく知っているものです。また、あなたのパフォーマンスを最大限に引き出す方法も心得ています。時として、まるで親のようにあなたの成功に対して責任を感じていることもあります。彼らの「親心」に訴えかけましょう！

◎信仰上の指導者、メンバー、グループ

「与える」ということに関しては、信仰の場ほど精神的、感情的に大きな支えを提供してくれるところは、ほとんどありません。宗教団体に所属している場合は、ほかの人と共通の信仰によって結ばれています。信仰上の指導者や仲間に支援を求めないのは大きな間違いです。彼らの助けが必要になったときは、躊躇せず、団体が提供しているサポートサービスやグループを活用しましょう。

❖ステップ2：サポートネットワークのメンバーを特定する

あなたのRelate 2 Profit（または利用しているコンタクト・マネジメント・システム）のアカウントに入り、上記のそれぞれのカテゴリーに当てはまる人を入力します（できるだけ多くの名前を入れましょう）。どうしても必要な場合は、同じ人を複数回入力してもかまいません。名前は多ければ多いほどよいです。というのも、一人がそのとき必要な支援を提供できなくても、別の人を頼ることができるからです。最後に、それぞれの連絡先情報を入力します。

アクションアイテム

1. サポートネットワークのメンバーまたは候補者を24人特定します。
2. Relate 2 Profitのデータベース、その他のコンタクト・マネジメント・システムに彼らの情報を入力しましょう。

第13章

リファーラルネットワーク

成功への近道を提供してくれるビジネスチャンスの源泉

リファーラルがもたらす売上だけでビジネスをやっていけるとしたら、あなたはきっとほかの事業者の羨望《せんぼう》の的になるでしょう。あなたの顧客、同僚や仕事仲間、友人が、誰かにあなたを紹介（あるいはあなたに見込み客を紹介）すれば、それが売上につながってしまうのです。「リファーラルネットワーク」は、最も収益性が高いネットワークだといえます。ただし、リファーラルというのは、ほかの人を通じてしか獲得することができません。

ビジネスの成約こそがリファーラルの成果だということを忘れないでください。ビジネスが成約するかどうかは、リファーラル提供者が見込み客にどのようにコンタクトしたかや、リファーラル提供者と見込み客との人間関係の質、その他の要因に左右されます。また、リファーラル提供者にも個人差があり、質の高い見込み客に出会えるかどうかや、あなたに対してリファーラルを提供しようというモチベーションにも違いがあります。

賢い事業者は、最も可能性が高そうなリファーラル供給源を知っていて、それを開発することにより、質の高いリファーラルを大量に獲得しています。そして、長期的には、リファーラルの増加は収益の増加につながります。

リファーラルネットワークのメンバーを分類する

リファーラル提供者になり得る人として、まずは情報ネットワークやサポートネットワークのメンバーが考えられます。その他、全く別のカテゴリーに属する人（中には思いもよらないような人）がリファーラル提供者になります。とくに質の高いリファーラル提供者になり得る人は、次の8つのカテゴリーに分類されます。

1．あなたの「コンタクトサークル」にいる人

コンタクトサークルとは、「お互いに競合せず、補完関係にあるビジネスや職業で構成するグループ」のことです。コンタクトサークルは、リファーラルの安定的な供給源になります。これは考えるまでもないことです。ケータリング業者と、生花店の経営者、エンターテイナー、印刷業者、ミーティングプランナー、写真家が1時間同じ部屋にいたら、どうしたってビジネスの話になります。彼らは、お互いに相手のサービスを活用できる顧客をもっています。時として結婚式がビジネスネットワーキングの場やリファーラルを集める場にもなることがありますが、その理由はここに

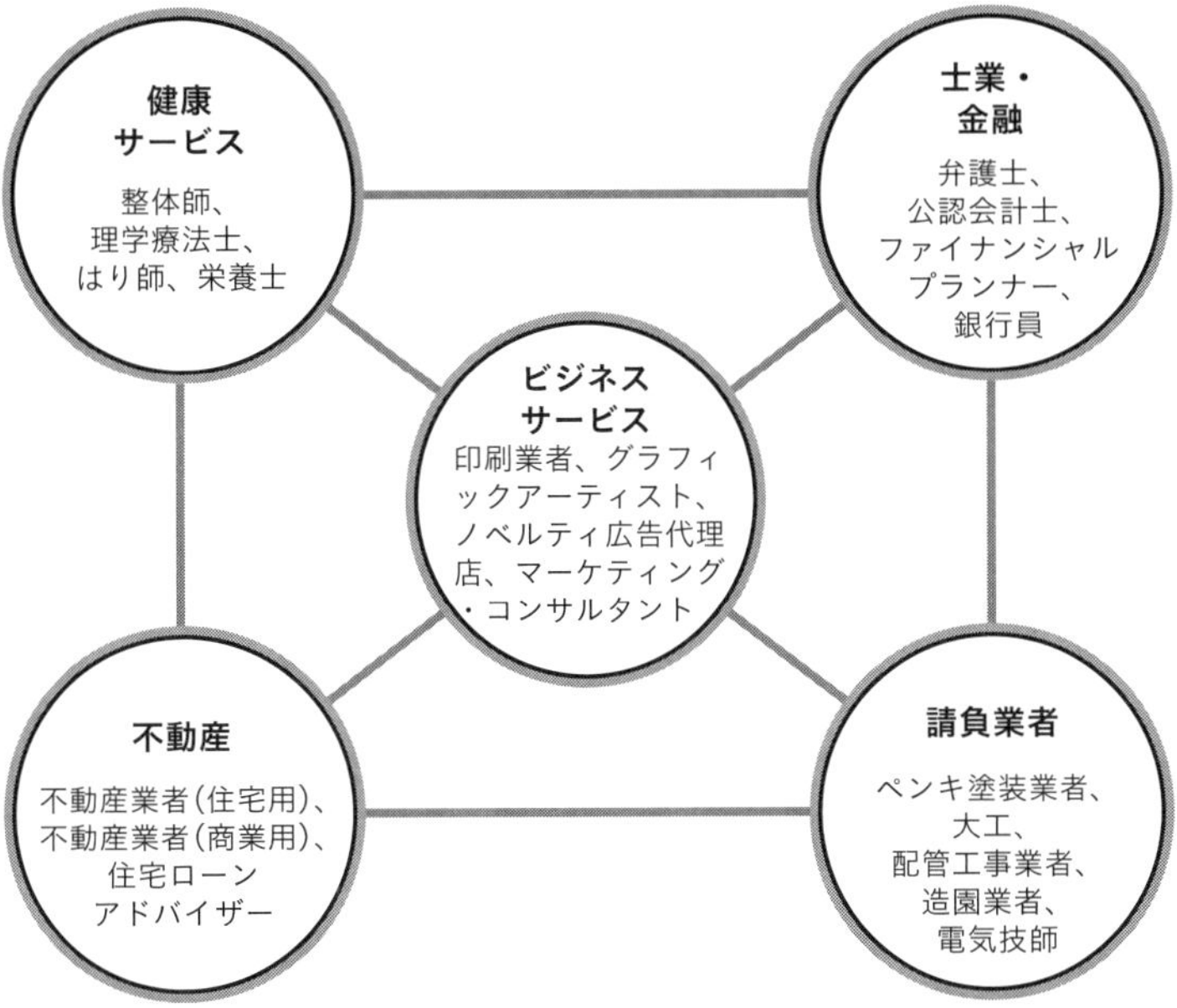

あります。

コンタクトサークルは多少重なっていても問題なく機能します。以下は、コンタクトサークルの例です。

ビジネスサービス：印刷業者、グラフィックアーティスト、ノベルティ広告代理店、マーケティング・コンサルタント

不動産：不動産業者（住宅用）、不動産業者（商業用）、住宅ローンアドバイザー

請負業者：ペンキ塗装業者、大工、配管工事業者、造園業者、電気技師

健康サービス：整体師、理学療法士、はり師、栄養士

士業・金融：弁護士、会計士、ファイナンシャルプランナー、銀行員

事務機器販売：通信会社、コンピューター会社、コピー機リース業者
イベント・行楽サービス：写真業者、ケータリング業者、旅行代理店、生花店
制作サービス：ウェブデザイナー、コピーライター、映像制作会社、グラフィックデザイナー

コンタクトサークルの図を見ればわかるように、どのコンタクトサークルも、それを構成する専門業種のそれぞれが、自然とお互いにリファーラルを提供し合う傾向にあります。弁護士、公認会計士、ファイナンシャルプランナーが継続的にリファーラルを提供し合えるのは、彼らが同一のクライアントの別々の財務上のニーズに応える職業だからです。結婚式の例で言えば、生花店には結婚式を予定している顧客がたくさんやって来ます。そのため、写真業者やケータリング業者にリファーラルを提供しやすいわけです。逆に、写真業者やケータリング業者に結婚式を予定している顧客がやって来た場合、生花店にリファーラルを提供することで恩返しをすることができます。いずれの場合も、関連する業種同士がコンタクトサークルに対して気配りをし、コンタクトサークルを育てていくことで、質の高いリファーラルを獲得できるチャンスが拡大します。

また、図からわかるように、異なるコンタクトサークルの間をリファーラルは自然かつ容易に行き来します。生花店に来た結婚式の顧客は、おそらく印刷業者を必要としています（結婚式の案内状を送るため）。その他、ファイナンシャルプランナーや不動産業者を必要としているかもしれません。これらの業種の人たちは、お返しに、自分たちによい見込み客を提供してくれた生花店に対

して、快く自分たちの顧客を紹介するはずです。

コンタクトサークルは、パワーチームへと発展させることができます。パワーチームのメンバーとなるのは、あなたが人間関係をもっている人たちのうち、あなたのコンタクトサークルに含まれ、かつ積極的にリファーラルを提供し合っている人たちです。これについては第20章で詳しくお話しします。

2. 満足した顧客・クライアント

あなたの商品・サービスに満足した顧客は、優れたリファーラル提供者になります。あなたの商品・サービスをじかに知っているため、あなたをほんとうに信頼しており、かつほかの人に対して説得力のある推薦を行うことができます。これらの顧客を把握しておきましょう。彼らはあなたの「ファン」であり、最高の「宣伝役」となります。彼らは、ほかの人があなたとビジネスをするかどうかを決める際に、非常に効果的な後押しをしてくれます（注意しましょう。満足しなかった顧客は、見込み客をあなたから遠ざけるうえで、同じくらい効果を発揮してしまいます！）。

3. あなたのビジネスから恩恵を授かる人たち

リファーラルネットワークに属する人を8つのカテゴリーに分類しましたが、なかでも、とくにあなたのビジネスから恩恵を授かる人たちがいます。それは、あなたがより多くのビジネスを得ると、自分たちもより多くのビジネスを得る人たちです。たとえば、サプライヤーやベンダーなどが挙げられます。あなたが教材を販売している場合、それを印刷している印刷業者は恩恵を受けます。その他、あなたの近隣でビジネスをしている関連業種の人たちは、あなたの顧客から恩恵を受ける可能性があります。たとえば、あなたが家族向けのフィットネスセンターを経営している場合、健康的なメニューを提供している近隣のレストランなどがこれに当たります。彼らの場合、あなたにリファーラルを提供することは、明らかに彼ら自身の利益にもなります。

4．あなたがなんらかの取引をしている相手

あなたのビジネスは、歯科治療や美容、自動車整備とは無関係かもしれません。しかし、あなた自身は、なんらかの機会に、歯科医や美容師、自動車整備士と取引をしたことがあるはずです。彼らのビジネスに貢献すれば、彼らはあなたに対して好意的になります。あなたを顧客としてとどめておくためにも、あなたが顧客を獲得することに協力してくれるはずです。彼らのサービスを一定期間継続して利用しているなら、おそらくこれらの事業者はあなたが何をしているのかや、あなたが頼りになる人物であり、信頼できるといったことも知っているはずです。見込み客にとっては、これだけでも十分な情報になることがあります。

5．従業員・スタッフ

顧客以外では、あなたのスタッフほど、あなたの商品やサービスについて知っている人はいません。ただし、営業やマーケティングのスタッフではありません（彼らはそもそも売上を伸ばすために雇われています）。ここでお話ししているのは、パートタイムまたはフルタイムで、運営または生産、その他の役割を担っているスタッフです。彼らが、あなたのビジネスについて、友人や隣人、仕事仲間、その他、日常出会う人に話をすることで、あなたのビジネスの後押しをすることになります。

注意：スタッフの満足度を維持しましょう。不満をもったスタッフはビジネスに大きな悪影響を及ぼします。会社やミッションに対するスタッフのやる気を維持する秘訣は、何か新しいことを導入する際は、変化や新たな方向性などについて、事前に彼らに詳しく伝えておくことです。

過去のスタッフも見過ごせません。あなたの会社で働いたことは、いつまでも彼らの歴史の一部であり、それが見込み客との会話にも登場することがあります。

6. あなたがリファーラルを提供した相手

あなたがリファーラルを提供した相手は、あなたにもリファーラルを提供してくれる傾向にあります。与えれば与えるほど、得るものも多くなります。

7. あなたにリファーラルを提供してくれた人

あなたにリファーラルを提供したり、ほかの人にあなたを紹介（ネットワーキング目的やアドバイスを得る目的で）したりする人は、あなたの人柄や仕事を高く評価しているということを行動で示しているといえます。そうでないなら、彼らはほかの人に紹介を出すはずです。これらの潜在的なリファーラルの源泉を強化し、育てましょう。当たり前だと思わないように。彼らに見込み客を紹介し、行動で感謝を示しましょう。また、今後もリファーラルを提供してもらえるように頼みましょう。ただし、彼らの親切心に甘えてはいけません。彼らの信頼を得た仕事の水準を維持しましょう。

8. ビジネス・リファーラル・グループの仲間

リファーラルグループは、メンバーがリード（新規見込客や潜在顧客）やリファーラルを交換することをおもな目的として設立されています。典型的には、これらのグループは毎週ミーティングを行い、ネットワーキングやリファーラルの交換のための時間があります。メンバーになる目的は、潜在的な新規顧客への足掛かりをつくることです。リファーラルグループでは、しばしば、1業種または1専門分野につき1人にメンバーを制限しています。これは、コミュニケーションを促し、潜在的な対立を回避するためです。

アクションアイテム

1. あなたのコンタクトサークルに含まれる業種をできるかぎりたくさん挙げてください。
2. さまざまなネットワーキング組織に出向いたり、名刺ファイルやデータベースを使ったり、現在あなたがリファーラルを提供している事業者を再検討したりして、あなたのコンタクトサークルに含まれる個人を特定しましょう。
3. ほかのコンタクトサークルにいる個人で、リファーラルを交換できそうな個人を特定しましょう。
4. それぞれをあなたが参加しているネットワーキング・グループに招待して、あなたとの人間関係を正式なものに発展させましょう。

第14章

ネットワークを強化する

ネットワークの密度を高める3つのアイデア

もし仕事上で急に何かの必要が生じたとき、誰から情報やアドバイス、支援を得るべきなのか困惑してしまわないか、心配に思ったことはありませんか？　これは珍しいことではありません。ニーズというのは、いざ実際に切迫してくるまでは気に留めず、無視していることが多いからです。人間というのはそういうものです。日々の仕事にかまけて、起こるかどうかもわからない緊急事態に備えることはしないのです。

とはいえ、誰もが知っているように「備えあれば憂いなし」です。実際、この本でお伝えすることは、大まかにいえば、そういうことになります。さまざまな状況に備えておくことは、たんにいざというときの保険になるというだけでなく、リファーラルでビジネスを拡大するために必要なコンタクトをつくり、それを維持する効果もあります。緊急事態が起こることが無かったとしても、それに備えるためにしたことは無駄にはなりません。ネットワークの強化につながるからです。

あなたのネットワークの強度は、その最も弱い部分の強度で決まります。ネットワークを構築するうえで最後のステップとなるのが、ネットワークを拡大し、強化し、より価値のあるものにすることです。つまり、より密なネットワークにすることです。それには次の3つの考え方が役に立ちます。

1. ネットワークをカスタマイズする

第11章、第12章、第13章でお伝えした3種類のネットワーク（あるいはそのメンバーの分類基準）にこだわる必要はありません。各自のビジネスや職業に合わせて追加してもかまいません。たとえば、「産業ネットワーク」というのを加え、そのメンバーの分類基準として、「一緒に仕事をしたエンジニア」「知り合いの弁理士」などをつくることができます。あるいは前述の3種類のネットワークの分類基準に新しいものを加えてもかまいません。付け加えたネットワークやメンバーの分類基準は、既存のものと同様、それぞれ少なくとも3人ずつ該当する個人を特定してください。

2. 自分のネットワークを構築する

忘れてはいけないのは、ネットワークを構築するおもな理由の1つは、「事実上の」(de facto)マネジメントチームをつくることだということです。これは、あなたが計画を立てたり、ビジネスを成長させたりするためのアドバイスをしてくれる、あるいは、問題が発生した際にはすぐに解決に当たってくれるような、専門家、人脈で構成するグループです。平たくいえば、法律に関するアドバイスが必要になったとき、事前に誰に電話をしたらよいかを知っているほうがよいということです。それとも、電話帳や新聞広告から探すほうがよいでしょうか？　ほかの分野の事業者（印刷業者、秘書、インテリアコーディネーター、警備員、銀行家、旅行代理店、債権回収、人材紹介など）はどうでしょうか？　これらの分野のそれぞれについて、求めているような専門性と経験とを持ち合わせた人物を知っていますか？

これは、あなたが計画を立てたり、ビジネスを成長させたりするためのアドバイスをしてくれる、あるいは、問題が発生した際にはすぐに解決に当たってくれるような、専門家、人脈で構成するグループです。

ハーベイ・マッケイは『Dig Your Well Before You're Thirsty』において、何かが必要になる前にそれらの供給源を開拓しておく必要があると述べています。特定の商品やサービス、情報が必要となる前に、それらを提供できる個人を特定し、知り合いになっておくことで、時間とお金を節約しつつ、より賢い選択ができるようになります。そして、必要になる前に、商品やサービスの大まかな価値や費用を把握しておくこともできます。

3. 隙間を埋める

自分の情報ネットワーク、サポートネットワーク、リファーラルネットワークのメンバーを特定したら、自分のネットワークの隙間や弱い部分を見つけるのも容易になります。その分野を専門としている人を特定することで、ネットワークの隙間を埋めると同時に、ネットワークの多様性や規模、強度を向上させることができます。

❖始まりの終わり

ここまでで、あなたのビジネスや事業の支援をしてくれる、強力かつ多様なチーム（情報、サポート、リファーラルを提供してくれるネットワーク）をつくる準備がかなり進んだかと思います。ネットワークを構成し、それに属するメンバーの候補者を特定し、そして労力を集中させる必要がある部分に焦点を当てる。そのためには、このような体系的なアプローチが効果的なのです。

ここでいくつか疑問が生じるかもしれません。適切な人を選んでいるだろうか？　リストに含めるべき人を見落としてないだろうか？　あるいは含めてはいけない人を入れてしまっていないだろうか？　答えは、選んだ相手のことをどれだけよく知っているかや、あなたがどれだけ自分のビジネスについて知っているかにかかっています。もしかしたら、勝手な思い込みをしていたり、彼らについて大事なことを忘れていたりするかもしれません。

❖能動的なネットワーキングと受動的なネットワーキング

ほかの人と能動的にネットワーキングするということは、これらの人をあなたが所属しているネットワーキング組織に招待し、つねに何枚も彼らの名刺を持ち歩き、そして、最も重要なことですが、チャンスさえあれば彼らにリファーラルを出すということです。また、能動的にネットワーキングするということは、ほかの人と互恵的な人間関係を築くことでもあります。

誰でも自分にビジネスを提供してくれる人に、ビジネスを提供したいと思うものです。では、なぜお返しをしてくれるかわからない人にまでビジネスの機会を提供するのでしょうか？　あなたの業界には、ほかにも信頼できる事業者が何百、何千もいて、彼らが必要な商品・サービスを提供しています。あなたにお返しをするために、あなたから商品やサービスを購入しなければいけないということはありません。ほかの方法として、あなたのネットワーキング・グループに加入し、あなたの名刺を持ち歩いてもらい、あなたの商品やサービスにニーズのある人を紹介してもらうこともできます。

受動的にネットワーキングするとは、相手のビジネスを時々利用するにもかかわらず、なんらかの理由でその人と能動的にネットワーキングできていない状態を指します。理由として考えられるのは、相手のビジネスのマーケットが狭いために手助けが難しいといったことが考えられます。あるいは、相手にネットワーキング組織に加入する意志がない場合もあります。その他、相手の拠点が離れているために、恒常的にリファーラルを提供するのが困難な場合もあります。

アクションアイテム

1. あなたの情報ネットワーク、サポートネットワーク、リファーラルネットワークに属する個人を特定してください。
2. ネットワークの隙間や弱点を見つけ、優秀なメンバーでそれを補い、より優れたネットワークにしましょう。

第15章

あなたの会社を「ハブファーム」にする

ほかのネットワークとつながる

❖ハブファーム

ほかの事業者とのあいだに効果的なコネクションをつくることは、リファーラルをベースにビジネスを構築するための土台の1つとなります。独立した事業者が集まり、相互に連携すれば、それぞれの組織を最も効果的に働かせることができます。その際に、中心的位置を占める企業のことを「ハブファーム」と呼びます。このように、事業者が協力関係をつくることで、劇的な競争力を生み出すことができます。一般に、協力関係にある企業はコンタクトサークルの関係（つまり共生関係）にあります。単なるコンタクトサークルとの違いは、このコンタクトサークルに属する企業のうち1つ（理想的にはあなたの会社）が、この連合をまとめる「ハブ」（中核）になっているという点です。

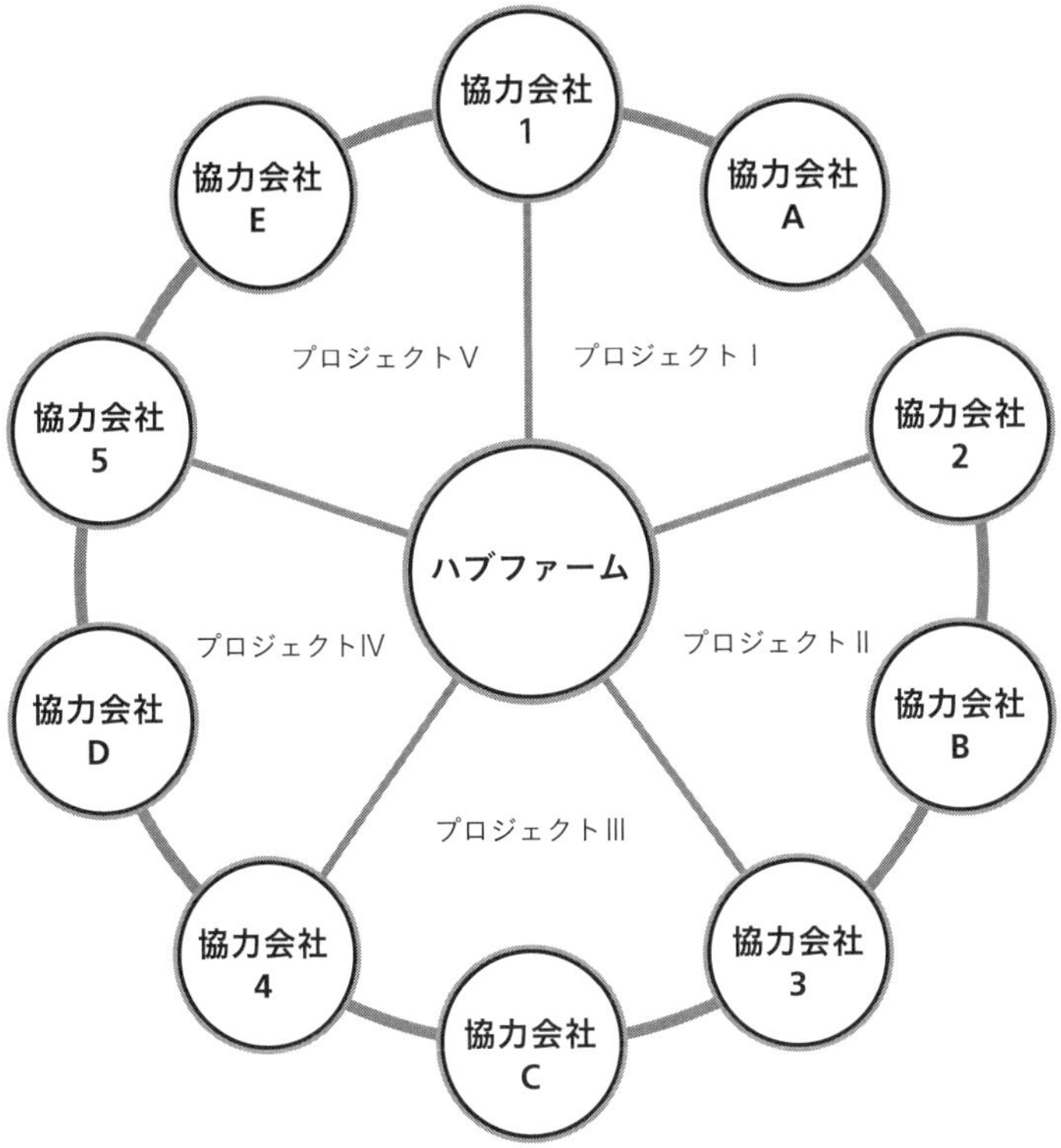

ハブファームネットワークは、一般に、複数の領域の専門家（またはあなたの会社が直接供給できないリソース）が必要となるコンサルティング業に見られます。ハブファームネットワークは、あなたの会社が、単独の場合よりも高いレベルで機能し、より優れたサービスを提供することを可能にします。ハブファームとなる事業者の例としては、総合建設業、ウエディングプランナー、ビジネスコンサルタントなどが挙げられます。ビジネスコンサルタントは、クライアントのマーケテ

ィングに関するニーズに応えるために、グラフィックデザイナー、商業用写真業者、編集者を連れてくる必要があるかもしれません。ビジネスコンサルタントは、ハブファームのまとめ役になりやすく、すでにこれらの事業者との信頼関係を築いていることもあるはずです。

ハブファームネットワークにおいては、多くの場合、レギュラーにリファーラルを交わし合うことは期待できません。そもそも、ハブファームになる目的は、リファーラルを交わし合うことではありません。より専門的なサービスを提供することや、企業間の「食物連鎖」の上流で活動すること、自社の競争力を高めることが目的です。

ハブファームネットワークのなかには、あなたのコンタクトサークルに含まれず、つねにリファーラルを提供してくれることができない業種もあります。とはいえ、彼らは、その他の方法であなたのプロモーションを行うことができます。たとえば、彼らのニュースレターの中であなたを取り上げたり、あなたにスピーチの機会を提供したり、あなたのコンタクトサークルに入る人を紹介したりすることを通じて、あなたをサポートすることができます。

❖洞穴族

あなたの会社をハブファームにするためには、ほかの事業者と協力してコネクションをつくる努力がその出発点となります。トレーナーであり、コンサルタントである、ロサンゼルスのジーン・

コールは次のように述べています。「たいていの事業者は洞穴族です。日々を洞穴から洞穴へ移動しながら生活しています」。ジーンのコメントを解釈すると次のようになります。事業者は朝、彼らの洞穴（家）で1日を始め、車輪付きの小さな洞穴（車）に乗り込み、大きな洞穴（オフィス）へと向かいます。1日中をそこで過ごしたあと、ふたたび「洞穴カー」に乗り込み、まっすぐと「洞穴ホーム」へと帰っていきます。そして、翌日も同じことを繰り返すのです。皮肉なことに、これらの人は「どうしてリファーラルがもらえないんだろう？」と言っている人たちだったりします。ただ職場に現れるだけでは、リファーラルでビジネスを構築することにはつながりません。ウィル・ロジャースがいみじくも次のように述べています。「正しい道にいたとしても、じっと座っているだけじゃ、車にひかれてしまう」

この洞穴族的なメンタリティーから抜け出し、ハブファームになることをめざすなら、あなたが洞穴で過ごしている時間を見直し、成功につながる人脈を築く効果的な方法について考えてみる必要があります。ビジネスにおける長期的で有意義なコンタクトをつくるには、ビジネス組織や、ビジネスネットワーク組織を介して行うのが最善の方法だということがわかっています。

事業規模にかかわらず、1種類のビジネス組織だけでは、包括的なリファーラルマーケティング・プログラムを実践することはできません。優秀なファイナンシャルプランナーは、投資先を分散するようにアドバイスをします。ところが、私たちは、事業者が相変わらず単一のビジネスや単一のタイプの組織に時間とお金を投資しているのをよく見ます。私たちは、いくつかの種類の異なるネットワーキング・グループに加入することを推奨しています。

❖ナレッジネットワーキングVSリファーラルネットワーキング

たいていの人は少なくとも2種類のフォーマルなネットワーキング・グループに所属しています。一つは、『メガトレンド』（竹村健一訳、三笠書房、1983年）の著者であるネイスビッツが「同業種ネットワーク」（またはナレッジネットワーク）と呼ぶものです。ネイスビッツによると、ネットワーキングは私たちの社会に影響を及ぼしている10の「メガトレンド」（時代の大きな流れ）の1つです。ナレッジネットワークは、自学、情報交換、生産性とワークライフの向上、リソースの共有を促進します。

共通の関心（仕事上のまたは個人的な）に基づく組織（たとえば、人材マネジメント協会や消費者教育ネットワークなど）は、ナレッジネットワークのよい例です。

第2のタイプのネットワークは、ここでの主要なテーマとなる、異業種ネットワークです。専門分野や職業を異にする人たちが集まり、お互いの売上をアップするためにネットワーキングを行います。実際、異業種ネットワーキングの第1の目的は、リファーラルを通じてお互いの売上をアップすることです。

質の高い異業種ネットワーキングをしている事業者は、彼らのビジネスの大部分または、最も質の高いビジネスをリファーラルを通じて獲得しています。この種のネットワークの典型としては、商工会議所や青年会議所、働く女性を支援している団体、そして、BNI（Business Network International）などが挙げられます。

当然ですが、グループにはそれぞれ強みや弱みがあり、それぞれ違った仕方であなたがリファーラルでビジネスを獲得するのを手助けしてくれます。そこで、自分のニーズにあったものを選んで加入するには、まず、さまざまな種類のグループの構成、構造を吟味することが必要になります。

これまでにもビジネス組織に加入したことがあり、それでもうまくいかなかったという人もいるかもしれません。いまからリファーラルで売上をアップするために必要な行動を取るうえでは、そのことを引きずらないようにしましょう。注意深くプロセスを実行に移せば、必ずうまくいきます。このプロセスがうまくいくのは、ほかの成功している事業者と人間関係を構築することに基づいているからです。

このプロセスを始めるうえで最良の方法は、1つまたは複数の事業者のグループに加入することです。それ以外の方法はというと、一人ひとり個別に事業者と会っていく方法しかありません。つまり、「苦労して働くこと」になり、「賢く働くこと」にはなりません。

第16章

7つの種類のネットワークを知る

戦略的に人脈を選択する方法

❖ネットワーキンググループの種類

ビジネスを目的としたネットワーキンググループは、少なくとも7種類あります。時間が許すかぎり、少なくとも3つのグループに加入することをお勧めします。どのようなグループに所属したとしても、私たちがこれまで長年にわたって提唱してきた、ビジネスの成功への大切なポイントは同じです。

ネットワーキングには努力が必須です。ミーティングにただ出席する、提供された軽食をただ食べるのではなく、積極的にミーティングに参加してください。リファーラルでビジネスを成功させるためには、自分が所属するネットワークで積極的に活動する必要があります。

ビジネスを目的とした7種類のネットワーキンググループ

1. 交流を目的とするネットワーク
2. リファーラルを交わすことを目的とするネットワーク
3. 社会奉仕団体
4. 職能団体
5. ソーシャルグループまたはビジネスグループ
6. 女性団体または地域・民族団体
7. オンラインネットワーキングまたはソーシャルネットワーキング

❖ビジネスを目的とした7種類のネットワーキンググループ

1. 交流を目的とするネットワーク

交流を目的とするネットワークは、さまざまな専門職のメンバーが集まるグループで、同じ業種のメンバーが存在することもあります。各業種のメンバー数に制限はありません。通常、月1回の集まりがあり、それ以外にも非公式の会合が頻繁に開催されます。また、ミーティングでは、ゲストスピーカーを招いてビジネスの重要な話題についての講演を行ったり、法律、地域社会、地元のビジネスプログラムに関する課題について話し合うこともあります。

交流を目的とするネットワークの代表的なものが商工会議所です。北米のみならず世界各地で数千を超える商工会議所や類似の組織が活動しています。商工会議所に参加することで、地域で活躍する事業者と人脈を築くことができます。何百人もの事業者との出会いがあるため、リファーラルでビジネスを成長させるために非常に有益です。

商工会議所主催の会合やプレゼンテーションなどは、役立つ人脈づくりに欠かせない、出会いの場となります。地域の商工会議所の詳細については、米国商工会議所のウェブサイト（www.uschamber.com）でご覧いただけます。または、お近くの商工会議所に電話でお問い合わせください。

◎商工会議所とは

米国商工会議所は、米国内のあらゆる規模のビジネス及び組織をメンバーとして抱える世界最大級の経済連合です。市町村、州、全国の3つの階層で構成されています。全国レベルの商工会議所は、市町村及び州レベルの会議所の設立をサポートするほか、ビジネスに関する意見を全国レベルでまとめ、連邦政府に提案します。

州レベルの商工会議所は、市区町村レベルの会議所のプログラムを取りまとめるほか、ビジネスコミュニティーの意見を州レベルでまとめ、州政府に提案します。州内で行われる小規模ビジネス向けのプログラムに関する情報も、州レベルの商工会議所が提供しています。市区町村レベルの会議所は、地域のビジネスコミュニティーに向けた活動を行い、経済発展、コミュニティ及び人材、公共公益活動に関連したプログラムを提供します。

市区町村レベルの商工会議所でのネットワーキングは、あまり役に立たないという人もいます。わたしはそういう話をする人に、必ずこのような質問をするようにしています。会合には定期的に参加しているか、委員会のメンバーになっているか、ネットワーキング朝食会に参加したことがあるか、会議所の理事に会ったことがあるか、商工会議所のアンバサダー（少ない仕事量で多くの露出を得られるポジションです）に立候補したか、といった質問です。ほとんどの人は「していない」と答えます。おぼえておいてほしいのは、ネットワーキングはコンタクトスポーツだということです。リファーラルを通じてビジネスを成長させたければ、自分の殻を破って、周囲の事業者との継続的かつ効率的なコンタクトを獲得するために努力する必要があります。入会するだけでは、なんの成果もありません。できるだけ定期的に、ほかの参加者と有意義な接点をもつようにすることが大切です。

商工会議所やその他のネットワーキンググループに参加するからには、その組織のトップの役割を担うよう努力する必要があります。つまり、リーダーシップを担う役割に就いたり、役員やアンバサダーになったりするのです。VCPプロセスを忘れないようにしましょう。このような役割を担うことで、より多くの事業者と出会い、スピード感をもって、強固な信頼関係を育てることができます。さらには、リーダーシップの役割を担うほかのメンバーと接触する機会もできるため、組織の上層部とのネットワークも広げることができます。

●注意すべき落とし穴

１つの商工会議所よりも、複数の商工会議所に参加したほうがより多くのビジネスチャンスを得ることができるという考えも多くありますが、これは間違っています。全く同じタイプのグループや似たようなグループに同時に参加すると、得られる利益はいつの間にか少なくなっていることに気がつくでしょう。収穫逓減の法則です。

では、どのような方法がベストなのでしょうか。現在参加している、あるいは今後参加すべきネットワーキンググループをよく見極めるようにしましょう。あなた、もしくはあなたの会社の営業担当が、実際にミーティングに出向き、信頼関係を築くことになるグループだからです。

2. リファーラルを交わすことを目的とするネットワーク

これは、リファーラルを交わすことを目的として、毎週ミーティングを開くグループです。メンバーの加入は業種または各専門分野に1名と限定していることが多く、ミーティングのフォーマットも交流を目的としたネットワークに比べて、より体系化されています。一般的に、この種のネットワークには次の要素が含まれます。

●オープンネットワーキング
●各メンバー（全員）による、短いプレゼンテーション
●1人または2人のメンバーによる、詳しく長めのプレゼンテーション
●ビジネスリファーラルを交わすための時間

この種のネットワーキンググループでは、メンバーは積極的に活動することが求められます。ミーティングにはきちんとしたアジェンダがあり、前の週までにほかのメンバーのために用意したリファーラルを実際に交わすための時間も設けられています。そのよい例がBNIです。BNIは、筆者（アイヴァン・マイズナー）が1985年に設立したもので、リファーラルを交わすことを目的としたネットワーキンググループでは、現在世界最大級のものです。

◎BNIとは？

ＢＮＩ（Business Network International）は１９８５年に創立されました。事業者向けに、リファーラルを交わすための、体系的でプロフェッショナルな環境を提供することを目的としています。今日、ＢＮＩは世界中に何千ものチャプターを有し、何百万件ものリファーラルがメンバー間で交わされています。

ＢＮＩが最も大切にするのは、質の高いリファーラルをメンバーにもたらすことです。これは、それぞれのチャプター内におけるビジネス上の強固な信頼関係を構築することで実現できます。各チャプターのミーティングは、体系立ったプログラムに準拠して実施されます。各メンバーによるプレゼンテーションも行われ、有益なリファーラルを交換し合います。メンバーが交わしたリファーラルを役員が追跡・記録することで、チャプターの活動及びその成果を測定します。

リファーラルを交わすことを目的としたネットワーキンググループは、事業主や関係者がリファーラルマーケティングを利用してビジネスを成長させることに重点を置いた環境を提供しています。グループ内で何百人という事業者に出会うことはありません。その代わり、メンバーがお互いの名刺をつねに携帯しています。つまり、50人の営業マン（所属するグループのメンバー数）があなたのビジネスのために営業をしているのと同様の効果が得られるのです。簡単には得ることのできない強固で長期的な信頼関係を築くことができます。この種のグループの一つに加入することを強くおすすめします。

一方、あなたの「誠実さ」を複数のグループに分散させるのはよくありません。つまり、リファーラルを交わすことを目的としたネットワーキンググループに複数加入することは、多くの仲間にできない約束をしてしまっているのと同じことです。彼らは、あなたが別のグループの人に対して、同じ約束をしていることを知ったらどう思うでしょうか。裏切られたように感じ、いずれあなたにリファーラルを提供しなくなってしまうでしょう。

というのも、リファーラルを提供することを目的とするネットワーキンググループの多くは、専門分野ごとに1名という加入枠を設けています。そのため、もしあなたが2つのグループに所属していて、両方のグループにいる同じ専門分野のメンバーに提供できるリファーラルがある場合、あなたはどうしたらよいのでしょうか。考えられるのは、次の2つのうちのいずれかです。

まず1つは、どちらか1つのグループでしかリファーラルを提供しないという方法です。しかし、この方法だと、あなたが1つのグループに対して提供するリファーラルは、実質的には半分になってしまうことになります。もう1つは、両方のグループに同じリファーラルを提供するという方法ですが、決してよい方法ではありません。ほかのメンバーたちは質の高いリファーラルを得たと信じているのに、実際はそうではないからです。

ネットワーキンググループに加入するのであれば、全国的または国際的に展開している組織に加入することを推奨します。地域で活動する単独のグループは、体系立った仕組みやサポート、効果的なポリシーが不足している場合が多く、発足から1年足らずで閉鎖されてしまうケースが数多く存在します。このようなグループでは多くの活動が、ただの社交場と化してしまっていることが一般的です。加入条件も少なく、会費も安いため、最初は魅力的に映りますが、注意すべき点は、長期的に見ると、よくても支払った金額に見合う程度の結果しか得られないということです。

チャプター数が多い、大きな組織のメンバーになることには利点があります。あなたの所属するグループについて耳にし、加入する新メンバーがつねに存在するほか、ほかのチャプターやグループのメンバーが入会してくることもあります。トーストマスターズなどでは、このような現象が実際に起こっています。わたしはこのような大きな組織を対象に講演する際に、必ず参加者に「現在所属するグループについて最初に耳にしたのは、メンバー以外の人からだった方は挙手してください」と質問するようにしています。たいてい40パーセント程度の方が挙手します。これがマーケティングの効果を共有できることの強みです。あるグループが自分たちの所属するグループを宣伝することで、ほかのグループの存在も同時に宣伝することになります。BNIやトーストマスターズなどの大きい組織では、リファーラルは国境を超えます。リファーラルを交わすことを目的としたグループでは、新しいメンバーが数人入るだけで、既存メンバー全員の会費の合計額よりも、ずっと大きい額のビジネスにつながるのです。

最近のマーケティング本には、地元で自分のネットワークを構築することを提案しているものもあります。時間があり、管理業務が得意な人にとっては、非常に有効な方法ですが、それ以外の人にはお勧めしません。既に何年も活動している既存のグループが複数存在しているのですから、既存のグループに加入することで、必要なサポートを受けることができるからです。基盤ができているグループに参加するほうが効率的です。重要なことは、翌月には解散してしまうようなグループではなく、信頼できるグループを選ぶことです。新規で立ち上げるより、利用できる既存の組織を大いに活用しましょう。

リファーラルを提供することを目的としたグループでは、プロ意識の高い環境で信頼関係を築くことに重点を置いています。詳しくは、wbk.bni.jpをご覧にいただくか、ＢＮＩ（wbk@bni.jp）またはお近くのチャプターにご連絡ください。

―マイク・マセドニオ―

3. 社会奉仕団体

ビジネスで得た利益を社会に還元する機会となり、同時に有益な人脈を獲得し、ＰＲ効果を期待できるのが、社会奉仕団体です。参加することによって、リファーラルを通じてビジネスが成長することも多々あります。地域社会に貢献することが一番の目的ですが、事業者と定期的に顔を合わせ、信頼関係を築く最高のチャンスでもあります。

表だったネットワーキング活動は行われませんが、リファーラルでビジネスを成長させるために必要不可欠である長期的な交友関係を築くことが可能です。代表的なものに、ロータリー、ライオンズクラブ、キワニスなどがあります。じつは、多くの意味で、社会奉仕団体は、ネットワーキング組織の元祖ともいえます。社会奉仕団体の元祖、ロータリーが設立されたのは1905年。シカゴの弁護士ポール・ハリス氏により、各専門分野から1人が所属し、メンバーがお互いのビジネスやその他の活動を助け合うことをめざして設立されました。

◎国際ロータリーとは?

世界最初の奉仕団体であるロータリーはさまざまな顔をもっています。地域のクラブが集まった組織であり、メンバーは地域のクラブに所属しており、地域のクラブが、国際ロータリーのメンバーとなります。

「ロータリーは、人道的な奉仕を行い、あらゆる職業において高度の道徳的水準を守ることを奨励し、かつ世界における親善と平和の確立に寄与することをめざした、事業及び専門職務に携わる指導者が世界的に結び合った団体」であると公式に定義されます。

メンバーとなるのは、地域における事業や専門職に就く男女で、「社会奉仕の理想」を個人的、職業的、あるいは社会生活における達成の基盤と捉える考えを共有しています。毎週ミーティングを行うロータリークラブの数は数万を超え、ミーティングは通常、朝食、昼食、夕食と共に開催されます。

元来、ロータリーは、「ビジネスの成功をサポートするために、知り合いの力を活用する」ことを目的に立ち上げられましたが、この理念は随分前に使用されなくなりました。現在のロータリークラブをはじめとする社会奉仕団体の第1の目的は、地域社会に対する奉仕です。とはいえ、メンバー同士でのビジネスも発生しています。世界各国に存在する数千ものロータリークラブで、男女問わずメンバーが活躍しています。

（出典：『Focus on Rotary』ロータリー・インターナショナル著）

◎代表的な社会奉仕団体

国際ロータリー（www.rotary.org）
オプティミストインターナショナル（www.optimists.org）
キワニス（www.kiwanis.org）
ライオンズクラブ（www.lionsclubs.org）

社会奉仕団体には、地域で強い影響力をもつ人が存在します。そのため、長い期間メンバーを続ければ、影響力をもつ人物と親交を深めることが可能です。その結果、新しいビジネスチャンスやメンバーのみに公開されるビジネスチャンスを得たり、よりスムーズにビジネスを行うためのサポートを受けることができるようになります。

1986年、わたしはとある社会奉仕団体のメンバーとなりました。メンバーとなった2カ月後、ランチミーティングに参加しました。町にコミュニティセンターを建設するプロジェクトの資金が不足しており、建設を完成させるための寄付を資金調達委員会が募っている、と奉仕団体のプレジデントが発表しました。とても意義のあるプロジェクトに感じたので、50ドルを寄付しようと思い立ち、小切手を切ろうとペンを走らせていました。そのとき、プレジデントは2人のメンバーを紹介しました。2人ともわたしのテーブルに座っていたのですが、なんと5万ドルずつを寄付したというのです。わたしは自分の小切手帳を閉じ、こっそりとコートのポケットに戻しました。合わせて10万ドルを寄付した2人と同じテーブルに座っているわたしが、たった50ドルを寄付しようとしていたことを知られたくありませんでした。同時にまた、このメンバーと毎週ランチを共にできるのはすばらしいと感じました。

数年メンバーを続けたわたしは、多くのクラブメンバーと強い信頼関係を築きました。そんなとき、とあるランチで同席したメンバーに、購入したい不動産があるのだが、条件のよいローンを組むことができないかという相談をしました。すると、そのうちの1人が「いくら借りようとしているんだい？」と質問してきました。

「15万ドルです」とわたしは言いました。

「15万ドルならありますよ。いつ必要なんですか？」と彼は答えました。

「冗談はやめてください」

「いや、わたしは本気ですよ。あなたのことを長いこと知っているし、使えるお金も少しはありますから。いつ必要なんですか？」

「来週用意できたら間に合います」とわたしは答えました。

「わかりました。では来週、合意書を交わしましょう」

「利息はかかりますか？」

「利息はいりませんよ。友達のあいだでは不要です。詳しくは明日話をしましょう」


翌週、合意書を交わし、わたしは必要なお金を借りることができました。あっけないものでした。あっけない、というべきではないかもしれません。というのも、わたしは何年ものあいだ、社会奉仕団体のミーティングに参加し、地固めを行ってきたのですから。彼が奉仕団体のプレジデントだったとき、わたしは委員会のチェアマンとして彼をサポートし、その活動を通じ、お互いをよく知るようになりました。お金を貸してよいと思うほど彼がわたしを信頼していたのは、この経験があったからだったと言えるでしょう。

アイヴァン・マイズナー

どのようなビジネス団体においてもそうですが、とくに社会奉仕団体においては、ビジネスチャンスを得るための人脈をつくることが最終目的ではありません。あくまでそれは過程にすぎません。ネットワーキングは、単発的な活動ではなく、長期的に続けるプロセスなのです。

4. 職能団体

職能団体は昔から存在しています。メンバーは特定の業界（たとえば、銀行、建築、人事、会計、健康産業など）に限定されていることが多く、最大の目的は、情報とアイデアの交換です。

ネットワーキングのために職能団体に参加する場合、潜在的なクライアントまたはターゲットとするマーケットが存在するグループを選定する必要があります。選定にあたっては、自分の優良クライアントまたは顧客がどのグループに所属しているかを聞くとよいでしょう。そうすることで、少なくとも3～5、多ければ10～12のグループが簡単にリストアップされるでしょう。

あなたの優良顧客がその団体に所属し続けているということは、その団体から大きな価値や重要な戦略的・競争的優位性を得ていると考えることができます。同様に、ターゲットにしたいと考えている潜在的な顧客も、多くの面で、あなたの既存の顧客と同様の活動を行っており、ひいては同様のニーズをもっていると考えられます。

そのような職能団体のメンバーになれば、あらゆるビジネスが潜在的に手の届く範囲にあるといえるでしょう。とはいえ、多くの職能団体では、特定の資格を有している人にメンバーを限定しており、ベンダーは歓迎されません。つまり、たとえば、会計士の職能団体に入会するには、会計士である必要があるわけです。

しかし、現在では多くの職能団体が、準会員制を設けるようになってきています。準会員をつくることで、より多くの会費収入をもたらし、また正会員に対してよりバラエティに富んだ取引先の候補を提供できるからです。準会員は、その職能団体のビジネスまたは専門分野での活動をしていなくても、入会することができます。

ベンダーを会員として受け入れている団体では、競争も激しいでしょう。多くのベンダーが同様の思惑を持って正会員にアプローチするため、正会員はうんざりしている場合もあります。

ターゲットとするマーケットが存在する団体ではなく、自分の専門分野の職能団体において会員になることも有効です。同じ専門分野でも若干異なる得意分野をもつ会員や、大きなプロジェクトを抱えていてサポートが必要な会員とチャンスを共有することにつながる可能性があります。良質なリファーラルはどこから舞い降りてくるのかは予想できませんので、このような機会も大切にしましょう。

また、職能団体では同業者も会員になっていることがあるので、彼らの冊子やプレゼンテーションを目にし、参考にするチャンスが生まれます。同業者にとって何がうまくいっているのかを注意深く観察することで、自分のパンフレットや名刺、プレゼンテーションを改良することが可能です。

職能団体の例としては、次のようなものが挙げられます。

●人事協会
●保険代理業協会
●プロフェッショナルオーガナイザー協会
●法曹協会（弁護士会）
●医師会
●プロスピーカー協会

また、図書館で閲覧できる一覧も活用できます。全米の職能団体や事業者団体の名前と住所が掲載されている一覧には、『National Trade and Professional Associations』と、『Gale's Encyclopedia of Associations』の2つがあります。また、『Directory of Conventions』もよく利用されています。『Directory of Conventions』は、2年先までについて集会の予定のあるグループの名称、住所、電話番号が掲載されています。この一覧は所在地別に整理されており、参加者数も記載されています。

市区町村レベルでは、ローカル新聞のビジネスイベント関連の欄が、さまざまな分野でのネットワーキング（ランチミーティングなど）に関する情報の宝庫と言えるでしょう。イベント欄では、ミーティングを行うグループの名称、ミーティングの場所、参加費、議題、代表者の名前と電話番号が掲載されています。

5．ソーシャルまたはビジネス団体

ビジネスや社交を目的とした新しいグループは毎年誕生しています。米国青年会議所や、その他の独身者や事業者向けの団体では、社交的な活動とビジネスやネットワーキングを隔たり無く組み合わせた活動を行っています。仕事一辺倒ではなく、遊び心を取り入れたネットワーキングを行うチャンスでもあります。

仕事と社交を組み合わせた活動に興味がある人には、青年会議所の活動は向いているでしょう。ほとんどの青年会議所は目的意識もプロ意識も高い人たちの集まりです。米国青年会議所についての詳細はウェブサイト（www.usjaycees.org）でご覧いただけます。

6．女性団体または地域・民族団体

女性団体や地域・民族団体も、現代のネットワーキング界において重要な団体の1つです。女性の事業主が増えた1970年代及び80年代は、男性専用のネットワーキンググループに女性が入ることが難しい時代でした。そのため、多くの女性がネットワーキングとサポート提供を目的とした、組織的で体系立った女性団体を立ち上げました。社会奉仕を目的とした団体ではなく、ネット

ワーキングを目的とした団体です。実際に、多くの団体がネットワーキングを中心に活動し、その他の活動はネットワーキングに付随する活動として行われました。

◎全米女性経営者協会（NAWBO）

全米女性経営者協会（NAWBO）は、あらゆるタイプのビジネスに携わる女性起業家をメンバーにもつ全米組織です。世界23ヵ国に存在する世界女性起業家協会の関連組織でもあります。全米女性経営者協会は、市区町村レベルでは、地域のネットワークを活用したカウンセリング及び技術支援を実施しています。また、女性事業主が抱える課題に取り組むための月次プログラムの開催や、ワークショップ及びセミナーを通じて経営及び技術支援を目的とする年次総会のサポートを行います。

全米女性経営者協会では、全米あるいは国際レベルにビジネスを広げるためのチャンスを得ることもできます。市区町村、全米、世界レベルでのネットワーキングを行うチャンス以外にも、地域単位での合宿、セミナー、トレーニングプログラムがあります。また、教育を目的としたプログラム、ワークショップ、セミナー、さらには、国際貿易使節団、市区町村、全米、国際規模でリーダーシップや経営手腕を発揮するチャンスなどが提供されます。また、州チャプターでは、ビジネスにおける新しい人脈を生み出すチャンスも生まれます。

ビジネスを目的とした女性団体または地域・民族団体の体系や構成は多岐にわたります。共通点は、ネットワーキングのみならず、教育及び職業能力開発を目的とした集まりであるという点です。交流を目的としたネットワークもあれば、リファーラルを目的としたグループもあります。たとえば建設業界で働く女性など、業界を限定した職能団体の形式をとることもあります。メンバーになることで得られる特典はグループにより異なります。

多くの女性にとって、このようなグループは安心してビジネスを成長させることができる環境となります。驚くべきことに、男性の加入を許可している女性団体も多く存在します。男性がプロとしての意識をもった行動をとることが大前提ですが、女性のなかで数少ない男性メンバーは目立ちますので、加入すれば実りある人脈を得ることが可能です。全米女性経営者協会の詳細については、ウェブサイト（www.NAWBO.org）をご覧ください。

全米女性経営者協会以外の女性団体または地域・民族団体には次のような団体があります。

- アジア人商工会議所
- ヒスパニック商工会議所
- 黒人商工会議所
- 黒人プロフェッショナルネットワーク

7. オンライン及びソーシャルメディアを利用したネットワーキング

ビジネスの観点から見た理想的なソーシャルメディアの使い方は、自分というブランドを確立し、オンライン上で出会った人からの信頼を得るためのツールとして使用することです。オンライン上での知り合いやフォロワーに価値ある情報を提供する際は、個人的な見解を取り入れ上手にバランスをとって発信し、信頼関係を築きあげることが大切です。信頼関係が大切なのは、直接顔を合わせるネットワーキングでも、オンラインのネットワーキングでも変わりありません。

ソーシャルメディアでは、戦略を立てることが大切です。オンラインマーケティングに毎日費やすことのできる現実的な時間を確保し、一貫性をもつことがカギです。計画性なくインターネットを使用し、ランダムにクリックしがちですが、時間はあっという間に過ぎ、何もしないまま気がつけば2時間が経過しているようではいけません。このような事態に陥らないためには、まずは計画を立てて、実行しましょう。そして、**ソーシャルメディアを使用する頻度と時間を決める**ことです。

ソーシャルメディアに費やす具体的な日と時間を1週間の予定に組み込みます。現実的かつ自分のビジネスにとって意義ある計画を立て、そこから実行します。たとえば、ツイッター（ミニブログを投稿するプラットフォーム）を使用するとします。毎日、朝9時、13時、17時に1回ずつ投稿し、毎週月曜日と水曜日の朝10時と15時からの10分間は投稿に対するコメントに対応する時間とします。火曜と木曜は、10時と15時にそれぞれ10分ずつ、役に立ちそうなコメントをリツイートして共有したり、自分の投稿をリツイートしてくれた人にお礼をします。これはほんの一例ですが、時間を割いて、自分にとって納得のいくようなソーシャルメディアを使ったマーケティング戦略を立てる必要があります。

次に、時間を有効活用します。ソーシャルメディアに費やす労力と時間を減らすためのツールも多くありますので、活用しましょう。たとえば、同じ内容のアップデートを、ツイッターやフェイスブックを含む複数のソーシャルメディアにワンクリックでまとめて投稿できるサイトも存在します。

フェイスブックやツイッターなどの複数のアカウントを1つのデスクトップアプリにまとめることができるウェブサイトも存在します。アプリを使ってすべてのソーシャルメディアアカウントにアップデートを投稿、さらには「友達」の投稿や反応を閲覧できるほか、自分の投稿を記録することができます。このようなツールを使用することで、複数のソーシャルネットワークにログインする必要がなくなり、すべてのアカウントを同時に管理できるようになります。

事前にアップデートの投稿を設定し、時間になると自動で投稿してくれるウェブサイトもありますので、アップデートを投稿する際にオンラインでいる必要はありません。私自身も移動が多く、いつもオンラインでいるわけではありませんので、この自動投稿ツールは個人的に大変重宝しています。

戦略を立てたあとは、オンラインネットワーキングへの投資に見合ったリターンを強く望むはずです。大切なポイントは以前にも述べたように、「ネットワーキングは、狩猟よりも農耕に近い」ということです。これは、オンラインネットワーキングでも、対面でのネットワーキングでも同じです。ネットワーキングとは信頼関係を育むこと、つまり、時間をかけるべきことなのです。あなたのブランドの信頼は一夜で築くことはできません。

投資収益率（ＲＯＩ）は、次のいずれかと相関関係になります。（１）投資したお金（オンライン上の有料マーケティング）あるいは、（２）投資した時間または労力（有益と判断したブログなどのソーシャルメディアにおいて、存在感を確立させ浸透させるために使った）。ビジネスのタイプによっては、ニッチな世界のネットワークにターゲットを絞って注力するのが断然効果的である場合があります。全体のアクセス数は少ないかもしれませんが、そのほうが最終的に顧客に結びつく確率が高いことが多いからです。

広く浅いネットワークでは、ビジネスを成長させることはできません。広く深いネットワークを築くことが大切です。オンラインでの露出を高め、きちんとした対話を行うことで、広く深いネットワークはつくられます。時間をかけてこのような努力を重ねることで、あなたの信頼が上がり、ブランドが確立され、売上を高めることになります。最終的には、オンラインマーケティングにおける最高のROIにつながります。

ここまで、ビジネスでの結果を出すために実施すべき効率的なソーシャルメディア活動について説明してきましたが、成功するためには避けるべきこともあります。

ソーシャルメディアを使ったネットワーキングで最も犯しやすい5つの誤りについて説明します。この5つの誤りを避けるように最大限の注意を払ってください。

❖ソーシャルメディアを使ったネットワーキングで最も犯しやすい5つの誤り

1. 好きなサイトに時間をかけすぎて、そのサイトが時間に見合う最適な効果を生み出せているかを正確に評価できていない。
2. 仕事のためにソーシャルメディアにアクセスしているにもかかわらず、友人が投稿した面白いアップデートや返信に気を取られる。
3. ソーシャルメディアに関する特定の役割を、どの時点で他人に任せたら一番費用対効果がよいのか、的確に判断できない。
4. ブログ、フェイスブック、LinkedIn、ツイッターのアカウントを作成しただけで、アップデートしない（定期的に新鮮なトピックスを投稿するのが成功の秘訣）。
5. ソーシャルメディアは対話をする場所であることを忘れて、ただの営業に走る。

オンラインネットワーキングを活用すれば、対面のネットワーキングを補強することができます。ただし、はまりすぎには注意しましょう。有効なネットワーキングは、関係を広めるよりも深めることです。

❖自分に合うネットワークを選ぶ

ここまでさまざまなタイプのネットワークを説明してきました。しかし、定期的にネットワーキングのためのミーティングに行く時間がないと言う人もいます。それは、よくわかります。もしあなたもそう思っているのであれば、いますぐこの本を投げ捨てて、営業電話をかけることもできます。あるいは、もっとたくさんの広告を出すために予算を費やすこともできます。一方、あなたがリファーラルを通じてビジネスを成長させたいと本気で考えているなら、近道はありません。計画的かつ体系立った方法でネットワーキングする必要があります。

どのグループに参加すべきでしょうか。時間と労力を注ぐ場所を選ぶのですから、真剣に考えて選ぶ必要があります。カギとなるのは多様性です。1つのネットワーキンググループがすべてのニーズを満たすことはあり得ません。そのため、1つのグループにすべての資源をつぎ込まないようにしましょう。バランスよくグループを選ぶことを意識して、似ているグループに2つ加入することは避けましょう。共同経営者やビジネスパートナー、従業員などがいる場合、これらの人たちが加入するグループを考慮に入れて、自分が加入するグループを選ぶとよいでしょう。

❖あなたが事業主ではなく従業員の場合

ネットワーキンググループに参加することで、ビジネスを成長させることができると雇用主を説得するとよいでしょう。著者（アイヴァン・マイズナー）は、雇用主を説得することが可能だということを自らの経験で証明しています。

ある時、わたしはとある銀行の支店長に出会いました。彼は、BNIに参加することは支店にとって大きな利益になると、自分の上司を必死に説得していました。上司は消極的ながらも、試しに加入してみるということで彼の加入を許可しました。加入して間もなく、支店長はリファーラルを受け取り始めました。

数カ月後、支店長は別のメンバーから、非常に質の高いリファーラルを受け取りました。紹介してもらったのは、利用している銀行のサービスに満足していない男性でした。支店長がその男性の仕事場を訪れると、その男性は、現在利用している銀行からは親身な対応を受けていないと感じていると話しました。

支店長は、自分たちの銀行はサービスに自信があると熱弁をふるい、何か問題があったら、家でも仕事場でもいつでも連絡がとれるようにと、自分個人のポケベル番号と自宅の電話の番号を教えました。その男性は支店長に訪問のお礼を述べると、またあとで連絡すると伝えました。

2日後の朝9時、その男性は小切手帳と預金通帳を手に支店を訪れました。支店長は、入り口で彼を出迎え、支店まで足を運んでもらったお礼を言いました。男性は、支店長の対応に非常に感心し、すべての口座をこの銀行に移すことを決めたと言います。当座預金口座、普通預金口座、投資用口座と合わせて95万ドルもあったのですから、支店長も驚きました。すべての口座の移行が完了したあと、この男性は共通の友人に支店長を紹介してもらうことができてよかったと言ったそうです。

南カリフォルニアで同系列の銀行に努める支店長たちが、揃ってわたしのオフィスに電話をかけてきたことで、わたしはこの話を知ることになりました。その全員が地元のBNIチャプターの情報を知りたがりました。なんでも、95万ドルのリファーラルを受けた支店長が、上司にリファーラルの出所を説明すると、この上司は自分の部下であるすべての支店長に、2週間以内に地元のBNIチャプターに加入するように指示したそうです。そうです。BNIへの加入に消極的だったあの上司がです。

つまり、あなたが事業主ではなく従業員の場合には、ネットワーキンググループから得られる恩恵について自分の上司を説得してみましょう。比較的最近のことですが、ネットワーキンググループに加入したいと考えている会社員と話す機会がありました。会社は会費を払わないと上司からは宣言されていました。機転の利く営業マンでしたので、「もしわたしが会費を立て替えて、30日以内に2件のリファーラルを取って、実際の売上につなげることができた場合、会社は払ってくれますか」と聞きました。上司は「もちろんだよ。もし2つの売上を実現できたら、会社で会費を払おう」と答えました。そして何が起きたと思いますか？　モチベーションが高まったこの営業マンは、最初の30日が過ぎた時点で、既に3件のリファーラルを売上につなげ、さらに4件のリファーラルを得ていました。彼はわたしにこう言いました。「結局会社は喜んで会費を払ってくれました。先日も更新費用を支払ってくれましたよ」。あなたが自営業や従業員の場合であっても、ぜひ新しいビジネスを紹介してもらえるグループを探してみてください。

アイヴァン・マイズナー

❖ 入会するネットワーキンググループを選ぶ

リファーラルマーケティングから生まれる成果は、加入するネットワーキンググループの影響を直接受けます。ネットワーキング活動を始めるにあたり、5つの秘訣を紹介します。

まず、加入したい、または加入する必要があるグループの種類を特定します。たとえば、交流を目的とするグループ、リファーラルを目的とするグループ、社会奉仕団体のそれぞれ1グループずつに加入するなど、バランスよく選ぶことが大切です。最低でも3つのグループに参加しましょう。ただし、同じタイプのグループには加入しないようにします。また、加入するグループが多ければ多いほどよいという考え方にも気をつけましょう。3つ以上のグループに加入することを勧めてはいますが、やみくもに多くのグループに加入するべきというわけではありません。大切なポイントは、加入したグループの活動に積極的に参加することであり、加入するグループの数ではありません。有効なネットワーキングは、関係を広めるよりも深めることです。ネットワーキングに使うことができる時間をしっかり考慮して、参加するグループを決めましょう。

2つ目の秘訣は、地元のネットワーキング組織をチェックしてみることです。条件に当てはまるグループがあれば、いくつか選んで訪問してみてください。

3つ目の秘訣は、できるだけ多くのグループを訪問し、グループの種類を見極めることです。

4つ目は、訪問したグループのメンバーと会話をして、メンバーの体験談を聞くようにすることです。

5つ目の秘訣は、最終的に加入を決める前に、もう一度訪問することです。1回の訪問では、そのグループを知るのに十分でない可能性があります（ただし、リファーラルを目的とするグループで、あなたの専門分野に空きがある場合は、そのポジションをほかの人に取られる前に加入する必要があります。これについては、あとで詳しく説明します）。

❖決定を先延ばしにしたら、手に入らない

ＢＮＩの創立者である筆者（アイヴァン・マイズナー）の経験に基づいた教訓を紹介します。

1専門分野につき1名しか加入できないグループを訪問し、そのグループが気に入り、自分の専門分野に空きがあった場合は、迷わず加入しましょう。何年か前、わたしはコネチカット州ハートフォードでＢＮＩのチャプターを立ち上げました（ＢＮＩでは、1専門分野につき1名しか加入できません）。発足イベントの終わりに、2人の不動産業者が部屋の隅で会話をしていました。

わたしは彼らの側に行き、加入を考えているかを聞きました。2人は知り合いだったようで、1人がもう1人の顔を見て聞きました。

「どうしようかな。あなたは？　加入しますか？」

「まだ決めていません。少し考えます。あなたはどうしますか？」

「自分もまだ決めてません」と最初の不動産業者が言い、「その後の予定があるので」と挨拶

をして、その場をあとにしました。

彼が部屋を出るか出ないかのうちに、残ったほうの不動産業者は、「決心しました。加入することにします」と言い、即座に加入申込書を記入し、そのチャプターに加入しました。

イベント終了から30分後、最初の不動産業者から電話がかかってきました。「考えてみたのですが、やはり加入することに決めました。チャーリーの気が変わって加入すると言い出す前に加入します」

「申し訳ありませんが、チャーリーさんはあなたが部屋を出たか出ないかのうちに、加入手続きをなさいました」とわたしは答えました。

「あいつめ！」とフラストレーションを露わにしながらも、「空いているポジションが欲しかったら、急がないといけないことを思い知りました」と彼は言っていました。

このときの経験から、わたしは以前に聞いた話を思い出しました。ある日、仲のいい2人のライバルが森を歩いていました。角を曲がると、すぐ目の前に大きな熊が現れました。その熊は、後ろ足で立ち、唸り声をあげていました。高さは2メートルを超え、400キログラム～500キログラムはありそうな熊は明らかに不機嫌でした。

2人のうち1人が、ゆっくりとバックパックを地面に置きました。熊を驚かさないようにゆっくりとバックパックを開け、スニーカーを取り出しました。片方のスニーカーを履き始めると、もう1人がささやきました。「この熊は、強いだけじゃなくて、足も速そうだ」

「知ってるよ」と1人はそう言いながら、一方の靴を履き終えて、もう一方の靴を履き始めました。

「この種類の熊だと、短距離なら時速50キロメートルくらいで走れるらしい。逃げ切れない」と何もしていないほうが言いました。

「それも知ってる」と言い、靴を履き終えました。

「知っているなら、なんでわざわざスニーカーなんて履いてるんだい？」と何もしていないほうは言いました。

スニーカーを履き終わった彼は、「それはね、ぼくはその熊から逃げる必要はないんだ。きみより速く走れればいいだけさ」と言いながら、背中を向けて走り始めました。

この2つの話から得られる教訓は、ライバルに先を越されないためには、物事を先延ばしにしないほうがいいということではないでしょうか。もし気に入ったリファーラル・グループが見つかり、ポジションに空きがあったなら、迷わずに加入しましょう。

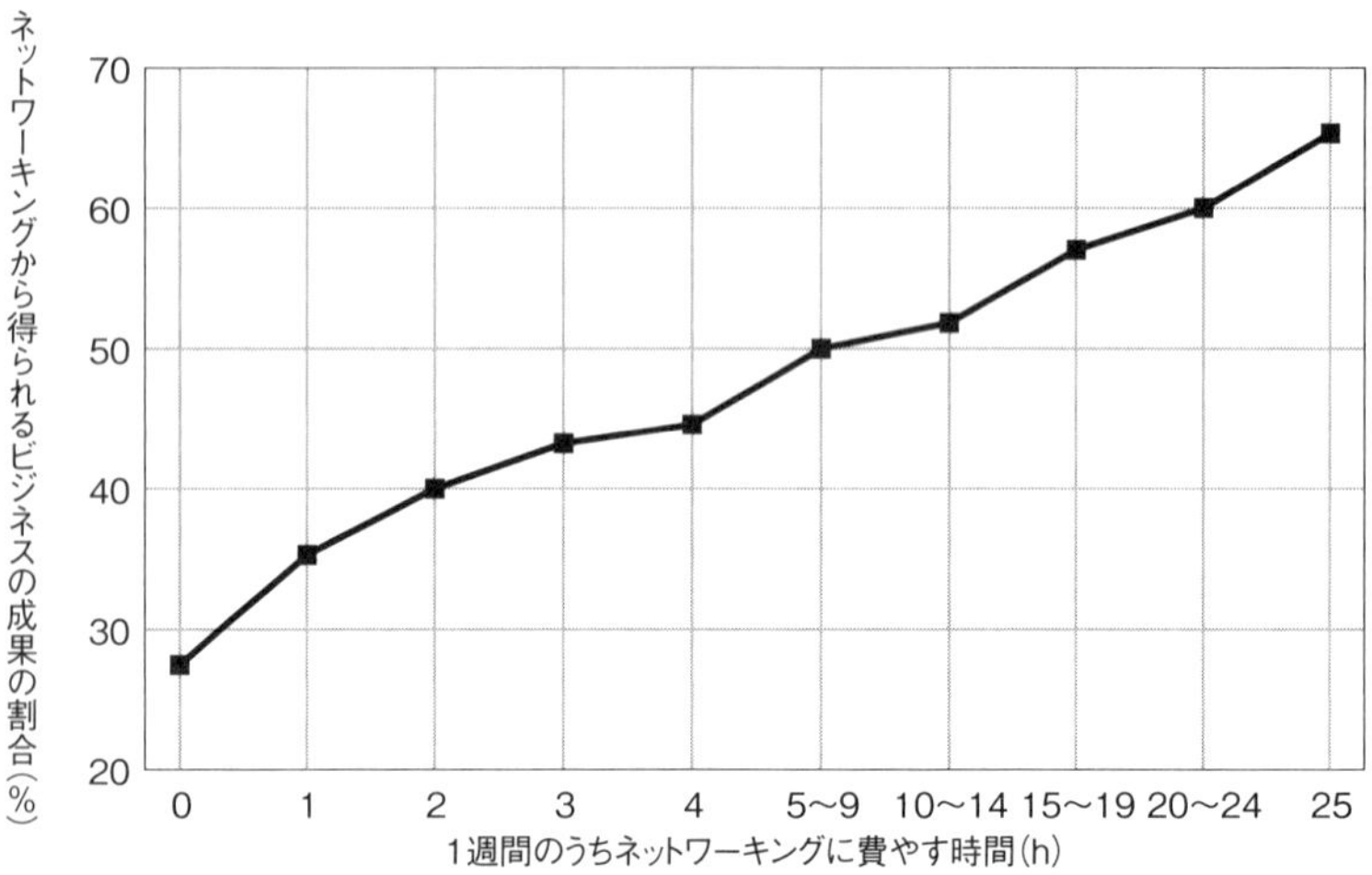

時間の投資

　ネットワーキングを通じてビジネスを成長させる秘訣は、そのために時間を投資することです。もちろん、現実はそんなに単純ではありません。**しかるべき人々と、しかるべきことをすること**に、時間を費やす必要があるからです。リファーラルインスティテュートが最近、ビジネスネットワーキングに関する調査を行い、ネットワーキングに費やした時間と、それによって獲得したビジネスの量の関係について、明確な調査結果を導きました。

　この調査のなかでとくに興味深い結果をご紹介します。「自分の事業の成功にネットワーキングが役立った」と答えた人は、1週間平均で6・5時間をネットワーキング活動に費やしていました。逆に、

「自分の事業の成功にネットワーキングが役に立たなかった」と答えた人は、1週間に平均で2時間以下の時間しかネットワーキングに時間を使っていませんでした。

つまり、ネットワーキングに費やした時間と、ネットワーキングによるビジネスの成長の実現は直接的な相関関係にあることがわかったのです。この関係性をよりわかりやすく示したグラフをご覧ください。ネットワーキングによって得たビジネスが占める割合と、ネットワーキングに費やした時間の長さの関連を示しています。1週間に5時間~9時間ネットワーキングに時間を費やす人は、平均で、ビジネスの50パーセントをネットワーキングから得ています。

1週間に20時間以上ネットワーキングに時間を費やす人は、ビジネスの70パーセント近くをネットワーキングによるリファーラルから得ています。

❖ 時間をつくる

時間については、強調してもしきれないほどです。ビジネスを目的としたネットワーキンググループに参加する時間はないけれど、もっとビジネスを成長させる必要がある、と主張する人がいます。そのような人たちに対して、私たちはこう答えるようにしています。「そうですか。それでは、広告費をX倍増やすか、営業電話を掛ける人員を雇ったらどうでしょう。そうすれば、ネットワーキングに時間を費やす必要はありません」
自ら行動を起こし、質の高い事業者と定期的に顔を合わせないかぎり、リファーラルでビジネスを成功させることはできません。ネットワーキングは「コンタクトスポーツ」なのです。強固で多様性に富み、信頼できるネットワークをつくるには、信頼関係をしっかり築くことが大前提です。

チェックリスト

複数のタイプのネットワーキンググループを見学しましょう。訪問した各グループに対して、次の点を考慮します。

1. 設立してからの年数
2. 組織の理念
3. メンバーの数
4. メンバーの質
5. ネットワーキング以外の形態のマーケティングと比較した際のコスト。ミーティングの頻度
6. グループメンバーは、グループについてどのように感じているか
7. グループ全体の印象

第17章

プロモーションのための15の方法

ネットワークを活用してビジネスを後押しする

誰かから「ビジネスに関することで、力になれることがあったら教えてください」と言われたことはありませんか？　その際、「ありがとうございます。じつはいくつかお願いしたいことがありまして……」と答えていますか？　それとも「ありがとうございます。では何かあれば、その際はよろしくお願いします」でしょうか？

たいていの人は、誰かから手助けを申し出られた際、具体的な支援を求める準備ができていません。自分が必要としている支援について十分に考えておかないと、チャンスを逃すことになります。あるいは、自分が必要としている特定の商品やサービスと、それを提供できる人とを結びつけられていない場合もあります。手助けを申し出られたときに、具体的なニーズを述べられる準備ができていることは、アドバンテージになります。

以下の章では、あなたのビジネスまたは職業上のニーズに合わせてネットワークを構築する方法をお伝えします。そして、問題が生じた際やＶＣＰプロセスを進展させるために必要な、具体的支援を提供できる企業または個人を特定していきます。提供してほしい支援の種類について、あらかじめ考えておくことはよいアイデアです。

❖手助けしてもらう方法――あなたが手助けする方法

体系的なリファーラルマーケティングを行うには、自分が必要あるいは欲している支援の種類を、可能なかぎり正確に決めておくことが必要になります。支援してもらう方法はたくさんあります。以下では、あなたやあなたのビジネスのプロモーションをしてもらったり、リファーラルやリードを提供してもらったりするための15の方法を挙げます。シンプルで費用がかからず手軽なものもあれば、複雑でコストや時間がかかるものもあります。

1．マーケティング資料や商品を置いてもらう

あなたのマーケティング資料や商品をオフィスや自宅に置いてもらう方法です。これらのアイテムをカウンターや掲示板に上手に展示すれば、来訪者がそれらについて質問してくれたり、情報を読んでくれたりするかもしれません。なかには、あなたの資料を持っていって、ほかの場所で人に見せてくれる人もいるかもしれません。そうすれば、あなたにとって認知の向上につながります。

2. 情報を流してもらう

あなたのマーケティング情報を広めたり、マーケティング資料を配布してもらったりする方法です。たとえば、郵便物にチラシを入れてもらったり、会議の参加者にチラシを配ってもらったりします。あるドライクリーニング店は、クリーニングの袋1枚1枚に隣のヘアサロンのクーポン券を付けていました。また、ある食料品雑貨店では、買い物袋の表側や内側、あるいはレシートの裏側に、ほかの事業者のマーケティングメッセージを載せています。

3. アナウンスをしてもらう

ミーティングや講演の機会に、あなたが関わっているイベントや、あなたが開催するセールについてアナウンスをしてもらったり、あなたの商品を展示してもらったりすることで、あなたの認知を高めてもらう方法です。また、あなた自身を招待してもらい、自分でアナウンスすることもできます。

4. イベントに招待してもらう

トレーニングやセミナーは、あなたのスキルや知識、認知やコンタクトを拡大する機会となります。自分が所属していないプライベートな団体またはビジネス団体のイベントやプログラムに招待してもらいましょう。潜在的な人脈やクライアントに出会う機会になります。

5. あなたの商品・サービスを推薦してもらう

あなたの商品・サービスを使ったことで、どのようなメリットがあったかを人に伝えてもらったり、プレゼンテーションや日常会話のなかであなたを推薦してもらったりすることで、ほかの人に対して、あなたの商品・サービスを利用するように促してもらう方法です。あなたを賞賛する歌を歌ってくれたら、なお結構です。音声やビデオにしてホームページで使わせてもらいましょう！

6. あなたを表彰にノミネートしてもらう

仕事上または地域の活動で優れた実績を残せば、表彰されることがあります。価値ある活動のために無償で時間や資源を提供したときは、知り合いに頼んで、あなたを社会奉仕活動に対する表彰にノミネートしてもらうことができます。地域に対して奉仕し、公に感謝の表彰を受けることで、あなたの認知を高めることができます。また、口頭または書面であなたを「表彰する」クチコミを広めてもらうこともできます。さらには新たに賞（たとえば、「ベンダー・オブ・マンス（今月の仕入先）」）をつくって、あなたの実績を讃えてもらうことも可能です。

7. ソーシャルネットワークを活用して情報を発信してもらう

リファーラルパートナーに、フェイスブックやLinkedIn、プラン（Plaxo）、ツイッターなどを用いて、あなたに対する感謝や推薦の言葉を発信してもらうことができます。また、あなたのウェブサイトへのリンクを貼ってもらったり、さらにはあなたの新商品や新サービスのアナウンスを行ったりしてもらうこともできます。彼らが発信するメッセージは、あなたが同意した内容であることが大切です。また、彼らがオンライン上に投稿できる写真を提供する際も、つねに自分のプロとしてのイメージを考慮に入れる必要があります。

8. リファーラルを提供してもらう

あなたが最も望んでいる支援は、もちろん、リファーラルを提供してもらうことです。つまり、あなたの商品・サービスを必要としている特定個人の個人的な紹介です。または、リファーラル提供者から、見込み客にあなたの名前と電話番号を伝えてもらう方法もあります。受け取るリファーラルの数が増えれば、リファーラルによって獲得するビジネスを増やせます。

9. 見込み客にコンタクトしておいてもらう

重要な見込み客については、たんに電話番号や住所をあなたに伝えてもらうだけでなく、まずリファーラル提供者から見込み客に直接連絡してもらうか、または直接会ってもらい、あなたのことを伝えておいてもらう方法もあります。そうすることで、あなたが見込み客にコンタクトする際には、見込み客はあなたからの連絡を待っていて、かつ、あなたに関する情報を知っている状態になります。

10. 見込み客にあなたを対面で紹介してもらう

リファーラル提供者に、あなたのことを見込み客に対面で紹介してもらうことで、見込み客とのあいだで迅速に人間関係を構築することが可能になります。その際、リファーラル提供者から、見込み客に関する重要な情報を教えてもらうのも手です。また、リファーラル提供者から見込み客に、あなたやあなたのビジネスについて、あるいは、あなたと出会ったきっかけや、見込み客とあなたの共通点、あるいは、あなたの商品・サービスの価値などについて話してもらうこともできます。

11. 見込み客とのミーティングの機会を設定してもらう

あなたが会うべき人（あなたにとって重要なコンタクト）を教えてもらった際に、その人とのミーティングの機会を設定してもらえれば、大きな手助けになります。電話などでミーティングの日時や会場を設定してもらうだけでなく、一緒にミーティングに参加してもらうのが理想です。

12. あなたに提供したリファーラルをフォローアップしてもらう

あなたと見込み客がミーティングをしたあとで、見込み客に対してフォローアップしてもらう方法です。ミーティング後の経過を尋ね、質問や懸念事項に対して回答をしてもらいます。そして、あなたが信頼できる人物であることを伝えてもらい、見込み客を安心させてもらいます。また、あなた自身やあなたの商品・サービスについての、見込み客からの価値あるフィードバックをあなたに伝えてもらうこともできます。これは自分では聞き出すことが難しい情報かもしれません。

13. あなたに関する情報を出版物に載せてもらう

あなたやあなたのビジネスに関する情報を出版物に載せてもらう方法です。あなたの知り合いが購読していて、内容の決定に関わっている、あるいは、なんらか影響力をもっている出版物が対象です。たとえば、なんらかの協会に所属している人に、その協会のニュースレターにあなたの記事を載せてもらったり、編集者を説得してあなたに関するストーリーを載せてもらったりすることができます。

14. プログラムやイベントを後援してもらう

あなたの主催しているプログラムやイベントの出資または後援をしてもらう方法です。たとえば、会議室を使わせてくれたり、備品を貸してくれたりすることが考えられます。または、彼らの会社名を使う許可をしてくれたり、資金やその他のリソースを無償で提供してくれたりするかもしれません。

15. あなたの商品・サービスを販売してもらう

あらゆる支援のなかでも、とりわけ結果に直結するのが、あなたの商品・サービスを販売してもらうことです。あなたの商品を購入する契約を取り付けてもらい、その後、あなたが顧客に商品を郵送または配達します。迅速かつ誠実に対応すれば、新たな得意先を獲得することができるかもしれません。

マーケティングの第一人者であるジェイ・エイブラハムは、仕事仲間からリファーラルを受け取る技法を完成させました（これ以上にパワフルな仕事仲間を見つけるのは大変です）。ナイチンゲール・コナント社の代表を務めるヴィック・コナントは、「Dear Friend」というメールマガジンで、ジェイを紹介しています。その中で、ジェイがいかに彼のビジネスと人生を変えてくれたのかに言及しています。そして、ジェイのセミナーに関する資料を添えて、読者に対して参加を推奨しています。アンソニー・ロビンズも、同様のニュースレターの中でジェイの著書を紹介しています。また、デニス・ウェイトリーもダイレクトメールでジェイのオーディオテープを提供しています。

次のような状況を考えてみてください。親しくしている既存顧客の1人が、彼の友人であなたの商品を購入したい人を知っていると伝えてきたとします。その際、あなたはどのように反応したらよいでしょうか？　その友人からあなたに電話するように伝えてもらうのがよいでしょうか？　それとも、その友人の連絡先情報を尋ねるのがよいでしょうか？　いずれも正しい答えではありません。正しい答えは、見込み客の関心が高い今のうちに、そのあなたが親しくしている既存顧客から、彼の友人にあなたの商品を販売してもらうことです（もちろん、近々会う予定があればの話ですが）。

❖ その他の支援

このほかにもビジネスの成功のために知人に求めることができる支援があります。少しだけ例を挙げるとすれば、情報、リサーチ、仕入先、人材などに関する支援です。自分のニーズをリストアップしたものをつねに持ち歩きましょう。ニーズが生じたら、その都度書き加えます。第11章で見るように、自分のニーズと、適切な支援者を結び付けることが、自分が必要としている支援を得るための鍵となります。

自分のニーズを明確に理解し、手軽に参照できるリストをかばんやポケットに入れておくことで、チャンスを見つけたり、支援を得たりすることが、驚くほど簡単になります。そして、誰かに「何かわたしにできることがあれば言ってください」と声をかけられた際に、以前よりも準備ができているはずです。

とはいえ、忘れてはいけないのは、これは両面通行だということです。この章で紹介した15種類の支援の方法は、あなたが知人のビジネスを促進し、リファーラルを生み出すための方法でもあります。知人のニーズをリストアップしたものも持ち歩くとよいでしょう。彼らの目標達成を支援することは、効果的かつ恩恵のある人間関係を築くうえで極めて有効です。

この章で紹介した15種類の支援の方法は、あなたが知人のビジネスを促進し、リファーラルを生み出すための方法でもあります。

アクションアイテム

1. 15種類の方法から、あなたが実践しやすいものを3つ選び、あなたの最も重要なリファーラルパートナーたちのために、支援を申し出ましょう。
2. あなたに対しても同じことをしてくれるか、彼らに尋ねてみましょう。もし答えがイエスなら、彼らがあなたの支援をしやすいように協力しましょう。

第18章

ネットワークの仲間のことを知る

「GAINS」のアプローチで仲間を知る

『Swim with the Sharks Without Being Eaten Alive』において、ハーベイ・マッケイは、営業を成功させるには自分の顧客のことを知る必要があると述べています。「正しい知識で武装すれば、売上、マネジメント、モチベーション、交渉において競合に勝つことができる」。リファーラルも同じことです。首尾よくリファーラルを生み出すには、これと同じく、リファーラル提供者となるネットワーク仲間のことを理解することが極めて重要になります。

ここまでで、自分のネットワークに含めたい人を、少なくとも何人かリストアップすることができていると思います。とはいえ、彼らをリクルートする前に、自分の選択の正しさを評価してみる必要があります。各メンバーのバックグラウンドや専門性に関する情報や推測は正しいでしょうか？　それぞれの人とはどのような人間関係でどうでしょうか？　どの程度お互いを知っているでしょうか？　それは相手を信用するのに十分でしょうか？　彼らの一人ひとりとの人間関係は、お互いにとって恩恵があるでしょうか？

この章では、あなたがネットワーク仲間と情報共有しておくべき項目を5つ挙げます。同時に、これらの情報を入手する方法や、それらを活用して新規及び既存の人間関係を強化する方法を説明します。これには次のような方法があります。

- 問題解決の力を向上させる
- 価値あるリソースへのアクセスを向上させる
- ほかの人に影響や刺激を与える能力を高める
- リソースをより効果的に活用する
- 自分や知人のためにビジネスチャンスを見極める能力を高める
- 影響範囲を拡大する
- VCPプロセスを進展させる

❖GAINS交換の5つの要素

私たちの考えでは、誰かと人間関係を構築したい場合、相手について後述する5項目を知る必要があります。これは仕事上の知人だけでなく、雇用者、従業員、団体のリーダーやメンバーたち、そして、私生活におけるパートナーについてもいえることです。これらの5項目は、その人に関する何か謎めいた秘密というわけではありません。これらは、日頃から人目にさらされているのですが、普段はあまり注目されていません。なぜなら、これらの情報を共有するメリットに気づいていないからです。

以下の5項目について情報交換することを「GAINS交換」と呼んでいます。

- ●Goals（目標）
- ●Accomplishments（実績）
- ●Interests（興味・関心）
- ●Networks（人脈）
- ●Skills（スキル）

相手のGAINSについて知り、それらを有効に活用することで、人間関係を強化し、より強力な組織を築くことができます。そして、より実りのある、生産的で、より楽しい人生を送ることができるようになります。これも両面通行です。ほかの人についてこれらのことを知るだけでなく、あなたもこれらの情報をほかの人に伝える必要があります。

Goals（目標）

目標は、お金に関する目標、ビジネスに関する目標、学習に関する目標、その他、個人的な目標のことです。あなたが自分や大切な人のために達成したい、あるいは、その必要があるものを指します。これらは、解決したい問題であったり、決定したい事柄であったりします。また、差し迫ったものであったり、長期的なものであったりします。たとえば、

- ●10キログラム痩せる
- ●シカゴにオフィスを移転する
- ●6ヵ月以内に転職する
- ●ホームレスのために1000ドル集める
- ●月々25人の見込み客にフォローアップをする
- ●今年中に200ページの本を書く

何が目標であれ、自分の目標を明確かつ具体的に定める必要があります。また、ほかの人の目標についても、明確に理解している必要があります。相手にとって重要な目標の達成を手助けすること

とこそ、人間関係を構築する最善の方法なのです。そうすれば、あなたが自分の目標を達成するために支援が必要になったときにも、彼らはあなたがしてくれたことを思い出してくれるはずです。あなたは、彼らの一人ひとりにとって価値あるリソースとなり、彼らとの人間関係は確かなものになります。

友人や仕事仲間のなかには、あなたが目標達成に必要とする情報やリソースをもった人がいるかもしれません。しかし、これらの人間関係からメリットを引き出すには、あなたの目標を彼らに伝えておく必要があります。まずは、自分が求めているものや、必要としているものを明確にしておきましょう。この章の最後にあるGAINSプロフィールのツールを参考にしてください。以降で、実績、興味・関心、人脈、スキルをリストアップする際にもこのツールが参考になります。

❖ Accomplishments（実績）

相手を知るうえでは、その人が達成した目標や成し遂げたプロジェクト、その他、その人自身やほかの人のために達成した事柄を知るのも有効な方法です。学生として、従業員として、組織の一員として、親として、友人として、スポーツファンとして、あるいは隣人としてなど、どのような実績でもかまいません。これらは、その人の心構えや態度以上にものを言います。あなたの知識、スキル、経験、性格、価値観、信条は、あなたの実績に集約されています。これは採用担当者が求

GAINSプロフィール

自分自身や自分のネットワークにいる人、またはこれから関係を構築したい人について、この用紙を使ってGAINS（目標、実績、興味・関心、人脈、スキル）を記録してみてください。ほかの項目を付け加えたい場合には、裏面を利用してください。1人につき1枚の用紙を使いますが、もしスペースが足りない場合は、ページを足しても構いません。用紙を記入する際は、いつの時点の情報かがわかるように日付を入れます。

氏名　ユリシーズ・グラント　　日付　1862年4月4日

目標　テネシー州南部におけるジョンストン将軍率いる軍隊との対立に決着を付ける。ジェブ・スチュワートを北軍にリクルートする。大統領に立候補する（終戦まで待つ）。

実績　金物店を経営した。ヘンリー砦を奪取した。ケンタッキー州に進軍した。

関心　葉巻、バーボン、軍隊の歴史

人脈　米国将軍協会、蒸留酒愛好家クラブ

スキル　非熟練労働者集団の監督、対立を生み出したり解決したりすること、土壇場での武器弾薬・後方支援のマネジメント職者のポテンシャルを評価する際、実績に基づいて行うのと同じです。

実績といっても、新聞に載るようなものである必要はありません。シンプルなものでも、あなたの目標や、それを達成する方法について多くを教えてくれます。たとえば、次のようなものが挙げられます。

- ●雑誌の記事を書いた
- ●レンガの壁を建設した
- ●『戦争と平和』を読破した
- ●フランス料理のディナーをつくった
- ●4人の子供を育てた
- ●5マイル歩いた
- ●マーケティングプランをつくった

人は、自分が誇りに思っていることを話すのが好きです。自分の人脈に加えたい人とカジュアルな会話をしましょう。彼らに自分の実績についてどんどん話してもいいましょう。そうすることで、あなたの人脈に加えるのに適した人かどうかを判断する材料にもなります。

知り合いや会う人に、自分の実績をすぐに伝えられるようにしておきましょう。自分の実績というのは、つい低く見てしまいがちです。これは、謙遜する気持ちがあったり、取るに足らないことだと思っていたり、あるいは、自分の仕事に満足していなかったりすることが原因です。とはいえ、おぼえておいていただきたいのは、ほかの人は、これらの実績をあなたが評価している以上に、高く評価するということです。

ＧＡＩＮＳプロフィールに実績をリストアップする際は、とくに誇りに思っているものだけでなく、自分の功績ならなんでもリストアップしましょう。

❖Interests（興味・関心）

あなたの興味・関心（好きなこと、好きな話題、好きな音楽、集めているものなど）はほかの人とのつながりをつくるのに役立ちます。人は興味・関心が一致する人や、それらに関して知識をもっている人と時間を過ごしたいと思うものです。興味・関心には、次のようなものが含まれます。

- スポーツをすること
- 本を読むこと
- コーヒーのマグカップを集めること

- クイズ番組を見ること
- カントリーミュージックを聴くこと
- 海外旅行をすること

ほかの人の興味・関心について知れば、相手が喜ぶ贈り物もわかります。「贈り物」には、相手にとって価値のある情報も含まれます。相手にもあなたの興味・関心を伝えましょう。興味・関心を共有していれば、それだけ人間関係も強力なものになります。

なかでも、その人が情熱を注いでいる物事は重要です。つまり、その人がほかの人から励まされたり、賞賛されたりしなくても、1日中続けられることです。情熱をもつためには、必ずしも得意でなければならないということはありません。最も情熱をもっていれば、必ず向上するはずです。

あなたの興味・関心はなんでしょうか？　あなたが情熱を注いでいることは？　あなたが大好きなことは？　GAINSプロフィールのツールを活用して、あなたの興味・関心をリストアップしてみてください。

❖ Networks（人脈）

人脈には、あなたが仕事上または個人的に関わっている、グループ（フォーマル、インフォーマルを問わず)、組織、機関、企業、あるいは、個人が含まれます。あなたがスタンフォード大学の出身なら、スタンフォード大学はあなたの人脈の1つとなります。もし、ウォルマートで働いたことがあり、あるいは娘をガールスカウトに参加させているなら、ウォルマートとガールスカウトは、あなたの人脈の一部になります。もし、あなたが1994年にカリフォルニアで起きたノースリッジ地震の被災者だったら、あなたは事実上、ノースリッジ地震被災者の人脈の一員です。

よく「何を知っているかではなく、誰を知っているかが重要だ」と言われます。もう1つ重要なものを付け加えるとすれば、それは「あなたの知り合いの知り合い」です。私たちのそれぞれが、活用していない人脈をもっています。あなたの人脈にいる人のそれぞれが、複数のネットワークに所属しています。あなたの人脈となり得る人たちの一人ひとりが、直接または間接的に、何百、いや、何千もの、あなたが知らない人たちを知っています。これらのまだ見ぬ人脈のリソースを活用することで、次のことが可能になります。

- ●人脈を拡大させ、ネットワーキングの恩恵を増加させる可能性を劇的に高める
- ●あなたの人脈が提供できる支援について、活用法を検討したり、評価したりすること
- ●最も恩恵をもたらしてくれる人脈をより効果的に選ぶこと
- ●人脈をより生産的に動かし、活用すること
- ●自分の人脈になりそうな人に対して、よりよいリファーラル提供者になること

❖ Skills（スキル）

自分の人脈にいる人の才能やスキル、資源について知っておくことで、いざ、自分や知り合いにニーズが生じた際に、手ごろで優れたサービスを見つけるための準備が、いままで以上にできているようになります。また、ビジネスチャンスを引きつけるうえでもたんに認知度を高めたい場合にも、ほかの人にあなたのスキルについてよく知ってもらっているほうが、成功する可能性が高くなります。

スキルの例

- 交渉のスキル
- インタビューのスキル
- 予算編成のスキル
- 資金調達のスキル
- 販売のスキル
- 運転のスキル
- ハイキングのスキル

経営者や起業家をめざす人、開業しようとしている人、あるいは、求職中の人たちを見てきた経験から言えることは、多くの人が自分のもっているスキルを把握できていないということです。もしかしたら、あなたもそうかもしれません。サービスを提供したり、仕事をしたりする際、自分が使っている知識やスキルというのはあまり意識していないかもしれません。自分のスキルの確実かつ完全な目録をつくるために、この章にある「スキル目録」を活用してください。その後、自分のスキルをＧＡＩＮＳプロフィールにリストアップしましょう。

ほかの人のGAINSについて知る

あなたの人脈に加わるかもしれない人や、その他あなたが関わりをもつかもしれない人のＧＡＩＮＳに関する情報を集めるには、いくつかの方法があります。どれもシンプルな方法です。特別なスキルは必要ありません。

◎相手の話を聞く

相手について知る最も簡単な方法は、単純にその人と日常会話を行うことです。注意深く相手の話を聞けば、相手が解決しようとしている課題（目標）や彼が完了したプロジェクト（実績）、昨日見たバスケットボールの試合（興味・関心）、弁護士をしている姉の話（人脈）、使っているソフトウェア（スキル）などがわかるでしょう。

❖ スキル目録

以下は、さまざまな職業において必要となるスキルの例です。

あなたは、これまでのキャリアのなかでどれを使ってきましたか？

あなたのスキルのうちで最も強いもの（最も成功しているもの、得意とするもの）はどんなものですか？

GAINSプロフィールにスキルをリストアップする際は、まず以下のものから始めます。その後、リストに無いものを追加していきましょう。

もちろん、簡単にはいかない場合もあります。とはいえ、個人の興味・関心（あるいは熱意もっていることならなお結構です）がわかれば、その情報を、より強力な人間関係を構築するために活用することができます。とくに、興味・関心や熱意を共有していればなおのことです。

- ●組織の管理
- ●資金の配分
- ●情報の分析
- ●組織のニーズの分析
- ●問題の分析
- ●価値の評価
- ●社交行事の企画
- ●備品の組み立て
- ●会計監査
- ●業務監査
- ●ブレーンストーミング
- ●数値データの処理
- ●精度のチェック
- ●コーチング
- ●コミュニケーション
- ●データの編纂
- ●会議の運営
- ●コンピューターネットワークの構築
- ●作業の調整
- ●文字でのやり取り
- ●カウンセリング
- ●職場環境の構築
- ●業務の委託
- ●情報システムの設計
- ●プロジェクトの開発
- ●プログラムの運営
- ●情報の拡散
- ●商品の頒布
- ●編集
- ●娯楽の提供
- ●スタンダードの設定
- ●結果の評価
- ●サービスの評価
- ●備品管理
- ●記録の保持
- ●推薦
- ●組織のマネジメント
- ●商品・サービスのマーケティング
- ●仲裁
- ●進捗管理
- ●従業員のモチベーションの向上
- ●交渉・契約
- ●機器の操作
- ●作業の計画
- ●説得
- ●行動の計画
- ●広報
- ●レポート作成
- ●アイデアの提案
- ●プログラミング
- ●イベントのプロモーション
- ●資産の保護
- ●資金調達
- ●情報の記録
- ●採用
- ●備品修理
- ●リサーチ
- ●スケジューリング
- ●販売
- ●アジェンダの作成
- ●規定の作成
- ●問題の解決
- ●トラブルシューティング
- ●その他、リストに無いスキル

◎観察する

●人脈に加えたい相手についてもっと知りたい場合はどうすればよいでしょうか？　それなら「探偵」になりましょう。その人がどこへ行くか、誰と時間を過ごしているかをチェックしましょう。

●どのような車に乗っているか？
●車に張ってあるステッカーには何が書いてあるか？
●どのような本を読んでいるか？
●着ている服の色は？
●オフィス以外で見かけるときに何を持っているか？　テニスラケット？　小さな子どもを抱いている？　リュックを背負っている？　肥料の袋を持っている？
●「バンジー万歳」と書いたTシャツを着ている？

目にするものを観察し、それについて考えるだけで、驚くほどたくさんのことがわかります。

◎質問する

人脈に加えたい相手とオープンでフレンドリーな関係をもっていますか？　もしそうなら、相手のGAINSについて知るには、相手に聞くのが最もシンプルな方法です。とはいえ、あまりにも直接的に感じる場合は、間接的に会話のなかで質問をする手もあります。今週何かおもしろいことをしましたか？　最近何かよい映画を見ましたか？　今年はどうですか？　これらは、私たちの多くが友人や知人について知る方法です。

◎資料を見てみる

相手のGAINSを知るもう1つの方法は、相手が宣伝に使っている資料を一つひとつ見返してみることです。パンフレット、名刺、ニュースレター、プレスリリース、メモなど、手に入るもの全部です。相手が自分の知識やスキルをもとに、本を書いたり、オーディオ教材やビデオ教材を制作したりしている場合は、それらを入手し、注意深く見てみましょう。

◎ほかの人に質問する

あなたの人脈に加えたい人について知るには、その人と関わりのある人や、その他あなたが関わりをもっている人が情報源になります。「刑事」のような印象を与えないようにしつつ、2人の関係について尋ねてみましょう。たとえば次のような質問です。

- ○○さんをいつからご存じですか？
- ○○さんのことをどれくらいよく知っていますか？

●○○さんとどのようなお仕事をしましたか？

❖ あなたのGAINSを伝える

あなたが情報を提供すれば、相手もより情報を提供してくれやすくなります。イニシアチブを取りましょう。目標、実績、興味・関心を相手に伝えましょう。おそらく、相手も親切に答えてくれるはずです。まずは、あなたがいま優先的に取り組んでいることから話を切り出します。その後、相手の手助けができる機会をうかがいます。次のように尋ねます。「今週または今月、あなたが優先的に取り組んでいることはなんですか？」

❖ GAINSを記録する

あなたが関心を寄せている相手のGAINSがわかったら、それを記録しておきます。そうでないと、重要な情報を忘れてしまう可能性が高いからです。この章のGAINSプロフィールツールを活用してください。以前にお話しした「データベースのRelate 2 Profitも、重要な相手についてわかった情報を記録しておくことに特化しています。GAINSプロフィールツールが手元に無いときは、何かに詳しくメモを取っておきましょう（さらには自宅に電話して留守電に残すこともできます）。各要素にG、A、I、N、Sのラベルを付け、見やすくしておきましょう。あとから、その情報をＧＡＩＮＳプロフィールツールに記入するか、よりシンプルな方法としては、メモをその人の情報を保存したファイルに保管しましょう。

以下は、筆者（アイヴァン・マイズナー）の体験です。ここからもＧＡＩＮＳ交換の価値を知ることができます。

わたしは、かつてＧＡＩＮＳ交換が実際に事業者同士のネットワーキングにおける関係を変えることができるということを目の当たりにしました。ある2人の事業者が同じネットワーキング・グループに参加していました。2人ともグループに参加してからかなり経つのですが、お互いにそれほど人間関係を深めていませんでした。

彼らは、しぶしぶわたしのアドバイスに従い、ＧＡＩＮＳ交換を実践してみました。その結果、興味・関心、実績、成功事例において、お互いにかなりの共通点があることが判明したのです！彼らは2人とも、自分の息子の少年サッカーチームのコーチを務めていました。また、彼らは2人ともスポーツチームの帽子集めが趣味だったのです。そして、2人とも同じ分野の学位をもっていました。

これほどお互いに無関心だった2人が非常に親しくなり、とても仲の良いネットワーキング仲間になった例はほかにありません。たいていの人にとっては、リファーラルパートナーとそこまで仲良くなれるのは、夢のような話に聞こえるかもしれません。ところが、ただGAINS交換をしただけで、それが実現するのです！　このように、GAINS交換が友情につながり、2人のあいだのリファーラル数の急激な増加をもたらしたのです。

ここまでで、「ネットワーキングとはスキルセットというよりもマインドセットだ」というのがどういう意味かご理解いただけたかと思います。ネットワーキングを成功させるには、「しなければいけないこと」がたくさんあります。しかし、それと少なくとも同じくらいに重要な「～であるべきこと」がたくさんあるのです。

❖GAINSは簡単すぎ？

もし、自分が関わりをもっている人のGAINSを知るだけでは簡単すぎで、もっと大きなチャレンジをしたいという人には、次の2つをおすすめします。

●まず、自分のネットワークの全員のGAINSを特定できるか試してみてください。
●さらに大きなチャレンジをしたい人は、ハーベイ・マッケイの『Swim with the Sharks Without Being Eaten Alive』を入手し、彼の66の質問からなるカスタムプロフィールを使って、あなたのネットワークの最も重要な人たちに関する自分の知識を試してみてください。

ハーベイ・マッケイの最もすばらしい点は、いつでも前回の会話をおぼえているところです。これまで、ハーベイ氏とは、たくさんの会話をしました。いつもわたしを驚かせるのは、彼が以前に会話したことのほとんどすべてをおぼえている点です。それが2日前であろうが、何ヵ月前であろうがです。ハーベイ氏の著書を読んでいるわたしとしては、彼が「直感像記憶」をもっているわけではないことは知っています。
では、どういうことかというと、彼は次回会ったときに内容を思い出せるように、重要なポイントを記録しておくシステムをもっているのです。わたしの場合も、そのシステムが効果を発揮しています。これには感銘を受けました。

アイヴァン・マイズナー

❖質の高い時間

自分のネットワークに加えたい人について、どの程度よく知っているでしょうか。おそらく、事前に「宿題」をしておく必要があるでしょう。とはいえ、彼らについてすべてを把握することはできません。だからこそ、GAINS交換では5つの重要なポイントに注目することを推奨しています。

すでに知っている人と、より多くの時間を過ごしましょう。とくに、あなたがよく知っていると思っている相手とです。これら5つの重要項目（目標、実績、興味・関心、人脈、スキル）の情報を得ることに集中しましょう。新しい発見があるはずです。

知識や興味・関心が重なる点を見つけましょう。あなたも同様の情報を伝えることを忘れないでください。あなたについて知ってもらえば知ってもらうほど、あなたの商品・サービス、知識、スキル、経験を生かせるチャンスが生じた際に、あなたの名前を素早く思い出してもらえるようになります。

❖ あなたのニーズと人脈とを結びつける

自分が必要としている支援を特定し、自分のネットワークのメンバーをより深く知ることができれば、どの人が自分の必要としている支援を提供できるのかを事前に特定しておくための準備が整ったことになります。

ニーズと人脈を結びつける

必要な支援	コンタクトする人脈
広報関係	アル・シャープトン
保険関係	ロイド・ウォーソー
交通関係	クレイグ・ブリードラブ

ネットワークのメンバーについて知っていることに基づき、それぞれに求める支援の種類を決めます。この時点では、それぞれのメンバーの適性（あなたが必要とする特定の商品・サービスを提供できるかどうか）を真っ先に考えます。そのほか、あなたが自分のニーズとそれを提供できる人を結びつけるうえで影響を及ぼす要素としては、そのメンバーの仕事の空き具合、柔軟性、関心の度合いなどが挙げられます。有能な人であっても、あなたを手助けすることに関心が無いか、あるいは、時間が取れないようなら、適任者とはいえません。

あなたのニーズすべてについて、それらを満たせる人を特定するためには、まだ情報が足りないかもしれません。とはいえ、どこに注目してリサーチすればよいかはご理解いただけたかと思います。支援を提供してくれそうな人たちのことを、よりよく知っていれば、それだけあなたのニーズと人脈とを結びつけるプロセスが簡単になります。必ずといっていいほど、相手が期待どおりのスキルをもっていないことが判明したり、逆に思いもよらないスキルをもっていることがわかったりします。

アクションアイテム

1. あなたのGAINSプロフィールを作成しましょう。
2. あなたのリファーラルパートナーのうちトップ5人のGAINSを特定しましょう。
3. 5人のそれぞれと、GAINSプロフィールの情報交換を行いましょう。

GAINSプロフィール™

相手の名前	日付

個人に関する情報

ニックネーム
生年月日及び出身地
好きな色・食べ物
親友
メンター、スポンサー、尊敬する人
好きなテレビ番組・音楽、趣味
表彰・受賞歴
ペット、乗り物

GOALS	(目標)
ACCOMPLISHMENTS	(実績)
INTERESTS	(興味・関心)
NETWORKS	(人脈)
SKILLS	(スキル)

REFERRAL™ INSTITUTE

Pipeline Seminar – Student Manual.

第19章

相手のモチベーションを上げる18の方法

ネットワークメンバーのモチベーションを上げることで支援を引き出す

ここまでで自分の戦略的な協力者（あなたのネットワークのメンバー）を特定することができたかと思います。さて、彼らから情報、サポート、リファーラルを引き出すにはどうしたらよいのでしょうか？

「希望戦略」と呼べる戦略を用いる人もいます。質の高い商品・サービスを提供したら、あとはリファーラルがやってくるのを待つだけという戦略です。

ここでよいお知らせです。このような受動的な戦略でも一応は効果を発揮します。なぜなら、あなたの商品・サービスに満足した顧客は、ほかの人にクチコミをするからです。そして、もし誰かを推薦するとすれば、あなたの名前を口にするはずです。

さらによいお知らせがあります。もっと能動的な戦略を用いれば、情報、サポート、リファーラルをより入手しやすくなります。そう聞くとやる気が出てくるのではないでしょうか。企業家というのは、たいてい、何かが起こるのを座って待つよりも、自分で事を進めるほうが好きなものだからです。

この章では、ネットワークのメンバーのモチベーションを上げる18の戦略をご紹介します。直接的な方法（具体的にビジネスのサポートやリファーラルを求める方法）と間接的な方法（あなたが特定の行動を取ることで、相手に刺激を与え、リファーラルやサポートを引き出す方法）がありま す。最初の14の方法は人間関係の構築に関わります。残り4つはリファーラルを生み出すことに直接関わっています。それぞれの戦略について、4つの側面からお話しします。

1．目的

支援を得るために協力者に連絡をするのは気が引けるかもしれません。とくにしばらく連絡を取っていない相手の場合はなおさらです。また、思いどおりの結果にならない可能性もあります。なぜなら、相手は自分が利用されていると感じるかもしれないからです。そこで、ネットワークのメンバーには日ごろから別の用件でコンタクトするようにしておく必要があります。たとえば、あなたから価値あるオファーをします。たとえば、相手のビジネスの手助けやビジネスチャンスを提供します。そうすることで、認知度を上げ、尊敬や感謝を得ることができます。このように、相手に何か価値あるものを提供する作戦を使えば、通常はっきりと、あるいは暗黙のうちに、なんらかのお返しを期待してもよいのではないでしょうか。この期待が実現するかは、適切な作戦を選んだかどうかに左右されます。

2. メリット

協力者にコンタクトして、18の作戦のいずれかを使う際は、なんらかのメリットを得ることを期待して行います。その期待している結果というのは、あなたのミッション全般とマッチするものである必要があります。

3. ステップ

作戦を成功させるには、計画を立て、一連のステップを経ることが必要です。ここでは、それぞれの作戦について大まかな手順を説明します。ただし、これはあくまでガイドラインであり、厳格なルールというわけではありません。あなたが直面している特定の状況に合わせてステップをカスタマイズしてください。

4. 適用条件と必要事項

相手によって効果的な作戦が違ってきます。ここでは、あなたのコンタクトのそれぞれについて、最も効果を発揮するアプローチを選択する方法についてお話します。

❖作戦1：ボランティアをする

◎目的

ネットワークのメンバーのプロジェクトや仕事の支援を申し出ることで、協力関係を強化することができます（「作戦15：コラボレーションする」「作戦16：後援者になる」「作戦17：プロモーションする」も参照）。

◎メリット

ネットワークのメンバーが重要な目標を達成する支援をするのは、彼らと連絡を取ったり、一緒に時間を過ごしたりする理由になります。ミーティングは1回だけでなく、フォローアップのミーティングを設定します。相手から説明を受け、相手の承認を得て行動を起こします。そして、状況を報告します。コミットメントを貫く姿を相手に見せることができれば、それだけ信頼度を上げることができます。

この作戦を使うメリットとしては、次の2点が挙げられます。まず、ボランティアの内容があなたの経験やビジネスと関係ない場合でも、少なくとも信用、信頼、友情の構築につながります。一方、あなたの専門やビジネスと関係がある支援を行う場合は、あなたのビジネスの信頼構築になり、それが将来的なリファーラルや取引につながります。

◎**ステップ**

●ボランティアの内容を戦略的に選ぶ
●支援を申し出る前に、やるべきことを調べる
●短期的、長期的を問わず、ネットワークのメンバーと時間を過ごす機会を提案し、助言をしたり、目標達成を支援したり、相手が取り組んでいるプロジェクトの成功を支援したりする
●ネットワークのメンバーが必要としている支援を行う（あなたの経験や専門分野に関係があってもなくても、相手が必要としているものならなんでも構いません）

◎**適用条件と必要事項**

●自分が提供する支援の範囲を明確にしたうえで、その条件の下で自分の支援が必要とされていることを確かめておきましょう
●自分が取り組む前に、相手の取り組みの度合いを確かめておきましょう
●ターゲットと恒常的に連絡が取れるような課題を見つけましょう
●あなたにとっては簡単で、ターゲットにとっては大きな価値があるサポートの方法を見つけましょう

● 約束したことは実行しましょう。さもないと、協力者から頼りにならない人物だと思われてしまいます

❖作戦2：採用する

◎目的

フォーマル、インフォーマルを問わず、また、短期的であれ、長期的であれ、あなたのビジネスにおいて、名誉や影響力のある役割を担ったという事実は、協力者にとって権威やその他の恩恵をもたらします。ネットワークのメンバーに、諮問会や理事会のメンバーを務める機会や重要な人たちの前でプレゼンテーションをする機会、あるいは重要な出版物に記事を書く機会やあなたが後援するコンテストで審判を務める機会を提供しましょう。

◎メリット

多くの人は、重要な役割を任されることを誇りに思います。なぜなら、必要とされ、尊敬されているリーダーとしてのイメージを向上させるからです。また、協力者にあなたやあなたの知人のことをもっと知ってもらう効果もあります。そして、あなたに彼らと連絡を取り合う「ライセンス」を与えてくれます。このアプローチは、あなたのネットワークのメンバーにあなたのビジネスや職

業をよく知ってもらううえでも役に立ちます。

◎**ステップ**

●提供する役割や課題を決めます
●そのそれぞれについて、あなたが役割を任せたい個人を特定します
●電話で役割や課題のオファーをします。役割や必要な時間、相手を選んだ理由、相手が受けるメリット、返答の期限を伝えます

◎**適応条件と必要事項**

●相手にとってのメリットを明確に示しましょう
●協力者に金選的な義務が生じるのは避けましょう。協力者が投資する必要がある時間は最小限にとどめましょう
●無理をしなくてもよいことを伝えましょう。相手を促すには、取りあえずやってみて負担ならいつでもやめて構わない旨を伝えます
●このアプローチは強力な信頼関係を前提としています

作戦3：リサーチする

◎目的

これは、ネットワークのメンバーになんらかのリサーチに参加してもらう作戦です。

◎メリット

この作戦は、自分のターゲットマーケットやそのニーズに対する理解を深めるのに役に立ちます。うまくいけば、リサーチを通じて、相手にあなたの専門分野への関心をもってもらうことができます。また、相手の知識を増やすと共に、あなた自身やあなたの職業について、有益なクチコミを生み出すことができます。さらには、自分のビジネスに関する新しいアイデアを生み出すこともできるかもしれません。

◎ステップ

- リサーチプロジェクトを考えます。シンプルなアンケートでも、複雑な調査でも構いません。あなたの専門分野に関係するトピックであり、かつ相手が関心をもちそうなものにします
- あなたが行っているリサーチに参加する意思があるか相手に確認します。プロセスや、目的、

結果の利用方法など背景となる情報を提供しましょう

◎適用可能性と必要事項
● リサーチは短く、シンプルで、興味深い内容にしましょう
● この作戦は相手に対して何かを求めるアプローチであるため、お礼を伝えたり、結果を報告したりといったフォローアップが重要です

❖ 作戦4：レポートする

◎目的
これは、記者のように振る舞い、ネットワークのメンバーが詳しく知っているテーマについてリサーチしたり、インタビューをして記事にしたりすることを通じて、上手に情報やアドバイスを引き出す作戦です。

◎メリット
このアプローチには、次の2つのメリットがあります。1つは、ネットワークのメンバーについて理解を深めることができること、もう1つは、相手の露出度を高めることで、相手から感謝して

もらえることです。そうすることで、ほかの機会に会ってもらいやすくなったり、協力されやすくなったりします。また、あなたを権威として見てくれる人や記事の執筆やリサーチを依頼してくる人も出てくるかもしれません。事業者は露出度が高まることを望んでいます。それが無料ならなおさらのことです。

◎ステップ

- 相手にインタビューをして、記事にする価値がある情報を引き出しましょう。彼がしていることや、達成したこと、あるいはたんに彼の意見でも構いません
- (適切であれば、)相手の写真あるいは、相手と一緒の写真を撮りましょう
- 学校新聞、教会新聞、コミュニティー新聞、地元紙、業界紙、全国紙など、どのような出版物であれ、可能なかぎり多くの人に向けて情報を発信しましょう

◎適応条件と必要事項

- 適切であれば、ネットワークのメンバーが情報提供してくれた記事またはリサーチに、その人の名前を載せることを提案します
- 相手にとって大切な人たちに、記事やリサーチ結果のレポートを贈呈しましょう
- 記事等を出版する確約はしないでください

❖ 作戦5：協力者を探す

◎目的

これは、協力者になりそうな人に連絡を取り、彼らが知っている人で、あなたが特定の目的を達成するのを支援してくれる人を教えてもらう作戦です。たとえば、次のような人の名前を教えてもらいます。

●問題解決を支援してくれる人
●あなたが求めているものを売ってくれる人
●あなたが求めているものを持っている人
●特定の地域に知り合いがいる人
●あなたが行きたい場所に行ったことがある人

◎メリット

このアプローチを用いることで、時間とお金を節約し、協力者の数を増やし、極めて質の高い協力者や機会に出会うことができます。また、協力者のネットワークに関する知識を広げることができます。

◎ステップ

- 自分が必要としている事柄を特定します。できるかぎり明確にしましょう
- 然るべき人を推薦してくれそうな協力者を特定します
- 2人以上にコンタクトします。そうすることで、あなたが抱えている特定の問題を解決できる複数の候補者を見つけることができるかもしれません
- どれくらいの選択肢を検討してから最終的な判断をするつもりなのかを協力者に伝えておくようにします

◎適用条件と必要事項

- 注意が必要なのは、協力者のなかには自分のネットワークの人について簡単に話してくれない人もいる点です。名前や電話番号を教える前に、本人に確認したいという人もいるでしょう
- この作戦は相手に対して何かを求めるアプローチであるため、お礼を伝えたり、結果を報告したりといったフォローアップが重要です。あなたの最終的な決定についても報告しましょう

❖作戦6：アドバイスを求める

◎目的

この作戦の目的は自明です。アドバイスが必要になり、ネットワークのメンバーにそれを求めているわけです。

◎メリット

人は、自分の意見やアドバイスを聞いてもらいたいと思うものです。ネットワークのメンバーを招いて、話をしてもらうことで、彼らの知識や判断力、態度について理解を深めることができます。アドバイスを得ることは、また会う機会やお礼を言う機会、あなたの計画を伝える機会になります。これは彼らに情報を伝えておくための、そして、もちろん、あなたがしていることについて彼らの意見を聞くための優れた方法です。

◎ステップ

●ネットワークのメンバーに、相手が喜んで話してくれそうなことで、かつ相手が答えられそうなことに関して、アドバイスや意見を求めてみましょう

●よく話を聞いて、きちんと答えます。相手が会話のなかで話したことに対して質問をしましょう。たとえば、「先ほど、高成長投資先についてお話しされたかと思います。最近よく聞くノー・ロード型投資信託についてどう思われますか?」といった質問です

適用条件と必要事項

●あなたがその情報を知りたいと思う合理的な理由が必要です
●物議を醸す恐れがある話題やセンシティブな話題は避けましょう
●あなたのほうが詳しい話題について、ネットワークのメンバーに助言を求めることはやめましょう
●人は他人の言葉よりも自分の言葉をおぼえているものです。あなたとの会話をおぼえておいてほしければ、相手にたくさん話してもらいましょう

❖作戦7：アドバイスする

◎**目的**

これは、潜在的な協力者に価値あるアドバイス（もし可能なら、あなたの専門分野や職業と関連すること）を提供するという作戦です。たとえば、業務手順の改善に関するアドバイスや改善を始めるのに役立つヒント、その他、ネットワークのメンバーの満足や成功につながる情報を提供します（「作戦6：アドバイスを求める」と「作戦8：アナウンスする」も参照）。

◎メリット

ここでめざしているのは、まず、ネットワークのメンバーに対して、あなたが特権的な情報に通じている（「インサイダー」である）というイメージを与えることです。潜在的な協力者に対してアドバイスを提供することで、以後、彼らがあなたにアドバイスを求めてくるようになったり、あなたが彼らのために最善の方法を考えているという印象を与えることができたりします。これは、あなたのしていることを潜在的な協力者に思い出してもらうための優れた方法です。

◎ステップ

- あなたが自信をもってアドバイスできることをリストアップしましょう。次に、各トピックについて、そのアドバイスを必要としているネットワークのメンバーをリストアップしましょう
- この作戦をフォーマルな形で実行に移す（たとえばニュースレター）か、インフォーマルな形で実行に移す（たとえば個人宛のメールなど）かを決めます
- どれくらいの頻度で最新情報を送るか決めます
- ほかの人で、あなたのアドバイスが役に立ちそうな人がいないか、協力者に名前を挙げてもらいましょう

◎適用条件と必要事項

●あなたのアドバイスが役に立っているかネットワークのメンバーに定期的に尋ねましょう

●ネットワークのメンバーに、「情報提供を受けたくないときは遠慮なく言ってください」という旨を伝えておきましょう

❖作戦8：アナウンスする

◎目的

イベントや何かの機会に関する情報を提供することは、コンタクトを維持するうえで役に立ちます。相手が気に入るような性質のイベントであれば、ビジネスに関するものでも、個人的な関心に関わるものでも構いません。

◎メリット

このアプローチを用いることで、相手から情報源として見てもらえるようになったり、ほかのイベントについて質問しに来てくれるようになったりします。

◎ステップ

●あなたのネットワークのメンバーが欲していて、かついまのところ入手していないような情報を特定します
●あなたが提供できる情報に対して価値を見いだしてくれる個人やグループを特定します
●ミーティングやカンファレンス、その他の集まりを主催したり、それらに参加したりする際には、ほかのカンファレンス、セミナー、ショー、ミーティング、テレビ番組、コンテスト、申込期限、その他のイベントについてアナウンスをします
●アナウンスの文書を配布する際は、メールでも、そのほかの方法でも構いません

◎**適用条件と必要事項**

●相手がすでに知っていることを伝えることは避けましょう。相手がほかの情報源から聞いている可能性が低いほどよい情報だといえます
●一度に2つか3つのイベントをアナウンスします
●アナウンスをする際には、その場ですべての情報を提供せず、詳細については、個別にあなたに聞きに来るように伝えます

❖作戦9：購入を検討する

◎目的

これは、あなたが相手の商品・サービスのマーケットにいるということを伝えることで、効果的に相手のモチベーションを上げる作戦です（「作戦10：購入する」を参照）。

◎メリット

お金というのは極めて有効なネットワーキングツールの1つです。事業者であれば、見込み客に対して大きな関心をもっており、あなたに対して自分の商品やサービスの売り込みをするでしょう。このことは、より大きな規模での協力関係につながるほか、情報やサポート、リファーラルを共有する機会につながります。

◎ステップ

- 購入する前に、いくつかの選択肢を検討するつもりだということを伝えておきましょう
- 相手の既存顧客からサービスの質について聞き出します
- 購入の決定は合理的な時間内に行います

●あなたの決定を左右した要因を相手に伝えます

◎**適用条件と必要事項**

●ひとたび購入（特に生命保険や住宅など、大口で一回かぎりの購入）してしまうと、相手のあなたに対する関心が低下する場合があるかもしれません。したがって、見込み客であるあいだに相手から得ることができる関心を最大限活用しましょう

●この作戦でいう「購入」にはささいなものは含まれません。たとえば、歯磨き粉を買ったというだけでは、相手からコミットメントを引き出すことはできません

●相手をもてあそぶようなことはやめましょう。もし実際には興味がないなら、期待をもたせるのは避けましょう

●この作戦は、相手の忍耐や態度をテストする方法になるはずです。相手はあなたのニーズを満たそうとしてくれているでしょうか？　それとも、さっさと売ってしまおうとしているでしょうか？

❖作戦10：購入する

◎目的

協力者とコンタクトを取るうえで、最も友好的かつ自然な方法といえば、相手の商品・サービスを購入することです（金額の大小に関わらず）。購入する商品・サービスは、相手が本業とするものでなくても構いません。たとえば、資金調達イベントのチケット、中古車、コンピューター、あるいは、極端な話、娘さんのガールスカウトのクッキーでも構わないでしょう。

◎メリット

ネットワークのメンバーから購入すれば、あなたはその人の顧客になることができます。顧客になれば、相手にとってのあなたの優先順位が上がります。あなたとビジネスをしてくれる可能性や、情報、サポート、リファーラルを提供してくれる可能性も高まります。また、このアプローチを使えば、相手に、もっとあなたのことを知りたい、もっとあなたと連絡を取り合いたいと思ってもらえるようになります。

◎ステップ

●お金の使い方の現状を分析してみる
●自分が使う金額を決めておく
●現在の購入先との人間関係を見直してみてください。彼らはあなたのことを知っていますか？ 彼らと取引をすることで恩恵がありますか？
●協力者があなたに提供できる商品・サービスで、自分が欲しいものや必要としているものを特定します。または、購入することで、長期的に見てあなたのビジネスにメリットがあるものを特定します。

◎適用条件と必要事項

●現在、あなたが商品やサービスを購入している個人または組織は、あなたのことを個人として見てくれていますか？ 彼らはあなたの名前を知っているでしょうか？ あなたのことを、自分の「顧客」として見てくれているでしょうか？ シアーズのようなデパートの顧客であることと、「〜靴店」のような個人商店顧客であることには大きな違いがあります。
●「購買力」をうまく活用すれば、さらなる恩恵を得ると同時に、信頼関係を構築することができます。商品やサービスを購入する際は、少なくとも半分くらいは、自分が知っている人から購入しましょう。ただし、その際、あなたから購入しないといけないような義務感を相手に感じさせないようにしましょう

❖作戦11：つなげる

◎目的

これはネットワークのメンバーの仕事上または個人的な友人、人脈の拡大を手助けする作戦です。

◎メリット

どのような手助けであれ、ネットワークのメンバーの成功や満足につながることであれば、人間関係を強化し、あなたのイメージの向上（問題解決が上手で、人脈に富んだ人というイメージ）につながります。

◎ステップ

●ネットワークのメンバーを人に紹介します。利益・関心の共有できる人や、必要な情報やリソース、サービス、サポート、インスピレーションを提供できそうな人に紹介しましょう

●ネットワークのメンバーと紹介したい相手との初回のミーティングを設定します。両者に対して十分に相手の情報を伝えておきます。そうすることで、迅速かつ生産的に信頼関係の構築を

始めることができます
●紹介する際には、名前、職業、あなたとの出会い、あなたとの関係、お互いの職業の簡単な説明、そして、お互いが知り合いになったほうがよいと思う理由を伝えます

◎適用条件と必要事項

あなたの潜在的協力者が、どのような種類の人と知り合いになりたいのかを知ることが重要です。わからない場合は聞いてみましょう。あなたのターゲットと同じ職業や、彼のコンタクトサークルにいる人かもしれません。

❖作戦12：招待する

◎目的

これは、潜在的な協力者をイベントに招待することでコンタクトを拡大する作戦です。あなたが参加または主催しているイベント、あるいは、あなたがゲストや出展者、パネルスピーカーや受賞者として参加しているイベントに招待します。

◎メリット

イベントに招待することで、彼らに対して、あなたが関わっている活動について絶えず情報を提供することができます。そのイベントが、あなたの専門性を伝えたり、あなたの実績を表彰したりするようなものであれば、知識のあるプロとしてのイメージや信頼を構築することにつながります。また、あなたのターゲットとあなたの知り合いとを結びつけ、純粋に仕事上の関係だったものを、交友関係へと変えることができます。

◎ステップ

●参加予定のイベントと、招待するネットワークメンバーをリストアップします
●十分な準備期間を取ります。協力者の候補者の一人ひとりに電話や書面で招待を行い、理由を説明したうえでイベントに招待しましょう
●参加費がかかるものについては、あなたがネットワークメンバーの参加費を負担しましょう

◎適用条件と必要事項

●イベントは、敬意を抱く人に会える、楽しめる、表彰されるなど、協力者に恩恵をもたらすものである必要があります
●可能であれば、彼らに同伴者を連れてくることを許可しましょう

●参加しそうな見込みがない人も招待しましょう。思い出してください。あなたの活動に関する情報を絶やさないようにすることも、この作戦の目的の１つです

❖作戦13：表彰する

◎目的

これは、あなたのビジネスの成功に貢献してくれた相手を表彰し、彼らのイメージや認知度の向上を手助けするという作戦です。

◎メリット

あなたの協力者が第三者から受賞について質問された際に、あなたとの人間関係の話題につながるほか、協力者に関するクチコミを刺激することになります。誰かがあなたを信頼しているというメッセージが、ほかの人やほかの協力者に伝われば、彼らもより気軽にあなたを信頼し、サポートすることができるようになります。

◎ステップ

●サポート、リファーラル、リード、情報、そしてビジネスを提供してくれた相手を、公の場で

褒めたり、その人に感謝の気持ちや、お礼を伝えたりします。たとえば、「今月のお客様」という表彰コンテストを行い、受賞者に賞状を提供したり、掲示板に写真を掲載したり、あるいは、地元の新聞にその人に関する記事を掲載したりします。

◎適用条件と必要事項

●提供する賞やお礼が適切かどうかや、受賞者が適切かどうか注意しましょう

●相手を讃える際は誠実になりましょう。表彰の事実を、相手が好印象を与えたいと思っているような人たちに伝えましょう

●やりすぎには注意しましょう。度を超した賞賛の言葉は、相手にかえって恥ずかしい思いをさせたり、誠意が伝わらなかったりします

❖作戦14：自画自賛する

◎目的

これは、自画自賛することで、あなたがとくに誇りに思っている実績を相手に伝える作戦です。

◎メリット

この作戦を適切に用いれば、相手にあなたやあなたの職業に関する関心をもってもらうきっかけになります。ほかの人があなたのもとに質問にやって来るようになったり、あなたの知識や信頼性を感じ取ってもらったりすることにつながります。このアプローチは、共通のニーズ、関心、実績を見つける手助けになります。ただの自慢話にならないようにさえ注意すれば、相手にあなたの提供している商品やサービスに親しみをもってもらうのに役立ちます。

◎ステップ

- 日常会話や電話、自己紹介のなかで、あなたの実績、計画、資産、ネットワークについて、カジュアルな形で伝えておきます
- メールや手紙にすれば、トーンを落として自画自賛することもできます

◎適用条件と必要事項

次のことに注意しましょう。ここでの目的は自慢話をすることではありません。協力者に対して控えめな仕方で実績を伝えることが目的です。

❖作戦15：コラボレーションする

◎目的

これは、お互いのメリットのためにコンタクトに対してインフォーマルなパートナーシップの構築を申し入れる作戦です。

◎メリット

相手のコミットメントを引き出す最良の方法は、資源や労力の共有を約束することです。コラボレーションすることで、コミットメントが強く、信頼のおける、情報、サポート、リファーラルの供給源を生み出すことができます。そして、より簡単に、より迅速に、目標を達成する手助けになります。

筆者（アイヴァン・マイズナー）のベストセラー書籍『Business By Referral』の共著者であるロバート・デイビスは、ローラ・ミラーとコラボレーションして、『Total Quality Introductions』という、大成功したオーディオ・カセット・プログラムを開発しました。両者とも、それまで商品は持っていませんでしたが、商品開発はトレーナーやスピーカーとしての成功を後押しすると考えました。コストや時間、リソースを共有し、お互いの励みになったことで、彼らの人間関係は強化されました。およそ1年かかりましたが、彼らは1人で開発するよりもずっと早くテープを完成させることができたのです。それ以来、彼らはそれぞれでテープや商品を開発していますが、スタート地点となったのがこのコラボレーションだったのです。

◎ステップ

- 情報、サポート、リファーラルのうち、どの種類のリソースを入手する必要があるのか判断します
- 協力者になりそうな人を特定します
- 協力者とミーティングをして、パートナーシップの種類、あなたのニーズとリソース、相手のニーズとリソースについて話し合います
- パートナーシップに関して、インフォーマルな同意の骨子をまとめます。どのようなリソースを、どれくらいの期間、どのようにシェアするのか

◎適用条件と必要事項

- お互いの望んでいることや期待していることを明確にしておく必要があります。信頼できる人を選びましょう。目標達成に対してあなたと同じくらいエネルギー注げる人を選びます
- もし可能なら、長期的なコラボレーションをする前に、試験的なコラボレーションを行います

❖作戦16：後援する

◎目的

これは、相手が関わっているプロジェクトやプログラムを金銭面またはリソース面でバックアップすることを通じて相手を支援する作戦です。

◎メリット

プログラムやイベントを後援することは、協力者や見込み客と一定期間一緒に活動する機会になります。イベントや活動を後援することで、メールや、個人的な紹介、販促資料、看板、のぼりなどを通じて、多くの人とコミュニケーションをすることができます。そうすることで、自分のマーケットにいる見込み客や影響力のある個人、ビジネス上の支援やリファーラルを提供してくれそうな相手に対して露出度を高めることができます。販促物を展示・配布してもらうなど、その他のメリットについても交渉することができます。

◎ステップ

●後援したい、組織や個人を選びます

- どのように相手の会社にメリットを与えたいのかを決めます
- メリットについて話し合います

◎適用条件と必要事項

- プロジェクトやプログラムを選ぶ際は、自分の信念、価値観、理念、目標と合致するものを選ぶことが重要です
- このアプローチは、自分のターゲットのマーケットにいる個人や組織と強固な信頼関係をもっている協力者に対して使います

❖作戦17：プロモーションする

◎目的

これは、協力者のプロモーションを支援することを通じて、情報、サポート、リファーラルを獲得する作戦です。あなたが彼らのことをよく知っていて、信頼していることを示すことができるほか、彼らとあなたの人脈とのあいだで信頼関係を構築する手助けになります。**ただし、次の点に注意してください。**これは間接的なアプローチであるため、お返しにプロモーションの支援やリファーラルを得ることができる保証があるわけではありません。

◎メリット

協力者がビジネスを獲得するのを手助けすれば、彼らからビジネスを提供してもらえる可能性が高まります。彼らのためにあなたがどのような行動を取ったのか、それを明確に伝えます。そうすることで、彼らがあなたのためにビジネスを生み出すためのモデルを提供することができます。

◎ステップ

●ネットワークのメンバーを別のメンバーや知人に紹介します。ネットワークメンバーの背景情報や仕事の内容、いかに優れた仕事をするかなどを伝えましょう

●知人に、もしあなたのネットワークのメンバーが提供している商品・サービスが必要になったら、遠慮せずに彼らに連絡をするよう伝えましょう

●できるだけ高い頻度でネットワークメンバーのプロモーションをします。本人がその場にいなくても構いません。たとえば、受賞者にノミネートしたり、プレゼンテーションや自己紹介でその人を例に挙げたりします

◎適用条件と必要事項

●このアプローチは人を選んで行う必要があり、ネットワークメンバーを信頼する必要がありま

す。誰でもよいというわけではありません

- あなたが相手のプロモーションを行ったり、彼のためにビジネスを生み出したりしたことで、相手に義務感を生じさせることは避けましょう
- 忍耐をもって、戦略的に相手に貢献しましょう。そうすれば、あなたが望むようなビジネス上のサポートやリファーラルを得ることができるでしょう

❖作戦18：調査をする

◎目的

この作戦は2段階式です。まず、顧客やレビューアーから、あなたの商品やサービスを利用した感想をもらいます。受け取った情報がポジティブなものであれば、再度コンタクトを取り、プロモーションに協力してもらえないか尋ねてみます。または、フィードバックをプロモーション・キャンペーンで使ってよいかを尋ねます。

◎メリット

このアプローチは、あなたのことをほんとうに信じている人や、支持している人を見つける手助けになります。改良案を生み出し、顧客の意見を文章で受け取ることができます。また、新しい機

会を見つけたり、早期に問題を発見したりするうえでも役立ちます。最も重要なのは、体験談や推薦状、そしてリファーラルを生み出す手助けになる点です。

◎ステップ

●口頭または書面での統計調査、アンケートを企画します
●調査対象のグループを特定します
●商品・サービスを提供する過程や、提供した直後に、商品・サービスの質についてフィードバックをもらいます

◎適用条件と必要事項

●このアプローチは、あなたの商品やサービスをじかに利用したことがある人に対して用います。また、フィードバックを得るタイミングとしては、商品・サービスを提供する時点に可能なかぎり近づけてください
●どのようにフィードバックを活用したのかを必ず報告しましょう

❖一番よい作戦を選ぶ

以上で、ネットワークのメンバーがあなたに情報、サポート、リファーラルを提供したくなる18の戦略の概要をご理解いただけたかと思います。どの戦略を使うか、どのような相手にそれを使うかは、状況やあなたの個人的なあるいは仕事上のスタイル、求めている結果によって変わります。

アクションアイテム

1. 自分の人脈に対して今週使えそうな作戦を3つ選びます。
2. その作戦を使ったことで得られたあらゆる反応を追跡記録します。
3. 次の週に、別の戦略を3つ選び、同じことをしましょう。

第20章

リファーラル提供者の候補を見つける

ネットワークメンバーをチームに加えましょう

次のことを仮定してみてください。あなたは前章で紹介されているテクニックのいくつかを試し、その結果、実際にリファーラルを獲得したとします。それもたくさんのリファーラルです。さて、その次は何をすればよいのでしょうか？　ただ座ってお金が流れ込んでくるのを待つ？　とんでもありません！　まだまだやることがたくさんあります。

リファーラルを獲得できたことはすばらしいことです。とはいえ、その見込み客が実際に購入するまで、あくまでそれは「潜在的な」売上にすぎません。あなたが顧客へと変えることができたリファーラルの数こそ、あなたの努力の成果を測る基準となります。この章とそれに続く4つの章では、その方法をお伝えします。リファーラルを生み出し、それを顧客やビジネスチャンスへと変える方法です。ここでは、リファーラルを生み出し、それを活用するための5つのステップをお伝えします。

1. リファーラル提供者の候補を見つける
2. リファーラル提供者とミーティングをする
3. 見込み客に対する下準備をする（リファーラル提供者が行う）
4. 見込み客とのコンタクトを開始する
5. リファーラル提供者に結果を伝える（それに報いる）

リファーラルネットワークを活用するには、上記の5つのステップが必要です。始めに5つのステップすべてを把握しておくことで、ここでお伝えしている方法を理解し、それを実行に移すのがずっと楽になります。この章では、1つ目のステップ「リファーラル提供者の候補を見つける」について解説します。

❖受け身にならず、能動的に！

リファーラルというのは、ほかの人を通じてしか生み出すことができません。確かに、この5つのステップからなる方法は、信頼関係が初期または発展途上にある段階でも効果を発揮します。とはいえ、基本的には、すでに強力な信頼関係があり、長期にわたってあなたと利害や関心を共有している相手に対して使うことを前提にしています。

この方法に関して最も重要なことは、受け身にならず、能動的にリファーラル提供者の候補を探すことです。もちろん、あなたの商品・サービスにニーズがありそうな人がいるという情報を聞いた時点からでも、この方法を実行に移すことは可能です。とはいえ、何もせずにリファーラルを待っているようではいけません。自ら行動して、リファーラルを見つける必要があります。生み出すリファーラルの質が高ければ、それだけ生み出されるビジネスの質も高くなります。

❖次の6つの条件を満たすリファーラル提供者を見つけましょう。

1. あなたを手助けしたいと思っている。あるいは、その気にさせることができる
2. あなたを手助けするために時間を割いてくれる。あるいは、その用意がある
3. あなたが頼もうとしていることをする力がある。あるいは、トレーニングすればできる
4. あなたを手助けするのに必要なリソースをもっている
5. あなたが顧客にしたい人たちとの人脈をもっている
6. あなたの人脈にとって、質の高いリファーラルとなる

長期的で持続可能な信頼関係を構築するには、以上の6つの条件すべてを満たしている必要があります。これまで次のような事業者をたくさん見てきました。それは、リファーラルをもらえても

よいはずなのに、なぜかリファーラルがもらえず、イラ立ちをおぼえる事業者です。彼らは表面上正しい行動を取っています。しかし、多くの場合で、相手との人間関係がＶＣＰプロセスのどの段階にあるのかを見誤っていたり、せっかく能動的に行動しているのに、相手に上記の６つの条件のどれかが欠けていたりといったことが判明します。

ここまで本書の内容を理解し、課題やアクションアイテムを達成していれば、リファーラルをビジネスに変えるために必要なことは、ほとんど完了しているといえます。あなたはすでにリファーラル提供者の候補を見つけているはずです。そして、彼らとの関係を強化するために、彼らのＧＡＩＮＳについてより多くのことを知り、自分のＧＡＩＮＳについても理解を深めたのではないでしょうか。そして、彼らから得たい特定の支援についても考えました。確かに、揺るぎない信頼関係自体、リファーラルを生み出す最良の要素です。とはいえ、あなたはきっと、それに加えてほかの戦略も活用することに決めたのではないでしょうか。相手のモチベーションを上げる最良の方法の１つは、このリファーラルを生み出すためのシステムを使って、彼らが自分の顧客やビジネスチャンスを獲得するのを支援することです。

❖ 初回のコンタクト

優れたリファーラル提供者の候補をリストアップしたら、次にすべきことは彼らに連絡を取り始めることです。彼らにメッセージを伝える最良の方法はなんでしょうか？　手紙がよいでしょうか、ＦＡＸがよいでしょうか？　直接会う約束をするのがよいでしょうか？　じつはどの形態でもうまくいきます。とはいえ、最初のコミュニケーションは電話で行うのがベストです。書面の場合よりも、より心が通った親しみのあるメッセージになります。それでいて、会って話をする方法に比べてお互いに手軽です。

電話をする前によく計画を立てましょう。カバーしたいトピックを決めておきます。次のことを忘れないでください。電話をする目的は、リファーラルを生み出す手助けを依頼することです。あなたの計画の概要を話し、さらに詳しい話をするために会う予定を決めることです。以下はガイドラインです。

●適切なあいさつと世間話で会話を始めます
●電話の目的や所要時間を伝えます
●少し話せる時間があるか、相手の都合を尋ねます
●本題に入る際は、相手にとって価値のあるオファーをします。たとえば、これから話す内容がどのように相手の役に立つのかを説明します
●あなたのビジネスのためにリファーラルを生み出す手助けをしてほしい旨を伝え、詳細について話すためにミーティングをしたいことを伝えます

●対面または電話でのミーティングを約束します
●目を通してほしい資料があることを伝えます（これについては次の章で説明します）

❖ 電話のスクリプトをつくる

スクリプトどおりに機械的に行う必要はありませんが、初回のコンタクトがどのような流れになるか想定しておくためには、スクリプトをつくるのが有効かもしれません。ここでは、マークスター博士という架空の人物を使って説明します。彼は、トルーディー・グロスマンという女性を、リファーラル提供者にしたいと考えています。トルーディーの友人にはエセル・クリアチャンネルというラジオのトークショーでインタビューアーをしている女性がいます。マークスター博士は自分が書いた本のプロモーションをするためにラジオのトークショーで彼女にインタビューしてほしいと考えていました。トルーディーならエセルに話をつけることができるかもしれません。以下は、電話のスクリプトの例です。

あいさつ：「もしもし、トルーディーさんですか？　マークスターです」

世間話：「お元気ですか？……ご家族の皆さんは元気にしてますか？……週末はどこかお出かけに

なりましたか？……」

目的：「トルーディーさん。じつはちょっとお願いがあってお電話しました。新しく本を書いたのですが、その本の宣伝のために、ラジオショーでインタビューを受けたいんです。力を貸していただけませんでしょうか？　それと、今回お電話したのは、もう1つお伝えしたいことがあったからです。トルーディーさんがお仕事の紹介をもらううえで、役立つお話しがあるんです。簡単にですが、大まかなアイデアをお話ししたいと思います。そのうえで、ご意見を聞かせていただければと思います。今、少しだけお時間ありますか？　もしご興味がありましたら、後日お会いして詳細をお話しします。（相手の了解が得られたら続けます）」

概要：「ご存じだと思いますが、紹介はビジネスを生み出す最良の方法です。最近、ある本を読んだのですが、その本の中で、アイヴァン・マイズナー博士とマイク・マセドニオ氏が考案した、体系的に仕事の紹介を生み出す方法を知りました。顧客やビジネスチャンスを引き付けるうえで役立てようと、わたしも計画を立ててみました。実践的でよく考えられたものになっていると思います。もし興味がありましたら、トルーディーさんにも、このシステムを活用する方法をご紹介したいと思いますが、いかがでしょうか？（相手が興味を示すなら続けます）」

ミーティング日程を決定：「よかった。では、できるだけ早いうちにお会いしたいと思います。たとえば、来週か再来週はどうでしょうか。わたしのアイデアをお話しいたします。1時間くらいで考えています。いつがご都合よろしいでしょうか？」

会話の終わり：「では、トルーディーさん。お話ししたい内容の概要と、仕組みを理解していただくうえで役に立つ資料をお送りします。明日か明後日には手元に届くと思います。お会いする前に何か質問などあれば、ご遠慮なく電話してください。お話しできてよかったです。では、ミーティングは○月○日○時○分ということでお願いします。お会いするのを楽しみにしています」

❖ 第1段階を完了

上記のガイドラインとサンプルのスクリプトに基づき、リファーラル提供者になりそうな人との初回のコンタクトの大まかな流れをまとめてみてください。行動に移すためのプロセスについて、残りの4つのステップを確認したら、スクリプトを推敲し、早速電話をかけ始めましょう。

❖「ツボ」になるリファーラルパートナーを見つける

この本を読み進めていく過程で、ビジネスを構築するためのさまざまなリファーラルにつながる関係性について話をしました。リファーラル・マーケティングのプランに磨きがかかってくるころには、リファーラルによる成功に大きな影響を及ぼす人物を特定したり、彼らとの信頼関係を構築したりし始めるはずです。多くの場合、これらの信頼関係の相手となるのは、私たちが「リファーラルパートナー」と呼ぶ人たちです。これに当てはまるのは、前述の6つの条件すべてを満たし、あなたと利益のレベルの信頼関係にあるような人たちです。これらが「ツボ」になる人たちです。

以下の図は、リファーラルのチャンスを同心円で表したものです。一番外側の円がリファーラルソース（リファーラル提供者となり得るすべての事業者）を表しています。第13章で、8種類のリファーラル提供者の候補を特定しました。これらの人はすべて、あなたにリファーラルを提供してくれるかもしれない人たちです。

そのさらに内側の円は、コンタクトサークルに属する人たちです。前にお話ししたとおり、コンタクトサークルとは「お互いに競合せず、補完関係にあるビジネスや職業で構成するグループ」のことです。

そのさらに内側の円は、第13章でお話ししたパワーチームに属する人たちが含まれます。パワーチームは、あなたが信頼関係をもっている人たちのうち、あなたのコンタクトサークルに含まれ、積極的にリファーラルを提供し合っている人たちです。

一番内側はリファーラルパートナーです。彼らは、リファーラル提供者の6つの条件すべてを満たす人たちです。数人のリファーラルパートナー（6つの条件すべてを満たし、あなたとの信頼関係がVCPプロセスの利益（P）の段階にある）がいるだけで、ほとんどの事業者は驚くほどのリファーラルを獲得することができます。これもまた、リファーラルマーケティングが「シンプルだが簡単ではない」部分の1つです。とはいえ、「ツボ」に焦点を当てれば、適切なリファーラルパートナーを見つけることができるでしょう。

リファーラルネットワーク

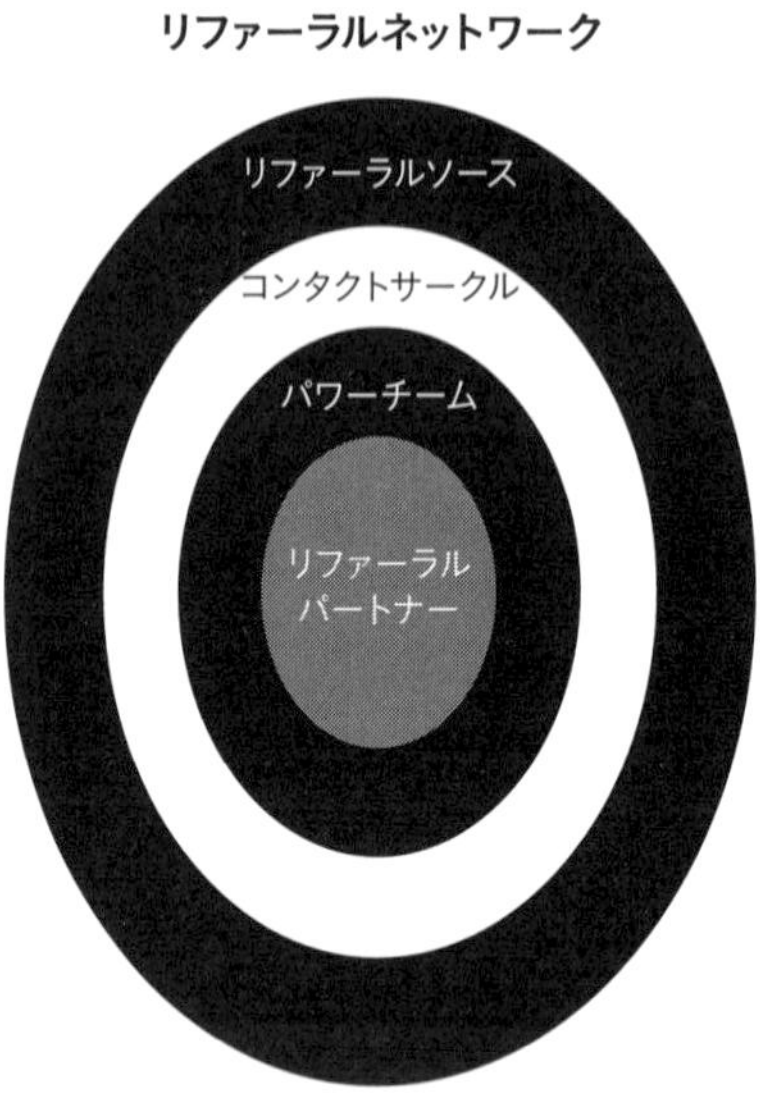

8つのリファーラルソース

1．あなたの「コンタクトサークル」にいる人
2．満足した顧客・クライアント

3. あなたのビジネスから恩恵を授かる人たち
4. あなたがなんらかの取引をしている相手
5. 従業員・スタッフ
6. あなたがリファーラルを提供した相手
7. あなたにリファーラルを提供してくれた人
8. ビジネス・リファーラル・グループの仲間

❖ コンタクトサークル

コンタクトサークルとは「お互いに競合せず、補完関係にあるビジネスや職業で構成するグループ」のことです。

❖ パワーチーム

パワーチームは、あなたが信頼関係をもっている人たちのうち、あなたのコンタクトサークルに含まれ、あなたが積極的にリファーラルを提供し合っている人たちです。

❖リファーラルパートナー

6つの条件すべてを満たし、あなたとの信頼関係がVCPプロセスの利益（P）の段階にある人たちです。

1. あなたを手助けしたいと思っている。あるいは、その気にさせることができる
2. あなたを手助けするために時間を割いてくれる。あるいは、その用意がある
3. あなたが頼もうとしていることをする力がある。あるいは、トレーニングすればできる
4. あなたを手助けするのに必要なリソースをもっている
5. あなたが顧客にしたい人たちとの人脈をもっている
6. あなたの人脈にとって、質の高いリファーラルとなる

アクションアイテム

1. パワーチームに属する人をリストアップしましょう
2. リファーラルソースの6条件すべてを満たすネットワークメンバーをリストアップしま

す。

3. あなたのリファーラルネットワークに属する人で、リファーラルパートナーになり得る人をリストアップします。

4. 右の人たちと会って、リファーラルパートナーになる機会について話をします。

第21章

リファーラル提供者に対する下準備

ネットワークメンバーがあなたにリファーラルを出せるようトレーニングする

リファーラルをもらう際、たんにリファーラル提供者から見込み客の名前と連絡先を聞くだけだったらどうでしょうか？　しばらく時間を空けて見込み客にこんなふうに電話をするわけです。

「もしもし、○○さん。わたしは××と申します。△△さんから紹介されてお電話を差し上げました。わたしは会計士でして……」

おわかりかと思いますが、リファーラルに対してこんな対応をしているようでは、よい結果は期待できません。一方、リファーラル提供者から次のような支援を受けることで、リファーラルを顧客へと変えるチャンスが大きくなります。

●まずはリファーラル提供者から見込み客に連絡してもらい、相手のニーズを探ってもらう。適切なら、あなたから連絡があることを、あらかじめ伝えておいてもらう

●見込み客に、あなたやあなたのビジネスに関する情報を送っておいてもらう

- あなたと見込み客との関係を伝えておいてもらう
- あなたの商品やサービスについて簡単に説明し、推薦しておいてもらう
- 見込み客をあなたに紹介する段取りをつけてもらう
- あなたが見込み客にコンタクトしたあとに、フォローアップしてもらう

とはいえ、これらを実行に移してもらうには、あなたから頼む必要があります。そうでないと、リファーラル提供者は動いてくれません。それは、やりたくないからということではなく、これらの行動が大きな違いをもたらすことを知らなかったり、あなたやあなたのビジネスに関して十分な情報をもっていなかったり、あるいは、たんにこれらの行動を実行に移す方法を知らないだけだったりします。

❖ リファーラル提供者のために計画を立てる

あなたがすべきことはおもに次の2点です。

1. リファーラル提供者に対して、何をしてほしいか伝える
2. それに必要なものをすべて提供する

具体的には次のことをしてください。これはリファーラル提供者に対するあなたの責任です。

●ミーティングのアジェンダを用意する
●リファーラルを生み出し、それを顧客に変えるために、リファーラル提供者の側でどのような手助けができるのかを示す
●リファーラル提供者のために、見本となる手紙や印刷物を作成する
●リファーラル提供者が見込み客にコンタクトする際に使えるスクリプトやアウトラインを準備する
●彼らに何をしてほしいのか、明確に伝える
●文字入力作業など、事務的な支援を行う
●切手代、電話代、販促物に関する費用など、あなたに関して生じたあらゆる支出を支払う
●できるだけ彼らがあなたをサポートしやすい環境をつくる

では、これらの責任を果たすには、具体的に何をしたらよいのでしょうか。リファーラル提供者の候補にブリーフィングをするには、４つのステップで行います。

❖ ステップ1

支援を求めるためにリファーラル提供者の候補に最初の電話をする際、リファーラルを獲得するためのアプローチについて、あなたの考えを大まかに伝えておきます。

❖ ステップ2

対面でのミーティングを始める前に、情報と資料をまとめたパッケージを、リファーラル提供者の候補に送っておきます（電話でその旨を伝えておきます）。パッケージには以下のものを含めます。

- 事前打ち合わせのための包括的なアジェンダ
- リファーラル提供者の役割とあなたの役割を記述したもの
- アウトライン、スクリプト、その他の資料のサンプル

初回のミーティングの前に必ず電話をして、リファーラル提供者の候補がこれらの資料を受け取

ったことを確認しておきましょう。資料に目を通してもらうようリマインドします。たとえば、資料について質問が無いか尋ねることでリマインドになります。あらかじめその人が資料に目を通していれば、それだけあなたの「トレーニング」も迅速かつ円滑なものになります。

ステップ3

リファーラル提供者に対する教育とトレーニングを行います。各セッションは、フォーマルかインフォーマルかは問いません。また、1対1で行うか、何人かのリファーラル提供者を集めてクラスレッスンを行うか、どちらでも構いません。あなたの置かれている状況やスタイル、リファーラル提供者の候補のニーズに合わせてください。少なくとも最初のセッションについては、あなた自身がトレーナーを務めます。そのあとについては、優れたリファーラル提供者を選んで、彼らに新しいリファーラル提供者のトレーニングを手伝ってもらうのも、効果的かもしれません。もちろん、これらのトレーニングのコストは、あなた自身が負担します。

このステップ（リファーラル提供者の候補にブリーフィングするステップ）は、リファーラルプロセス全体の核心です。適当にやるのはやめましょう。ここでの目的は、リファーラルを生み出し、それを顧客に変えるために、彼らの側で手助けをする方法を伝えることです。

あらかじめ送っておいた資料をリファーラル提供者と一緒に確認します。ざっと手短に目を通します。トレーニングはなるべく1、2時間で終わるようにしましょう。もっと時間が必要な場合は、数日に分けて行います。リファーラル提供者に少しでも多くあなたの人柄やビジネス、彼らにできる支援の方法について知ってもらうようにしましょう。ただし、相手に貴重な時間を使わせすぎないようにしましょう。

リファーラル提供者をトレーニングするため、リファーラルインスティテュートの共同経営者兼副社長であるドーン・ライオンズは、ＢＮＩのカンファレンスでイブニングセッションを担当しました。リファーラルインスティテュートは各地域に展開するために、優れたトレーナーとコーチを探していました。カンファレンスに参加していたＢＮＩのディレクターは、最良のリファーラル提供者となります。説明会のセッションはおよそ2時間で、１００人以上のディレクターが参加しました。そのなかで、ドーンは参加者に次の情報を提供しました。

- リファーラルインスティテュートが提供しているプログラムの簡単な説明
- ＢＮＩのディレクターがリファーラルインスティテュートを支援する方法をリストにしたもの
- リファーラルインスティテュートがＢＮＩを支援する方法をリストにしたもの

質疑応答
行動計画の最終決定
結論

役割

「自分の役割リスト（抄）」

ミーティング前：

- ターゲットマーケットを選択
- 必要とする支援を特定

ミーティング中：

- リファーラル提供者向けのトレーニングを企画及び提供
- リファーラル提供者に、商品・サービスの補足資料を提供

ミーティング後：

- 必要な補足資料とすべての支出を支払うのに十分な資金（切手と電話代を含む）を提供

「お願いしたいことリスト（抄）」

- 見込み客に関する情報を収集して提供してもらう
- わたしに連絡を入れる前に、見込み客にコンタクトしてもらう
- 見込み客に情報を伝えたうえで、わたしの商品・サービスを推奨してもらう
- 情報をパッケージにして見込み客に送付してもらう

アジェンダのサンプル

導入
お礼の言葉
ミーティングの目的：

- リファーラルを生み出し、それを顧客に変えるためにお願いしたい支援を伝える
- リファーラル提供者として行動するために知っておいてほしいことを伝える
- リファーラル提供者に必要なツールの提供
- 行動計画の決定

アジェンダの概要
あらかじめ送っておいた補足資料のレビュー
ビジネスの発展に関する目標：

- 商品・サービスの概要
- ターゲットとするマーケット

得ることができるメリット
5ステップのシステムを使う利点
5ステップのシステムの仕組み：

- 定義
- 要件
- 5つのステップ

その他の支援方法
このシステムを活用することが、あなたにとってどのような手助けになるのか
推奨する行動計画

セッションは大成功でした。ドーンにとって、セッションは必要な支援を獲得するために役立っただけでなく、リファーラルインスティテュートのことや、その成功を支援する方法について、リファーラル提供者に理解を深めてもらううえで非常に効果的でした。ドーンは、次回のＢＮＩナショナルカンファレンス、ＢＮＩ国際カンファレンスで、同じようなセッションをする計画を立てています。

ステップ4

リファーラル提供者に対して、必要に応じてフォローアップの資料、情報、支援を提供します。電話や追加のブリーフィング、状況報告（とくに、リファーラル提供者が見込み客に最初の何回かの電話をかけたあと）などを通じて、トレーニングを継続します。そうすることで、次のような効果があります。

●自力で収集するのが難しかった重要情報を収集しやすくなる
●あなたの商品・サービスへの理解を深めてもらい、その価値をほかの人により上手に伝えてもらえるようになる
●あなたの商品・サービスに関する重要な質問に答えることができるようになる

あなたはきっと、こんなふうに思っているのではないでしょうか。「おいおい、自分のためにこれを全部やってくださいなんて、とても頼めないよ。トレーニングセッションを受けてもらう？ どう考えても、皆にそんな時間は無いし、こんなにたくさんの作業を頼むのは、無償で働けって頼むようなもんだよ」

最初に設定した条件を思い出してください。このプロセスは、長期的かつ強力なつながりや、ハイレベルの信頼関係、あるいは、お互いのメリットのために活動することへの同意がある場合を対象としていました。事実上、これらの人たちはあなたのインフォーマルなビジネスパートナーなのです。つまり、お互いのビジネスを手助けすべく無償で活動することに同意しているわけです。しばしば、このインフォーマルな同意が組織立てて行われることがあります。リファーラル組織はその一例です。

まだ明確な同意が存在しない場合は、リファーラル提供者になりそうな人に対して、リファーラルでビジネスを生み出すためのプロセスをシェアしたい旨を伝えましょう。あなたのビジネスのミッションと新規顧客獲得の方法の両方について、あなたが取り組んでいることを正確に伝えます。相手のビジネスについても同様のことが知りたい旨を伝えます。一石二鳥の効果が期待できます。

1. あなたは、相手から新規のリファーラルビジネスをもらえるようになる

2．相手は、リファーラルを生み出すプロセスを上達させ、あなたからリファーラルをもらえるようになる。

❖近道

人とのつながりには、これまで説明したような関係（フォーマルなトレーニングができるくらい親密な信頼関係）にはほど遠いものもたくさんあるはずです。それを時には一度も会ったことがない人からリファーラルをもらうこともあります。これらは極端な例としても、人間関係には幅広い種類があり、あなたやあなたの商品・サービスの情報を共有し、見込み客へ伝達してもらう際には、それぞれ違った方法が必要になります。また、以前に説明したモチベーション戦略の多くも、ある程度はリファーラル提供者へのトレーニングの一形態として機能します。

ここで、あなたの商品・サービスに関する有益な情報をリファーラル提供者に伝えるための方法（フォーマルな方法及びインフォーマルな方法）をご紹介します。これらの情報をリファーラル提供者が見込み客に伝えることは、リファーラルによるビジネスの増加につながります。

●リファーラル提供者に、あなたのマーケティング資料を吟味してもらいましょう。これにはチラシ、パンフレット、ビデオ、オーディオテープのほか、履歴書も含まれます。完成版ではなく、下書きを送ります。なぜなら、改良の余地がある点についてアドバイスしてもらうことは、彼らにあなたのビジネスのことをより多く知ってもらったり、あなたについて、より多くの事実をおぼえておいてもらったりすることにつながるからです

●彼らにニュースレターを送りましょう。ニュースレターの中で、相手にとってなじみのない話題に触れてもかまいません。相手からこのニュースレターの一部、さらには全部を、あなたとビジネスができそうな人に転送してもらえるからです

●プレゼンを行う際に、あなたの紹介を行ってもらえないか、リファーラル提供者に頼んでみましょう。質の高い紹介を行うために、あなたに関してさらに情報が必要になるはずです。あなたから追加資料を渡すことで手助けする約束をしましょう

●友人や仕事仲間（とくに新しい人）に、彼らのことをもっと知りたいという旨を伝えましょう。相手の仕事、職業、興味・関心、組織、人脈、趣味について情報を求めましょう。同時に、あなた自身のプロフィールを提供します。あなたの姿を見たことがない人のために、写真付きにします

●あなたについてもっと知ることができるイベントへ招待しましょう。たとえば、表彰セレモニー、オープンハウス、トレードショー、社交行事などが挙げられます。招待すること自体を通じて、あなたについて何かを伝えることができるようにしましょう。あなたがイベントの後援者であって、主役ではない場合、メインのプレゼンのあとで数分間、自分のビジネスについて

話をする時間をつくるようにしましょう。ファイナンシャルアドバイザーは、しばしばスピーカー（講演家）の後援をし、その機会に、併せて自分のサービスに関する簡単なプレゼンを行うことがあります

●あなた自身に関する情報を電話の自動応答メッセージに録音しておきましょう。ある事業者は次のようなメッセージを入れています。「お電話ありがとうございます。こちらは、チェスニーコミュニケーションズです。弊社はテレビのビジネス番組『ウインドーズ・オン・ストリート』を制作しています。ダビングサービスに関するお問い合わせは1を、映像制作に関するお問い合わせは2を、その他のお問い合わせは3を押してください」

●リファーラル提供者を招待し、相手が知っていることや、やっていることについて、話をしてもらいましょう。そうすることで、相手にあなたやあなたの組織について質問してもらうことにつながります

●リファーラル提供者にウェブページを訪問するよう伝えましょう。新しいウェブページの案内を送り、フィードバックをもらいましょう。相手があなたのビジネスを理解するうえで手助けになるような情報を含めるようにします

●メールの最後には、ニックネーム、役職、著書、表彰された実績などの情報を含んだ「署名」を入れます。このリストは10行以内にします。時々、内容を変更し、定期的にやり取りしている相手であっても、あなたについてより多くのことを知ることができるようにしましょう

●リファーラル提供者にアドバイスを求めます。相手が推薦の言葉をまとめることができるよう、背景となる十分な情報を適切に伝えましょう

以下は、筆者（マイク・マセドニオ）のメールの署名です。どのような情報を入れるとよいか、参考にしてください。

マイク・マセドニオ
ニューヨークタイムズ・ベストセラー作家
リファーラルインスティテュート代表・共同経営者
Creating Referrals For Life™
オフィス：707-780-8110
www.referralinstitute.com
mikem@referralinstitute.com
おかげさまで、リファーラルインスティテュートは、Entrepreneur's Annual Franchise 500 で、5年連続でトップ500に選ばれました。

あなたについて知る

ＧＡＩＮＳアプローチのところで学んだように、リファーラル提供者と知り合いになるための道は一方通行ではありません。あなたはリファーラル提供者のことをよく知っておく必要がありま す。これは、どのような見込み客を紹介してくれそうか予測する際や相手に自分のビジネスや業界の枠組みの中で動いてもらうために必要になります。一方、リファーラル提供者も、あなたの商品・サービスに適した見込み客を選び、あなたの強みや、その見込み客にとっての特定のメリットを伝えるために、あなたについて知っておく必要があります。

恩恵の享受もまた双方向です。よいリファーラルを提供してくれたリファーラル提供者が、あなたを手助けしたお返しをして、あなたの行動を通じて恩恵を受けるようにしましょう。これを達成するには、いくつかの方法があります。これについては、以降の章でご説明します。

アクションアイテム

リファーラル提供者に４つのステップでブリーフィングを行います。

ステップ1：支援を求めるために最初の電話をかける。リファーラルを獲得するためのアプローチについて、その概要を簡単にリファーラル提供者の候補に説明する。

ステップ2：情報と資料をまとめたパッケージを、リファーラル提供者の候補に送っておきます（電話でその旨を伝えておきます）。パッケージには以下のものを含めます。

- 事前打ち合わせのための包括的なアジェンダ
- リファーラル提供者の役割とあなたの役割を記述したもの
- 概要、原稿、その他の資料のサンプル

ステップ3：リファーラル提供者に対する教育と研修を実施

ステップ4：必要に応じて、リファーラル提供者に、フォローアップの資料、情報、サポートを提供する。

第22章

見込み客に対する下準備

リファーラル提供者がはじめて見込み客にコンタクトする

リファーラルネットワークを活用するための3つ目のステップは、リファーラルを顧客へと変えるうえで、最もその成功を左右する部分です。同時にこのステップは、プロセス全体の中で唯一あなた以外の人が実行します。見込み客に最初のコンタクトを行い、あなたから連絡がある旨を伝えるのは、見込み客と知り合いであるリファーラル提供者の役目です。あなたではなくリファーラル提供者から連絡をするのには確固とした理由があります。あらかじめ信頼できる第三者からあなたのことを聞いていれば、見込み客があなたの話を聞いたり、あなたから商品・サービスを購入したり、あるいは、あなたにビジネスの機会を提供したりする可能性がより高くなります。

リファーラル提供者が少しばかりリサーチ（見込み客があなたの商品・サービスを必要としているか、欲しているか、興味を示しているか）をすることで、この可能性はさらに高まります。リファーラル提供者は、あなたのビジネスが見込み客の役に立ちそうだと思えば、あなたのことを紹介します。もしそうでないなら、あなたの名前を出しません。

❖ 詮索好きになりましょう

リファーラル提供者が見込み客のことを調査する際は、質問をするのが最も有効な方法です。通常、あなたよりもリファーラル提供者のほうが見込み客から答えを聞き出しやすい立場にあります。ここでは第20章で使った例を用いて考えてみましょう。トルーディー・グロスマン（リファーラル提供者）が、スター博士のために、自分の友人でありラジオショーのホストを務めるエセル・クリアチャンネル（見込み客）に質問をするとします。たとえば、次のような質問です。

- ●ショーのゲストの選び方は？　最終決定をする人は？
- ●扱うトピックは？
- ●次の数ヵ月で扱う予定のトピックは？
- ●提案を受けられるか？　紹介できる人がいるが検討してもらえるか？
- ●ゲストが未定の日はいつか？

これらの質問に対する見込み客の答えを、リファーラル提供者から聞いておきます。そうすることで、あなた自身が見込み客にアプローチする番になったときに、どうすればよいのかをより明確につかめます。タイミングと状況とを見計らって、リファーラル提供者から見込み客に、あなたからの連絡があることを伝えてもらいましょう。

❖徹底したフォローアップ

リファーラル提供者は、見込み客と話をしたあと、書面でフォローアップします。そうすることで、あなたが見込み客にコンタクトする前に、見込み客にあなたのことをもっと知ってもらう機会を提供することができます。仮に、あなたについてリファーラル提供者から聞いたことを見込み客が忘れてしまっていても、これでリマインドすることができます。フォローアップの際には、カバーレターを添えたうえで、あなたの経歴やビジネスの内容を記したパンフレットなどの資料（2つ目のステップで入念に準備をしてリファーラル提供者に提供した資料）を送ります。

以下は、リファーラル提供者から見込み客へのフォローアップレターの例です。この例では、トルーディー・グロスマン（リファーラル提供者）が、スター博士のために、自分の友人でありラジオショーのホストを務めるエセル（見込み客）に手紙を送ります。

エセルへ

こんにちは。先日はお話しできて、とても楽しかったです。地域団体の副代表に指名されたそうで、おめでとうございます！　万事順調なようで何よりです。

マークスター博士の件で資料を送る約束だったので、資料を同封しました。話したとおり、彼はあなたのショーのゲストにピッタリの人物です。彼は最近、ほかのラジオのショーに出演して、目標達成のための戦略について話をしました。いつもどおり、活気があり、プロフェッショナルで、為になる話をしてくれました。同封した資料を見てみてください。

問題なければ、来週マークからあなたに電話で連絡するように伝えておきます。

それでは、また来月の朝食会で会いましょう。

２０１１年１月３日

トルーディー・グロスマン

❖フィードバックの提供

最後に、リファーラル提供者からあなたに経過を伝えてもらいます。電話、メール、ファックスなど方法は問いません。あるいは前述の例のように、見込み客へ送った内容を転送してもらう方法もあります。大切なことは、次にいつ、誰が行動するのかを明確にしてもらうことです。

リファーラル提供者にばかり仕事をさせているように見えるかもしれませんが、この仕組みがうまく機能するように舞台裏で働いているのは、あなただということを忘れないでください。また、リファーラル提供者にとっては、あなたの手助けをすることで、次のようなメリットがあります。

- 自分の仕事の用事以外で知り合いにコンタクトする機会になる
- その人との信頼関係を強化できる
- 金銭的な見返りを期待せずにリファーラルを提供したことでヒーローのようになれる
- あなたからお返しに手助け（リファーラルをビジネスに変えるための）をしてもらうことを期待できる
- リファーラル提供者として見てもらえるようになる

したがって、リファーラル提供者から支援を得ることには、お互いにとって大きなメリットがあります。より重要なことは、リファーラル提供者と力を合わせることで、1人でするよりも、遥かに大きな成果を得ることができるということです。

第23章

リファーラルを求める見込み客にコンタクトする

行動計画を実行に移し、結果を出しましょう

見ず知らずの人からリファーラルを求められたり、ビジネスの話をもちかけられたことはありませんか？　マイアミのBNIメンバーであるミシェル・ヴィラロボスは、これを「時期尚早勧奨《じきしょうそうかんしょう》」（3回早口で言って見ましょう！）と呼んでいます。

わたしもミシェルと同意見です。実際、何度も「時期尚早勧奨」の被害者になってきました。

最近、あるビジネス・ネットワーキング・イベントでスピーチをしたときのことです。プレゼンテーションの前に、ある人が近寄ってきて（文字どおり接近してきました）、次のように言いました。「こんにちは、お目にかかれて光栄です。リチャード・ブランソンをご存じですよね？　わたしは、専門的なマーケティングサービスを提供していまして、彼のヴァージン・エンタープライズ社の役に立てると確信しています。ぜひ、わたしのことを彼に紹介していただけないでしょうか。わたしのサービスがどのように彼の会社の役に立つのかプレゼンをした

いと思っています」

わたしは内心次のように思いました。

「正気ですか？　会ったばかりでなんの信頼関係もない人を、たった数回しか会ったことがないリチャード卿に紹介するんですか？　それも、私自身が使ったことのない得体の知れない商品・サービスを、あなたが彼に売り込むために。いやいや、絶対お断りです」

幸いこの発言はなんとか心に押し留めることができました。もう少し柔らかい表現で、次のように答えました。

「こんにちは、わたしはアイヴァン・マイズナーと申します。申し訳ありませんが、お会いするのははじめてですよね？　もう一度お名前をよろしいですか？」

これで、相手に「はっと」させるのには十分でした。彼の「勧奨」は少しばかり「時期尚早」だったのです。わたしは、自分がいつも知人に事業者を紹介していること、ただし紹介するのは、その事業者と長期的な信頼関係を構築してからだ、ということを説明しました。彼は礼を言って、次の被害者のところへと去って行きました。

アイヴァン・マイズナー

ネットワーキングは、ハンティング（狩猟）ではありません。ネットワーキングは、ファーミング（農耕）です。それは、信頼関係を育むことです。「時期尚早勧奨」をしてはいけません。これをおぼえておくことで、より優れたネットワーカーになれます。

ネットワーキングにおけるハンティングのアプローチに対しては、ほとんど普遍的ともいえる嫌悪感があるはずです。その一方で、少数ながら、それを優れたネットワーキング手法だと思い込んでいる人がいるということを思い知らされることもあります。

驚いたことに、筆者（アイヴァン・マイズナー）がEntrepreneur.comのために書いた記事に対して、オンライン上で次のようなコメントを付けた人がいました。

「紹介を頼むのに、別に信頼関係は関係ないと思います。必要なのは、その商品やサービスが見込み客の役に立つということを説得できるストーリーです（中略）その人と信頼関係を育んでいるかどうかは関係ありません。なぜなら、より重要なことは、あなたが、過去に知人に紹介をして、それによって彼らにメリットもたらしてきたということです。紹介を受ける人に、正真正銘のメリットがあるなら、問題は無いように思います（中略）何を紹介しているかが重要であって、紹介を求める相手との信頼関係が重要なのではありません。すばらしいものを知人に紹介するのを拒否するなんて、できないですからね」

なんと言ったらよいのでしょうか。信頼「関係」は関係ない⁉　優れたストーリーと、商品・サービスがあれば十分だそうです。それを相手に伝えれば、相手はあなたのこと（その人にとって、あなたは赤の他人かもしれません）を自分の良き知人たちに紹介する義務が生じるというのです！ほんとうでしょうか？　ほんとうに皆こんなふうに考えているでしょうか？　このコメントを書いた人によると、ビジネスを求めている人物を知っている、または信頼しているかどうかは関係が無いそうです。その人物が優れた商品（彼が言うところの）を提供していれば、その人を知人に紹介するべきだというのです。なぜなら、そうしないことは、「すばらしいもの」を知人に紹介することを「拒否」することになるからだそうです！

「時期尚早勧奨」に反対するネットワーカーの皆さん、団結しましょう！　これは決してよいネットワーキングの方法ではないと、人々に教える必要があります！

求めなさい。そうすれば、与えられる

リファーラルを受け取るためには、リファーラルを求めないといけません。とはいえ、問題はその方法やタイミングです。リファーラルを求めるには、どのタイミングがよいのでしょうか。リファーラルを求めるのに適したタイミングは、リファーラルを提供するための信頼関係が、お互いに信頼（C）の段階になったときです。ネットワーキングが友人や家族を遠ざけるような仕組みになってはいけません。商品・サービスを購入する際には、お互いの信頼関係が大切ですが、それはリ

ファーラルを求める際にも同じことです。

❖リファーラル提供者からの紹介に基づいてビジネスを構築するための5つのステップ

1．未来の顧客との最初のコミュニケーション

リファーラル提供者が役割を果たしてくれたとしましょう。いよいよ、見込み客にコンタクトするときがきました。ただし、気をつけてください。最初のコンタクトの目的は、販売をすることではありません。また、あなたのビジネスについて質問が無いか尋ねることですらありません。自分の商品・サービスを紹介するのは、相手から求められた場合だけにしましょう！

見込み客との最初のコンタクトの目的は次のとおりです。

- 信頼関係の構築を始める
- 見込み客をよりよく知る
- 見込み客に自分のことをよりよく知ってもらう
- 次回コンタクトするための足がかりにする

●見込み客がリファーラル提供者の言っていたとおりの人物か見極める

コンタクトする前に宿題をしましょう。やることがないなら、リファーラル提供者が、あなたの代わりに見込み客とやり取りしたメールをすべて転送してもらいましょう。リファーラル提供者に、見込み客にコンタクトするベストな方法を聞きましょう（電話？ 手紙？ メール？）。

2. 顔を合わせる

リファーラル提供者からゴーサインをもらったら、チャンスが逃げないうちに行動しましょう。72時間以内に見込み客とコンタクトを取ります。リファーラル提供者も参加できるなら、対面でミーティングをするのが最も効果的な方法です。リファーラル提供者からあなたのことを紹介してもらいましょう。紹介といっても、「ハリー、こちらがジェリーです。ジェリー、こちらがハリーです」というだけでは不十分です。リファーラル提供者には、あなたの人柄やビジネス、商品やサービスについて、もっと詳しく説明してもらう必要があります。たとえば、次のようになります。

「ハリーさん（見込み客）。こちらが、こないだのクラブミーティングでお話したヴィックさん（あなた）です。ヴィックとわたしとは5年以上の知り合いなんです。ここ2年ほど、旅行の手配はすべて彼にお願いしているんですよ。彼のおかげでどれほどお金の節約になったかわからないほどです。空港のラウンジでの待ち時間の短縮は言うまでもありません。ヴィックは、地域でも活躍してるんですよ。次回の商工会議所のミーティングで、その貢献を讃えて、彼を表彰をする予定です。彼は優れたゴルファーでもあります。冬にはよくスキーをしています。でも、足を折ったという話は聞かないので、ほんとうかわかりませんけどね！」

「ヴィックさん、ハリーはわたしにとって、15年来のお得意さんなんですよ。彼の娘さんとわたしの娘は同じ学校に通っていたんです。3年前には彼女の結婚式でケータリングをやらせてもらいました……」

初回のコンタクトの際に、見込み客はあなたのことを見ています。リファーラル提供者から聞いているような熱意や配慮のある人物かどうか、明確で率直な話し方ができるかどうか、知的かどうか見ています。通常はあなたの商品・サービスに急ぎのニーズがないかぎり、疑問点があっても、最初のミーティングで質問してくることはないでしょう。

3．書面で連絡する

見込み客との最初のミーティングを対面で行うことができなかった場合は、リファーラル提供者にしたのと同様、電話よりも手紙、はがき、メールなどを書くのがよいでしょう。文章なら、見込み客について学んだことを踏まえ、より冷静に自分の考えを伝えることができます。見込み客に対して、相手のことを知りたいと思うほど興味をもったということを伝えることで、信頼関係の構築につながります。あなたの商品・サービスにニーズがあるということだけでなく、彼がダウンタウン・エグゼクティブ協会のメンバーであるということや、「トムがあなたを優れたチェスプレイヤーだと言っていた」といったことを伝えます。直接会いたい旨を伝えます。お互いにとって都合のよいアポイントメントをするために、あらためて電話で連絡する旨を伝えます。なお、リファーラル提供者から事前に送っておいた資料を相手が読んでいる、またはおぼえていることを前提にするのはやめましょう。

リファーラル提供者の名前を挙げます（相手が知っている名前を挙げます）。たとえば次のようになります。

グレンさん

あなたの生徒さんであるジョアン・アーヴィンさんからあなたのことを紹介され、お手紙を差し上げたしだいです。ジョアンさんによると、あなたは熱心な蝶の収集家だとか……。

最初の手紙には、ビジネスの資料や名刺を入れないようにしましょう。封筒などの備品に正確な連絡先情報を入れておき、見込み客があなたに連絡できるようにしましょう。相手のことを、主として見込み客として見ているという印象を与えてしまうことは避けましょう。

見込み客が同意すれば、ミーティングの予定を立てます。いずれにせよ、追加で情報を提供することを提案します。そして、見込み客が望むようであれば、すぐに送ります（リファーラル提供者に文面を転送することを忘れないでください）。

4．電話をかけるタイミング

リファーラル提供者に確認し、ベストなタイミングをアドバイスしてもらったうえで、電話で見込み客にコンタクトします。

「こんにちは、クリアチャンネルさん。わたしはマーク・スターと申します。トルーディー・グロスマンさんからの紹介でお電話しています」

「ああ、どうも、マークさんですか。トルーディーから話を聞いてます。トルーディーは、あなたの本をとても気に入っていたようですよ。ぜひわたしのショーに出演していただけませんか？　再来週、わたしのスタジオにお越しいただけませんか？」

このような状況になることは（当然）あります。見込み客があなたとビジネスすることを即決する場合です。よく下準備をしてあれば、そして、運がよければ、最初の電話で努力の成果が実ることもあるのです。とはいえ、大体において、見込み客は（紹介の場合ですら）、さらに時間を必要としたり、あなたの商品・サービスについて、後日話をしたいと言うかもしれません。それでも、営業電話や大量広告、ダイレクトメール・キャンペーンで最初にコンタクトする場合よりはずっと見込みがあります。

5. フォローアップ

信頼関係を構築するには、初回のコンタクトからあまり時間を空けずにフォローアップを行うことが肝心です。72時間以内に、見込み客に対して、連絡できてよかった旨を伝えます。ただし、ビジネスの資料を送ってセールスのプロモーションへと進めるにはまだ時期尚早です。

フォローアップは迅速に行いますが、相手が不快に思うレベルになってはいけません。見込み客があなたの商品・サービスに興味を示したら情報を提供します。ただし、強引な態度を取ってはいけません。商品・サービスのプレゼンを継続しますが、強引な売り込みは避けましょう。相手のニーズや興味を満たすことに集中します。めざすのは、相手に不快感を与えることなく、あなたのビジネスのことをおぼえておいてもらうことです。

次のことを忘れないでください。見込み客の長期的なロイヤルティーを確保し、顧客に変えるためには、まず信頼関係を構築する必要があります。そして、信頼関係は、認知、信頼、利益のステップを経る必要があります。時間がかかるかもしれませんが、よいリファーラル提供者を選び、よくブリーフィングを行っておけば、そして、前述の5つのステップからなるアクションプランを最大限に活用することで、プロセスを加速させることができます。

第24章

リファーラル提供者への感謝とお礼

ネットワークのメンバーにフィードバックとインセンティブを提供しましょう

リファーラルネットワークを活用するための最終ステップは、リファーラル提供者に対して経過（リファーラルを受け取って以降のすべての出来事）を報告し、感謝の気持ちを伝えることです。リファーラル提供者に感謝の気持ちを伝えたり、お礼をしたりすることはとても大切です。リファーラルが実際の売上につながったあとはもちろん、その前の段階でも行います。本章では、このプロセスを2つの部分に分けたうえで、それぞれを実行に移すための仕組みをつくる方法を説明します。1つは、結果を報告するための仕組み、もう1つは、リファーラル提供者に感謝を伝え、お礼をするための仕組みです。

❖結果を報告する

結果の報告は、定期的かつ体系的に行うようにしてください。まず、共有したい情報の種類を決めます。次に、その情報を収集する手段を確立します。これについては、Relate 2 Profitやその他のコンタクトマネジメントシステムで収集したデータに基づいて行います（それ以外の方法で収集している場合は適切な形式にデータを修正します）。次に、結果を報告する手段（電話で行うか、ファックスで行うか、はがきや手紙で行うか）を決めます。どの方法で行うにせよ、必ず次のことを行ってください。

1. 経過を簡単に報告する
2. 次にあなたが何をするのかを伝える
3. 随時経過を報告することを約束する

3番目は重要ポイントです。リファーラル提供者に、あなたから定期的に連絡があることを承知しておいてもらう必要があるからです。約束することで、相手に期待しておいてもらうわけです。これは、定期的に相手に連絡する義務が生じることを意味します。約束を守るようにしましょう。信頼関係を利益（P）の段階にもって行くには、まず認知を超えて、信頼へと発展させる必要があります。次のように言うと、信頼関係の強化につながります。「随時経過を報告する約束だったと思います。その後の状況ですが……」。次のことを忘れないでください。約束を破ると、せっかく構築した信頼関係に傷をつけることになります。

信頼関係を強化するためには、見込み客以外の話題でも電話やメールをするようにしましょう。あなたの私生活や仕事に関する近況を伝え、同時に相手のことも尋ねます。ときどき、心のこもった小さな贈り物をしたり、何かを無償で提供したりしましょう（インスピレーションを与えるメッセージ、商品サンプル、記事、その他、あなたが書いた最新の著書など）。

リファーラル提供者に結果を報告することには多くのメリットがあります。

●さらなる支援を期待できます。あなたが次にすることを知らせることで、相手から支援やアドバイスを受けるきっかけをつくることができるほか、情報収集のためのパイプラインを開いておくことができます
●見込み客とリファーラル提供者があなたの名前を目にする機会が増えたり、リファーラル提供者と見込み客とがより密に連絡を取るようになったりします。そして、2人があなたのことを思い出す機会が増えます。リファーラル提供者と見込み客が会った際には、きっとあなたの近況について話をするようになるでしょう
●リファーラル提供者との信頼関係強化につながります。なぜなら、経過報告の際にと、改めて感謝の気持ちが伝わるからです。誰でも感謝されればうれしいものです
●リファーラル提供者に、あなたの人柄やビジネスに対する理解を深めてもらうことができま

す。結果を報告することは、リファーラル提供者に対する教育になります。あなたに対する信頼と、あなたのために見込み客を見つける能力とを高めることができます

❖リファーラル提供者にお礼をする仕組みをつくる

リファーラル提供者に対して公平かつ効果的にお礼を行うためには、予測可能な仕方でそれを実行する必要があります。それには明示的かつ体系的に行うことを心がける必要があります。同じ行動に対して、お礼をするときと、しないときがあると、リファーラル提供者から、「不義理な人だ」「頼りにならない人だ」と思われてしまいます。一貫性のある仕方でお礼をするには、次のことを決めておく必要があります。

●いつリファーラル提供者にお礼をするか

質の高いリファーラルを受け取った際に行います。実際にビジネスにつながったものだけでなく、リファーラルとして認められるものすべてが対象となります。なぜなら、あなたがリファーラルをビジネスにつなげる能力をもっているかどうかや、見込み客に購買力があるかどうかに関わらず、リファーラル提供者が努力をしてくれたことに対して感謝を伝えることが目的だからです。

●どのような方法でお礼をするか

リファーラル提供者のGAINSを参照して、彼らが喜ぶ方法を見つけましょう。ただし、「謝礼の約束」は危険です。リファーラル提供者が謝礼を受け取る約束になっていることが見込み客に知れると、せっかくのリファーラルに水を差すことになりかねません。さらには、リファーラル提供者と見込み客との信頼関係、見込み客とあなたとの信頼関係を傷つける恐れがあります。

●予算はどれくらいか

予算内で、最も相手が喜ぶ贈り物とは？

●リファーラル提供者が最も価値を見いだすお礼とは？

本人が自分では購入しないようなものがよいかもしれません。ここでもGAINSに関する調査が大いに役立ちます。

●どのタイミングで、どのようにお礼を渡すか。

お礼とインセンティブを提供する仕方については、第28章で詳細に説明します。

アクションアイテム

1．Relate 2 Profitなどのコンタクト・マネジメント・システムを用いて、あらゆるビジネスチャンスの源泉を追跡します。

2. ビジネスにつながったリファーラルを提供してくれた相手に感謝を伝えるための仕組みを確立しましょう。

第25章 予算とスケジュールを立てる

時間と予算を割り振る

体系的なリファーラルマーケティングには、プランニングが不可欠です。リファーラルマーケティングに必要な時間と予算を見積もっておく必要があります。この章では、時間の見積もりを立てるためのステップ・バイ・ステップのアプローチをご紹介します。何を考慮に入れ、何に気をつけるべきかを説明します。そのあとで、予算についても類似のアプローチを説明します。

❖時間の見積もりと時間の割り振り

どのようなビジネスプランにおいても、時間の見積もり（どのくらいの時間がかかるのか、どのように時間を使うのか）が不可欠になります。リファーラルマーケティング・プランを実行に移す前に、そのための時間を確保できるかチェックする必要があります。それを把握しておかないと、次のようなリスクが生じます。

● 特定の活動に対して使う時間に過不足が生じる
● 時間管理ができなくなる
● 投資した時間に対するリターンが少なくなる、またはゼロになる
● 安易にあきらめてしまう

ここでは7つのステップで、体系的に時間の見積もりを立てていきます。

（備考：ここでご紹介する方法は、ステップ・バイ・ステップで予算を立てることに関心がある人向けです。あなたがこれに該当しない場合には、このセクションは飛ばしても構いません）

リファーラルマーケティングの「要素8」を完了するために必須なのは最初の2つのステップだけです。ただし、カレンダーにリファーラル提供者へのコンタクトのスケジュールを書き込むためには、ステップ7（要素9）も必要になります。より詳細なアプローチをしたい場合には、さらにステップ3〜ステップ6も実行します。

◎ステップ1：利用可能な総時間数を割り出す

キャンペーン〔訳注：リファーラルマーケティングに取り組む期間〕をどれくらいにするのかはあな

たしだいです。3ヵ月、6ヵ月、9ヵ月、12ヵ月、あるいはそれ以上かもしれません。その条件の下で、リファーラルマーケティングにどれくらいの時間を使うのか決めてください。100時間、200時間、350時間、あるいは500時間でしょうか。利用可能な時間が、あなたのリファーラルマーケティングの方向性と質を決めることになります。なぜなら、それが戦術、目標、リソース、ターゲットなどの選択肢に影響を及ぼすからです。

必要な時間の見積もりをするには、あなた自身やネットワークメンバーの経験から得られた実績をもとにしましょう。信頼関係の構築やネットワーキングに、去年どれだけの時間を使ったでしょうか？　最初のキャンペーンについては、そのような実績がないので、知識や経験に基づいた合理的な推測を行います。次からは今回の実績をもとに見積もりを調整してください。

時間の見積もりは、1日単位であったり、週単位であったり、月単位であったり、四半期単位であったり、12ヵ月単位であったりします。以下の例は12ヵ月単位の例です。6人のリファーラル提供者に120時間を割り振ります。

◎ステップ2：期間ごとに利用可能な時間を割り出す

期間ごとに利用可能な時間を割り当てます。ここでは120時間を月ごとに割り振っていきます。繁忙期がある場合を考えてみましょう。夏場と年末年始にはネットワーキングに使える時間があまりない想定です。

月	時間
1	12
2	12
3	12
4	12
5	10
6	8
7	8
8	8
9	12
10	12
11	8
12	6

より詳細なアプローチで時間の見積もりをしたい場合は、ステップ3〜ステップ6を実行します。その必要がなければ、ステップ7に進み、カレンダーに落とし込んでいきましょう。

◎ステップ3：時間をリファーラル提供者に割り振る

使える時間の合計を、各リファーラル提供者に割り振ります。私たちの例では、年間で合計120時間を、6人のリファーラル提供者に割り振る想定です。どのリファーラル提供者に重点を置くかによって、時間の割り振りは不均等になるかもしれません。

リファーラル提供者	時間
NO. 1	30
NO. 2	20
NO. 3	25
NO. 4	15
NO. 5	20
NO. 6	10
合計	120

最初は10人以下にしておくことをおすすめします。仕組みが整い、それが洗練されてきたら、人

数を増やしましょう。

◎ステップ4：リファーラル提供者ごとのコンタクト回数を決める

ステップ3で各リファーラル提供者に割り振った時間を考慮して、キャンペーン中、それぞれのリファーラル提供者に何回コンタクトするかを決めます。毎日、毎週、毎月、四半期に1回、半年に1回など、それぞれ頻度を決めます。もっとも、年に2回以下しかコンタクトしない相手は、主要なリファーラル提供者だとはいえないでしょう。

リファーラル提供者	時間	キャンペーン期間中のコンタクト回数
NO. 1	30	24（月に2回）
NO. 2	20	12（月に1回）
NO. 3	25	17（3週間に1回）
NO. 4	15	12（月に1回）
NO. 5	20	12（月に1回）
NO. 6	10	6（隔月に1回）
合計	120	

◎ステップ5：1回のコンタクトに必要な時間の長さを決める

ステップ3で決めたリファーラル提供者ごとの時間を、ステップ4で特定したコンタクトに割り当てます。ここでは、12ヵ月で30時間を割り当てたリファーラル提供者（No.1）に対して、24回コンタクト行うことにします。では、24回のコンタクトに対して、30時間をどう割り振ればよいでしょうか？　時間を均等に割り振る（全部が1時間15分のミーティング）というのは現実的ではありません。ここでは、単純化して1時間のミーティングを18回、2時間のミーティングを6回にしておきましょう。

リファーラル提供者	時間	キャンペーン期間中のコンタクト回数	
NO. 1	30	1h×18回	2h×6回
NO. 2	20	1.5h×18回	2h×4回
NO. 3	25	1h×9回	2h×8回
NO. 4	15	1h×9回	2h×3回
NO. 5	20	1.5h×8回	2h×4回
NO. 6	10	1.5h×4回	2h×2回
合計	120		

❖スケジューリング術

何回コンタクトすればよいでしょうか？　どれくらいの頻度で行えばよいでしょうか？　以下では、これらの疑問に答え、効果的で実りある信頼関係を構築する方法をご紹介します。

1. コンタクトの回数を増やす

信頼関係のレベルに関わらず、リファーラル提供者に対して、たくさんコンタクトすればするほど効果的です。長時間のミーティングを1回するよりも、短時間のミーティングを2回するほうが価値があります。1回1回のミーティングが信頼関係を強化する機会となるからです。信頼関係を進展させ、認知度を上げることができます。そして、相手はあなたのことをもっとおぼえてくれるようになります。

2. スケジュールには予測性を持たせる

リファーラル提供者と定期的かつ継続的に連絡を取りましょう。いつあなたからコンタクトがあるか、予測してもらえるように相手を「トレーニング」しましょう。これは、相手に前向きな期待をもたせる作戦です。たとえば、4半期の最初の週にいつも連絡をするようにすれば、相手はあなたから連絡があることを予測して、時間を確保しておいてくれるかもしれません。もし、連絡がなかったら、心配になってあなたに電話してくるかもしれません！

3．既存の活動と結びつける

新しい習慣をつけるのは容易なことではありません。よい習慣をつけるための最も手早く確実な方法は、既存の習慣と結びつけることです。

4．毎回のコンタクトを次回につなげる

ミーティングや電話を終える前に、次のコンタクトの日付を決めておきましょう。文字でやり取りする場合は、あなたから次の連絡がある日を書いて締めくくるようにしましょう（たとえば、「45日以内に情報を送ります」など）。約束をすることで、あなた自身がそれを実行に移す可能性が高まります。こうすることで、コンタクトを連鎖させ、毎回のミーティングを次へとつなげることができます。

5．自分から積極的にコンタクトする

あなたが支援を必要としているときに、相手が連絡をしてくれるとはかぎりませんが、自分の行

動はコントロールできます。積極的になって、リファーラル提供者と連絡を絶やさないようにしましょう。

6. 計画どおりに進める

リファーラルマーケティングが軌道に乗り、リファーラル提供者と連絡を取り合う習慣ができてくると、なかには自分からイニシアティブを取るリファーラル提供者が出てくるかもしれません。そのような場合も、あくまで自分が立てたコンタクトのスケジュールを守るようにしましょう。相手がイニシアティブを取ったコンタクトについては、自分が予定していたコンタクトにはカウントしないでください。自分の立てたスケジュールを守ることで、さりげなくリファーラル提供者に対してペースを設定することができ、計画から逸脱することを防止できます。

◎ステップ6：活動ごとの時間を決める

リファーラルマーケティングのプランを実行に移す際は、次の6つの活動のうち、少なくとも1つに時間を使うことになります。

活動	内容
調査	リサーチをしてニーズを見極める
計画	意志決定、予測する、予算を立てる、スケジュールを立てる
準備	アクションプランを実行に移すのに必要なツールとリソース（トレーニングを含む）を準備する
実行	目標を達成するために必要な行動（ミーティング、プレゼンテーション、電話、手紙など）
評価	結果のトラッキングと評価
その他	その他すべての活動

ステップ5で各コンタクトのために確保した時間は、前述の活動の少なくとも1つの活動のために使われます。たとえば、リファーラル提供者（No.1）に対する最初のコンタクトに2時間を割り当てた場合、前述の6つの活動に、それぞれ20分を割り当てることが考えられます。つまり、調査、計画、準備などにそれぞれ20分を割きます。とはいえ、現実的にはそれぞれの活動にかかる時間は異なってきます。最初のコンタクトでは、調査に30分、計画に45分、準備に15分、実行に30分ということもあります。

◎ステップ7：カレンダーに落とし込む

現実的かつ実行可能な時間の見積もりを立てたら、それぞれの活動に日時を設定します。カレンダーに信頼関係の構築及びリファーラルマーケティングに関するおもな活動をすべて書き込みます。これには後述の章で解説する、予測や評価に関する活動も含まれます。

❖コストの見積もりと分配

体系的な信頼関係の構築や、リファーラルマーケティングには、活動にかかるコストの見積もりも不可欠になります。手順は、時間の見積もりと同じです。最初の2つだけで、コストを見積もるアプローチとしては十分なものになります。これだけでもリファーラルマーケティング・プランの要素10を完了することはできます。より詳細なアプローチがしたい場合にはステップ3〜ステップ6を実行します。

◎ステップ1：利用可能な資金の総額を割り出す

どれくらい使える資金があるかということは、マーケティング活動に対する制約となります。コストの見積もりをするまでは、リファーラル・マーケティング・プランを実行に移さないようにしてください。まず、次の2つのこと行います。

●使う資金の額を決め、その範囲で戦略を選ぶ

または

●何をしたいか構想を練り、そのコストをカバーできる予算を立てる

ここでは後者のアプローチで12ヵ月のキャンペーンを計画します。総額5400ドルの資金、6人のリファーラル提供者の場合を考えます。

実際には、実績に基づいて予算の総額を決める必要がありますが、最初は知識や経験に基づく合理的な推測をすることから始めましょう。

●どのくらいの資金を使うことができるのか?
●ネットワーク仲間はいくら使っているか?
●カレンダーに予定した活動を完了するのにいくら必要か?
●類似の活動（セミナー、異業種交流、ビジネスランチなど）に去年いくら使ったか?

最初のリファーラルマーケティング・プランには相応の資金をつぎ込むようにしましょう。特定

の目的（リファーラルに基づくビジネスを増やすこと）に資金をつぎ込むことで、以前よりもずっと大きな効果が期待できます。

あとはリファーラルマーケティング・プランの期間ごとに時間を割り振るだけです（ステップ2）。さらに、ステップ3〜ステップ6を完了すれば、自分の見積もりが適切かどうか、よりはっきりとわかるはずです。もし適切でないなら、金額を調整して、適切な予算になるまでステップを繰り返しましょう。

◎ステップ2：期間ごとの利用可能な資金の額を割り出す

1ヵ月ごとに利用可能な資金（5400ドル）を割り振ります。時間の割り振りをしたときと同じように（繁忙期を想定）資金を割り振ります。

月	$
1	490
2	490
3	490
4	490
5	450
6	410
7	410
8	410
9	490
10	490
11	410
12	370

予算を立てるうえで、より詳細なアプローチをしたい場合は、次の4つのステップを完了します。そうでないなら、第26章へ進んでください。

◎ステップ3：リファーラル提供者ごとに資金を割り振る

5400ドルを6人のリファーラル提供者のために確保しましたが、今度はリファーラル提供者ごとに必要な金額を決めます。均等に資金を割り振っても構いませんが、リファーラル提供者ごとに使う時間が違ったわけですから、資金の割り振りも不均等になってくるはずです。

リファーラル提供者	資金
NO. 1	$1, 100
NO. 2	$1, 000
NO. 3	$1, 100
NO. 4	$800
NO. 5	$900
NO. 6	$800
合計	$5, 400

◎ステップ4：リファーラル提供者ごとのコンタクト回数を決める

このステップに見覚えがありませんか？　そうです。これは、時間の見積もりをした際の4つ目のステップと同じです。その際に決めた数字を使いましょう。

◎ステップ5：コンタクトごとの資金を決める

各コンタクトにいくら使いますか？　ここでは、リファーラル提供者（NO.2）に1000ドルを割り当てました。このリファーラル提供者とは、17回会う予定です。1時間のコンタクトが9回、2時間のコンタクトが8回の予定です。17回のコンタクトに1000ドルをどのように割り振ればよいでしょうか。次はその一例です。

コンタクトの長さ	1回のコスト	コンタクト回数	金額
1時間	$40	9	$360
2時間	$80	8	$640
合計		17	$1, 000

次に、どのコンタクトが1時間で、どのコンタクトが2時間なのか決めます。たとえば、最初のコンタクトには2時間をかけ、あなたの計画についてリファーラル提供者とじっくり話したいとし

ます。その場合、このリファーラル提供者との最初のコンタクトは80ドルの支出ということになります。

◎ステップ6：支出カテゴリーごとに資金を割り振る

リファーラル・マーケティング・プランを実行に移す際には、さまざまな種類の支出を伴います。たいていのリファーラル・マーケティング・プランには次の14種類の支出があることがわかっています。自分の状況に合わせて、カテゴリーの追加・削除を行ってください。

◎支出の分類

- 寄付／贈り物／後援費
- コピー代／印刷代／制作費
- 接待費
- 施設使用料
- 食費
- 会費
- 切手代
- 購読費

- 自己啓発費
- サービス料金（専門家、コンサルタントへの支払い）
- 備品・消耗品
- 電話・FAXなどの費用
- 交通費（旅費、宿泊費、駐車料金、タクシー代など）
- その他

アクションアイテム

1. これまでの章のアクションアイテムを見直しましょう。
2. 自分のリファーラルマーケティング・プランに、それらのアクションアイテムを書き込みましょう。
3. 各コンタクトのために確保（ステップ5）した資金を前述の支出カテゴリーごとに割り振りましょう。

第26章

リファーラルからの売上目標を立てる

行く手を見据えましょう

ここまでで、自分のビジネス及びネットワークの構造や構成、ネットワークの活用法、リファーラルマーケティングに必要な時間やコストについて、かなり見えてきたのではないでしょうか。次のステップは、少し先を見据え、目標設定をすることです。

現実的な目標を設定するには、まずは次の質問に答える必要があります。

- リファーラルマーケティングによって、自分のビジネスをどう変えたいのか
- 何件くらいのリファーラルを受け取りたいのか
- それらのリファーラルを、どれくらいの金額のビジネスにつなげたいのか
- その金額を達成するためには、何人のリファーラル提供者が必要か

大まかなところはすぐにわかるかもしれませんが、より正確な答えを出すには、経験に基づき、

体系的な方法で目標設定を行います。まずは、リファーラルやその他の源泉から得た売上額について、直近の売上期間を振り返ってみましょう（これが「参考期間」になります）。次に、リファーラルマーケティングの成果から期待する売上を決めます（これが予測期間の第1期になります）。この予測は次の4つの要素に基づいて行います。

- 受け取りたいリファーラルの件数
- 受け取りたいリファーラルの価値
- ビジネスにつながるリファーラルの割合
- 上記のリファーラル件数、金額を達成するために必要なリファーラル提供者の数

❖ 参考期間を分析する

最初にすべきことは、最近の営業期間について、これら4つの要素を分析することです。これをあなたの「参考期間」として使います。標準的には1年になります。ビジネスを始めて1年未満、または分析に必要な12ヵ月分のデータが無い場合は、3ヵ月、6ヵ月、9ヵ月など、より短い期間でもかまいません。

❖参考期間を定義する

まず、参考期間の終了日と開始日を決めます。終了日については、直近月の末日、または、会社の業績評価期間もしくは事業年度の末日に設定します。

終了日が３月31日で、分析期間が12ヵ月の場合、前年度の４月１日が参考期間の開始日となります（そして、今年度の４月１日が予測期間の開始日となります）。

❖参考期間の情報を記録

参考期間を決めたら、その期間の活動に関して、次の表にある10個の質問に答えていきます。まだ体系的なリファーラルマーケティングを行った経験が無い場合は、全部の質問に答えるのは難しいかもしれませんが、ひとたび予測期間（第１期）を経験すれば、それ以降は答えが出せるようになるはずです。

「参考期間についての質問」に対する答えを基準値として、予測を行います。１年後（あるいは自分が設定した期間の後）に、リファーラルマーケティングの実際の成果と、予測とを比較してみましょう。

参考期間に関する質問

開始日：2014/4/1　　**終了日：2015/3/31**

見込み客に関する質問

1.	マーケティング活動全般から生み出された見込み客の人数は？	50
2.	上記のうちリファーラルで生み出された見込み客の人数は？	30
	リファーラルが全体に占める割合（％）	60%

顧客に関する質問

3.	マーケティング活動全般から生み出された新規顧客の人数は？	15
4.	上記のうちリファーラルで生み出された新規顧客の人数は？	10
	リファーラルが全体に占める割合（％）	67%

売上に関する質問

5.	参考期間の売上額の合計は？	15万ドル
6.	上記のうちリファーラルで生み出された売上額は？	9万ドル
	リファーラルが全体に占める割合（％）	60%

リファーラル提供者に関する質問

7.	質問2で答えた見込み客をもたらしたリファーラル提供者の合計人数は？	20
8.	各リファーラル提供者がもたらした見込み客の平均人数は？	2.5
9.	質問4で答えた新規顧客をもたらしたリファーラル提供者の合計人数は？	6
10.	各リファーラル提供者がもたらす新規顧客の平均人数は？	2.5

売上予測					
商品／サービス	単価	販売数	売上高(A)	リファーラルから得る売上(B)	リファーラルからの売上が占める割合(C)
エグゼクティブコーチ	$200/時間	500	$100, 000	$70, 000	70%
レンタルCFO	$5, 000/月	10	$50, 000	$35, 000	70%
エグゼクティブサーチ	$2, 000	10	$20, 000	$20, 000	100%
エグゼクティブセミナー	$3, 000	10	$30, 000	$25, 000	83%
キャンペーン期間中の総売上：A.$200, 000　B.$150, 000					
リファーラルからの売上が総売上に占める割合: C. 75 %					

予測期間の第1期

次に、予測期間の第1期で達成したい目標を書き出します。参考期間に基づいて予測を行います。もし参考期間の終了日が2015年3月31日なら、予測期間は2015年の4月1日から2016年の3月31日になります。

予測をする際は、次の質問を使いますが、少し内容を変える必要があります。参考期間の答えを参考にしながら、適切な答えを予想していきます。たとえば、参考期間に30人の見込み客を紹介されたことがわかった場合（表の質問2）、予測では45人を目標にします（以下の予測期間に関する質問2）。これは50パーセントの増加（15/30 =0.50）です。

このワークシートから得た総売上額の予測は、あな

予測期間（第1期）

開始日：2015/4/1　　　　終了日：2016/3/31

見込み客に関する予測

1.	マーケティング活動全般から生み出す見込み客の人数は？	60人
	予測1：見込み客の増減（参考期間と比較）	+20%
2.	上記のうちリファーラルで生み出す見込み客の人数は？	45人
	リファーラルが全体に占める割合（%）	75%
	予測2：リファーラルが占める割合の増減（参考期間と比較）	+50%

顧客に関する予測

3.	マーケティング活動全般から生み出す新規顧客の人数は？	20人
	予測3：新規顧客の増減（参考期間と比較）	+33%
4.	上記のうちリファーラルで生み出す新規顧客の人数は？	15人
	リファーラルが全体に占める割合（%）	75%
	予測4：リファーラルが占める割合の増減（参考期間と比較）	+50%

売上に関する予測

5.	予測期間（第1期）の売上額の合計は？	20万ドル
	予測5：売上額の増減（参考期間と比較）	+33%
6.	上記のうちリファーラルで生み出す売上額は？	15万ドル
	リファーラルが全体に占める割合（%）	75%
	予測6：リファーラルで生み出す売上額の増減（参考期間と比較）	+6万ドル
	リファーラルが占める割合の増減（参考期間と比較）	+15%

リファーラル提供者に関する予測

7.	質問2で答えた見込み客をもたらすのに必要なリファーラル提供者の合計人数は？	30人
	予測7：必要なリファーラル提供者の増減（参考期間と比較）	+50%
8.	各リファーラル提供者がもたらす見込み客の平均人数は？（参考期間の平均を入れる）	2.5人
9.	質問4で答えた新規顧客をもたらすのに必要なリファーラル提供者の合計人数は？（参考期間の質問10の数字を参考にする）	6人
10.	各リファーラル提供者がもたらす新規顧客の平均人数は？（参考期間の平均を入れる）	2.5人

たのリファーラルマーケティング・プランの構成要素となります。ここでは、売上目標の合計を20万ドル（予測期間に関する質問5）とし、そのうち75パーセントにあたる15万ドルをリファーラルで獲得することにします（予測期間に関する質問6）。

「予測期間に関する質問7」に答える際に、各リファーラル提供者が期間内に生み出すリファーラルの件数は、参考期間と同じだと仮定してください。たとえば、各リファーラル提供者から平均5件のリファーラルによる見込み客を獲得していたとしたら、500人の見込み客をリファーラルで獲得するには、100人のリファーラル提供者（500÷5）が必要になります。もし、7000人の見込み客を獲得したい場合には、1400人（7000÷5）のリファーラル提供者が必要になります。

❖予測期間（第1期）が終了したら

予測期間（第1期）が終了したら、予測と実際の結果とを比較し、リファーラルマーケティング・プランの調整を行い、次の期の予測を行う準備をします。当初の予測とどのように違ってきたかを詳細に検証しておくことで、今後の予測をより正確に行えるようになります。

第2期の予測を行う際は、第1期を参考期間として、第1期のときと同じ要領で質問に答えていきます（以降の期についても同様）。

以上は、望む結果（各期間の終わりまでに達成する目標）を見定めるための最初のステップであり、リファーラルマーケティングにフォーカスと方向性を与えてくれます。また、成果を評価する際の基準にもなります。

アクションアイテム

前章で取りかかったリファーラルマーケティング・プランに、売上高の見込みを記入しましょう。

第27章

トラッキング（追跡調査）と結果の評価

自分のプランをモニタリングし、調整する

個人事業者であれ、組織であれ、マーケティングを行ううえでは、結果を測定することが不可欠になります。あなたのマーケティングプランも例外ではありません。人脈を賢く、効率的に活用するためには、まず自分のマーケティングがうまくいっているかどうか、どの程度成功しているか、改善の余地があるか、投資した時間やお金が収益につながっているか、といったことを把握する必要があります。

❖トラッキングはなんのため？（答え：利益につながるから！）

自分のビジネスの出所を知ることは、リファーラル・マーケティング・プランを実行に移すうえで不可欠です。リファーラルのトラッキングを行っている事業者は、たいていの場合、自分が「ど

のくらいのビジネスをリファーラルで獲得しているか」を答えることができます。とはいえ、「誰からのリファーラルなのか」「どのようにしてリファーラルをもらったのか」を尋ねられると、曖昧にしか答えられません。筆者は、これを「水面下にある氷山の一角」という風に表現します（次ページの図を参照）。目の前にいるお客さんや、損益計算書に載っている収入については、目に見える売上に含まれています。一方、目に見えないのが、水面下の活動、たとえば、リファーラルの提供や、スピーカーを務める機会、そのほか、他人に何かを「提供する活動」です。

リファーラルプロセスをトラッキングするための鍵は、「何を測るのか」を知ることにあります。リファーラルマーケティング・プランの効果を測定する際は、次の3つ項目を測定します。

1. ネットワーキング活動
2. 受領したリファーラル
3. 成約したビジネス

リファーラルプロセスのトラッキングを行っていない場合、ネットワーキング活動から、リファーラルの受領、最終的なビジネスの成約までの時間差を考えると、次のような問題が生じます。つまり、トラッキングをする仕組みをつくっていないと、どのネットワーキング活動が、最終的にビジネスの成約につながったのか、正確に把握できなくなってしまいます。

なぜ、リファーラルのトラッキングが重要なのかがわかったら、次は1つ目の項目である「ネットワーキング活動」の例を見ていきましょう。また、どのようにその成果を測定し、リファーラルプロセス全体の評価に反映するのかを説明します。ネットワーキング活動の模範的な例としては、相手が興味を示す記事を送る、感謝状を贈呈する、ランチミーティングをする、といったことが挙げられます。これらの活動の効率を評価するには、「ネットワーキング・スコア・カード」（360ページの図を参照）を使うことができます。ネットワーキング・スコア・カードは、ネットワーキング活動の計画、トラッキング、効果の測定を、週単位で行うためのツールです。

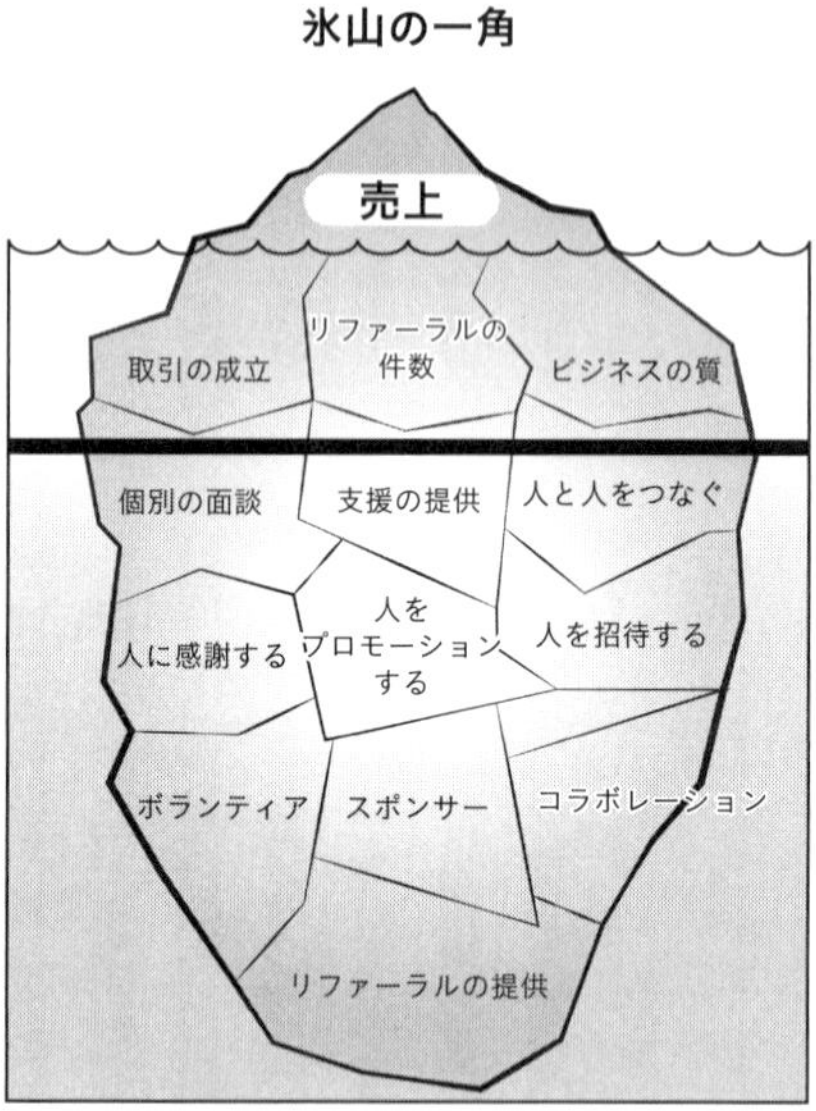

ネットワーキング・スコア・カードを記入する際は、次のことを念頭に置いておいてください。ネットワーキング活動に参加したからといって、必ずしもすぐに結果につながるわけではありません。多くの場合、ネットワーキング活

動には何週間、あるいは何ヵ月もの時間が必要です。リファーラルやビジネスの成約につながるまでに、タイムラグが生じるのが普通です。だからこそ、プロセスの追跡が必要になるのです。

◎ヒント#1

自分自身がプロセスを継続できるようにするために、ネットワーキングスコアカードの点数が一定の基準に到達するごとに、自分にご褒美をあげましょう。

測定すべき2つ目の項目は、受領したリファーラルです。これは、見込み客やリファーラル提供者へのフォローアップなどを、案件ごとに管理するうえでも役立ちます。

測定すべき3つ目の項目は、成約したビジネス（つまり、ネットワーキング活動とリファーラルがもたらした結果）です。これにより、たんに結果を測定するだけでなく、誰があなたにビジネスを提供してくれたのか、ビジネスを生み出すにあたっては、どの活動が最も有効だったのか、といったことを知ることができます。このように、成約したビジネスのトラッキングを行うことで、自分が投資した時間のうち、どの部分が結果につながったのかを知ることができるはずです。

REFERRAL™ INSTITUTE

ネットワーキングスコアカード

活動リスト	点数	4/21	4/22	4/23	4/24	4/25	4/26	4/27
カードやギフトの送付								
グリーティングカードを送付した	2							
ギフトを送付した	5							
相手が関心を持つ記事を送付した	5							
相手から依頼された記事を寄稿した	20							
電話								
人脈の 1 人に挨拶の電話をかけた	3							
リファーラル提供者とのミーティング								
個別面談をした（**認知**の段階の人）	5							
個別面談をした（**信頼**の段階の人）	10							
個別面談をした（**利益**の段階の人）	15							
ネットワーキング活動								
ネットワークイベントに招待した人の数（人数 × 点数）（ただし迷惑メールを除く）	1							
そのうち実際に参加してくれた人の数（人数 × 点数）	5							
モチベーションを上げる 18 の方法のいずれかを実践した	3							
プロモーションのための 15 の方法のいずれかを実践した	3							
スピーチの機会								
自分の人脈にスピーチの機会を提供した	15							
リファーラルの提供に関する活動								
リファーラルパートナーのためにビジネスを成約させた	10							
見込み客の具体的なニーズや関心を聴きだし、リファーラルパートナーが提供する商品・サービスについて、見込み客に適切に説明することができた	9							
見込み客の具体的なニーズや関心を聴きだし、3者による面談(自分、リファーラルパートナー、見込み客)を行った	8							
見込み客の具体的なニーズや関心を聴きだし、電話やメールを通じて、リファーラルパートナーと見込み客とのアポイントメントを取り付けることができた	7							
見込み客の具体的なニーズや関心を聴きだし、リファーラルパートナーから見込み客に連絡をする許可を取り付けることができた	6							
リファーラルパートナーを書面及び電話で見込み客に紹介した	5							
リファーラルパートナーを推薦する（体験に基づいて）手紙を見込み客に送った	4							
リファーラルパートナーに自分の名前を使うことを許可した	3							
リファーラルパートナーの資料、名刺、会社情報を見込み客に提供した	2							
リファーラルパートナーの名前と連絡先のみを見込み客に伝えた	1							
イベントでのコラボレーション								
ネットワークイベントに招待した人の数（人数 × 点数）	1							
そのうち実際に参加してくれた人の数（人数 × 点数）	5							
合 計								

◎ヒント＃2

受領したリファーラルをトラッキングすることで、リファーラル提供者に報いる機会につながります。これは大切なことです。なぜなら、それ無しには、あなたはただの「taker」（取っていくばかりの人）になってしまうからです。

ただし、次の点に注意が必要です。結果が出始め、売上がアップしてくると、ネットワーキング活動のペースが落ちる人がいます。これは大きな間違いです。いまはビジネスを獲得できているかもしれませんが、それで安心してはいけません。ネットワーキング活動からビジネスの成約に至るまでのタイムラグを忘れないでください。

優れたリファーラルプロセスを見出すためには、以上のような基本的で簡単なトラッキングの方法が有効です。

この仕組みを使って成功した事例をご紹介します。ビクトリア・トラフトンは、アリゾナ州で活動するプロのビジネストレーナーです。

彼女は、ネットワーキング・スコア・カードを用いて、毎週、自分の活動に点数を付け初めました。最初の週は、比較的低い点数から始まりました。最初の週は、わずか82点と低めでした。次の数週間で、意識的に活動を計画し、トラッキングを続けたことで、点数は毎週100点、そして、200点にまでアップしました。そして、自分が受領したリファーラルを記録し、やがてはそれらのリファーラルから得たビジネスも測定するようになりました。

◎ヒント＃3

一貫性のあるトラッキングを行うことで、ネットワーキングの正確な投資収益率（ROI）、リファーラルの価値、誰との信頼関係が最もリファーラルにつながっているのか、といったことがわかるようになります。自分の時間を適切な活動や適切な人物に使うためには、時間の見積もりを立てることが必要であり、それはネットワーキングの技術において最も重要な部分でもあります。

リファーラルのトラッキングに関するビクトリアの成功を裏付けるために、彼女の月々の平均がどのようになっているか見てみましょう。彼女はトレーニングのビジネスを開始し、リファーラルプロセスのトラッキングシステムを活用し始めて、まだ6ヵ月しか経っていません。彼女のネットワーキング活動を見ると、彼女は毎週200点を記録し、月に平均して27件のリファーラルを提供しています。また、9件のリファーラルを受領し、それに加えて3件のスピーチの機会を獲得していることがわかります。リファーラルのおかげで、ビクトリアは月に1万1000ドルものリファーラルによるビジネスを獲得していたのです！

以上は、リファーラルプロセスをトラッキングする方法の1つですが、ほかにもトラッキングの方法はあります。よくある質問としては、

「OK。わかりました。リファーラルプロセスをトラッキングすればよいのですね？　で、どうやってトラッキングするんですか？」

というものです。

答えは次のようになります。

あなたが実際に使う方法なら、なんでも構いません！

実際、前述のネットワーキングスコアカードを用いてリファーラルプロセスのトラッキングしている人もいます。あるいは、自分でスプレッドシートをつくっている人や、Relate 2 Profitのような一層洗練されたトラッキングシステムを活用している人もいます。

これらのツールをしばらくのあいだ、使用してみてください。もし、自分に合っていないようでしたら、あなたの目的に合うように適応させてください。あなたのリファーラルマーケティング活動をトラッキングし、評価する方法は、多種多様です。記録やアンケート、チェックリスト、そして、この本で紹介したプロフィール、このほかにも、コンピューターのソフトを使うこともできます。

おぼえておいていただきたいのは、「あなたが測定するものを、あなたは獲得する」ということです！

❖自分がどこに向かっているかを知る

大切なことは、結果をトラッキングすることと、自分のリファーラルマーケティングがどれくらいうまくいっているのかについて、最新の情報を把握することです。最初は、これらのツールを使うことが貴重な時間を取られるように感じるかもしれませんが無理もありません。ビジネスを維持するために必要なペーパーワークを好きな人は誰もいません。情報のレポートのように、どうせ放置状態になるようなものや、忘れてしまったり、お蔵入りとなったりしがちなものは、とくにそうです。しかし、そういう情報をトラッキングする習慣をつけ、変化に対して注意を払い適切に対応することで、これらのツールを使うことは楽になってくるはずです。そして、費やした時間に見合うビジネスの効率化につながるはずです。

トラッキングと評価のための徹底した仕組みがあれば、計画どおりに事が運んでいるかや、費用対効果などを知ることができます。あなたは、マネージャー、投資家、銀行、従業員に対して、あなたが焦点の絞れた、優秀なマーケティングのプロであることを示すことができるでしょう。辛抱強く、ぶれずに、同時にフレキシブルで想像力を豊かにすることで、最終的にはリファーラルに基づくビジネスを成功させることができるでしょう。そして、ほかの事業者の羨望の的になります。

アクションアイテム

1. 先週ほかの人のために行った活動をトラッキングしてみましょう。
2. 来週のネットワーキングスコアカードの点数について目標を立てましょう。

3．あなたの時間を、ＶＣＰプロセスが信頼（Ｃ）及び利益（Ｐ）の段階にある人たちと過ごす時間に優先的に使いましょう。さらに第13章及び第20章で特定した、コンタクトサークルやパワーチーム、リファーラルパートナーに時間を集中させることで、より戦略的に時間を使うことができます。

第28章

リファーラル提供者へのインセンティブ

リファーラルをもらう工夫

❖想像力を働かせる

リファーラルでビジネスを成長させるためには、リファーラル提供者に独自のインセンティブを提供することも有効です。これは、リファーラルマーケティングの仕組みを有効に活用するために大切な要素の１つではありますが、最も難しい部分でもあります。

従来、リファーラル提供者へのインセンティブは、仲介手数料という形で支払われてきました。喜ばれることも多い仲介手数料ですが、すべての局面で有効な方法だというわけではありません。金銭ではない独自のインセンティブの例として、筆者（アイヴァン・マイズナー）の体験談を紹介します。

随分前のことになりますが、わたしは定期的に通っているカイロプラクティックを訪ねました。じつはその何週間か前、最近事故にあった友人にこのカイロプラクティックを紹介していました。待合室に入ると、「先月、当院をお知り合いに紹介してくださった下記の皆様にお礼申し上げます」と書かれた掲示板が、ぱっと目に入りました。

とくに変わったところのない普通の掲示板で、いままでも変わらず待合室にあった掲示板ですが、1つ違いがありました。そこにわたしの名前が掲載されていたのです。名前が載っていたのをうれしく思いましたが、その後はとくに深く考えませんでした。数ヵ月後、再度そこを訪れたとき、掲示板からわたしの名前はなくなっていました。そのとき、反射的に頭に浮かんだことは、「掲示板にまた名前を載せてもらうために、ほかに誰かを紹介できるだろうか」ということでした。結果的に、わたしはもう1人紹介することができました。

このような方法は、すべての人に有効な方法ではないかもせれません。とはいえ、わたしには効果があったので、ほかの人にも効果を期待することはできるでしょう。大切なのは、できるだけ多くの人に使えるように、インセンティブの選択肢を用意することです。

インセンティブはなぜ大切か

ここでいうインセンティブとは、人があなたを誰かに紹介してくれるように促すものを指します。著者（アイヴァン・マイズナー）がカイロプラクティックで経験したようなインセンティブは、さまざまな医院で使用されています。この方法が有効な理由は2つあります。

1. 掲示板が、リマインダーの役割を果たします。患者は掲示板を見るたびに、その医院がリファーラルを求めているということを思い出します。
2. 努力を評価してもらうと、人はうれしくなるものです。

リファーラルが新規の患者につながった場合、リファーラル提供者に対して、診察を1回無料にするところもあります。その他の業種では、小さなギフトやワイン、花、あるいは自分の店舗や地域の別の店で使用できるギフト券を送るところもあります。

提供する商品やサービスの種類、またリファーラル提供者との関係によりますが、次のようなインセンティブを導入することもできます。

- 見積もり、サンプル、分析を無料で提供
- 追加の商品またはサービスを無料で提供
- 商品またはサービスの割引
- 商品またはサービスの時間延長

●電話によるサポート期間延長
●メンバーシップの延長または無期限のメンバーシップ
●限定または特別のメンバーシップの付与
●グループ割引
●延長保証
●関連する商品またはサービスの割引

ある先進的な起業家が、インセンティブに関するプログラムを考え出しました。既存の顧客が新規の顧客を紹介した場合、次回の注文に使用できる500ドルものクーポンを提供するというものです。新規の顧客を1人を得ることで数千ドルのビジネスが生まれていたので、500ドルで新規顧客が得られるのならば安いものです。

リファーラルのインセンティブとして割引や景品を提供する際には、1人の新規クライアントや顧客を自分でゼロから獲得するのにかかるコストを考えてみてください。新規顧客獲得のためのコストは、印刷物、広告、営業の電話、電話に費やす時間、ミーティング、人と会う約束など多岐にわたります。リファーラル提供者にインセンティブを提供する仕組みを活用するほうが、新規顧客獲得のためのコストを低く抑えられるのが、ご理解いただけると思います。

インセンティブを活用することは、既存顧客にさらに多くの商品を購入してもらったり、もっと

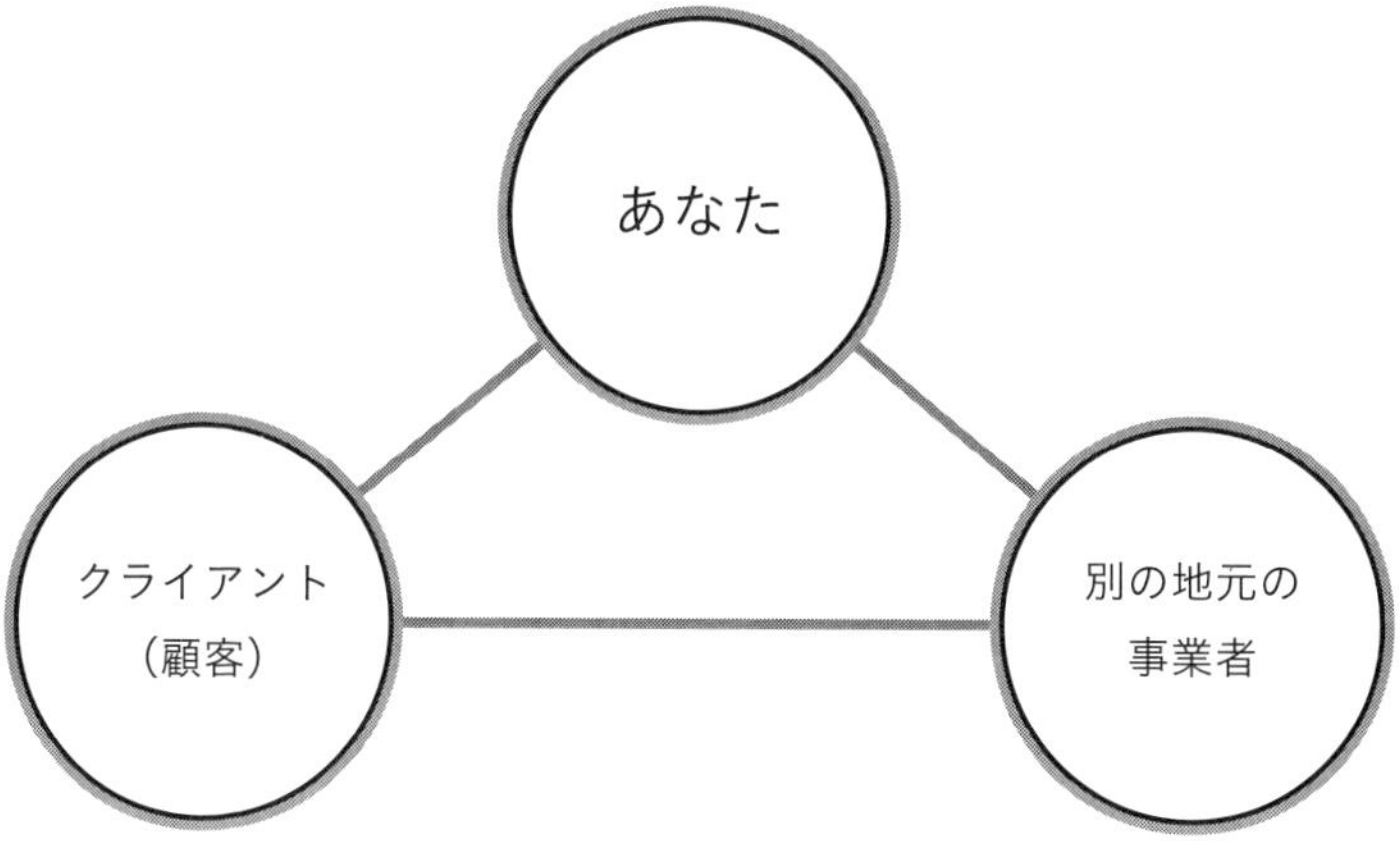

頻繁にサービスを利用してもらったりすることにもつながります。この場合も、通常と比べて、ずっと低いマーケティングコストや労力で済みます。

❖ インセンティブ三角形

「インセンティブ三角形」と呼ばれる手法が使用されるケースもあります。これは、あなたのクライアント（顧客）に利益をもたらすために、ほかの人のサービスをレバレッジとして活用する方法です。非常にシンプルなコンセプトであり、あらゆるビジネスに応用することができます。たとえば、あなたが小売店であれば、同じ地域のほかの店（たとえば生花店、印刷業者、電気店）とあらかじめ提携しておき、あなたの紹介でやってきた顧客には、次回の買い物で、たとえば10パーセントの割引を提供してもらうことにしておきます。そして、新規のお客さんを紹介してくれた既存のお客さんに、通常あなたが提供しているインセンティブだけでなく、提携店で使える割引券を提供するのです。

インセンティブ三角形は、参加する3つの関係者すべてが恩恵を受けることのできるジョイントベンチャーです。あなたにとっては、新規顧客を紹介してくれた既存顧客に対してインセンティブを上乗せして提供できるという点でプラスになります。提携する店にとっては、あなたが推薦の言葉と共にお客さんを紹介してくれるのですから、プラスになります。そしてあなたのお客さんは、通常あなたが提供しているインセンティブに加えて、提携店で商品やサービスを割引で購入できるというメリットを得ます。このタイプのインセンティブは、一部の業種では非常にうまくいきますが、すべての職種に適しているプログラムではないので注意してください。

効果的なインセンティブの仕組みを見つける

どのようなインセンティブの仕組みを使うにしても、インセンティブを提供すれば、リファーラルをもらえる可能性はアップします。そこで、あなたのビジネスにとって一番効果的なインセンティブの仕組みを見つけることが大切です。

そのためには、周りからのサポートと知恵を借りることです。その具体的な例を紹介しましょう。まず、典型的な顧客、クライアント、患者、仕事仲間、パートナー、友人などから10人程度の知人を集めて、ランチまたはディナーに招待します。どのようなインセンティブを提供すれば、リファーラルを通じてさらにビジネスを成長させることができるのかを、一緒に考えてもらうことが目的です。ミーティング中は、できるだけ多くメモをとるか、録音することを忘れないようにしましょう。2時間ほどの時間をあなたのために使ってもよいという人を招待してください（その際の食事は必ずご馳走してください）。

このグループミーティングに備え、事前に準備を行い、議題を事前に考えておきます。さらに、インセンティブのコストや期間、適切さなどの基準を決めておきます。メモ、質問票、サンプル資料、フリップチャートを用意し、話をスムーズに始めるためのアイデアも準備しましょう。特定の商品について話し合う場合は、実際のサンプルを用意し、ミーティングのメンバーが参考にできるようにします。

ミーティングの冒頭で具体的な課題をしっかりと説明します。あなたがターゲットとする特定の層に魅力を感じてもらえるようなインセンティブである必要があることを理解してもらいます。バラエティに富んだアイデアを求めていることや、その場で最終決定は下さない旨を説明しましょう。

❖ ブレインストーミング

ブレインストーミングは、アレックス・F・オズボーンが広告業界で使用するために開発した、クリエイティブな発想を促すためテクニックです。食事のあと、効果的なインセンティブに関するアイデアを出し合うための、ブレインストーミングセッションを実施します。進行役はあなたでも、あらかじめ指定しておいた人でも構いません。クリエイティブな発想を最大限に高めるためにも、オズボーン氏が提案する次の4原則をよく理解して、従いましょう。

1. 批判的にならない

アイデアの流れが途切れてしまう危険を避けるために、出されたアイデアに対する批判は、後にしてください。わたしの経験では、はじめてブレインストーミングを行った際、アイデアが出されるたびに評価しようとしたため、全体のセッションが長引いてしまいました。

2. 自由奔放な発想を歓迎する

アイデアは、突飛であるほどよいです。アイデアを抑え込むほうが簡単ですが、生み出すことは難しいからです。また、突飛な発想は、クリエイティブなソリューションにつながる傾向にあります。どんなアイデアも最初は、とくに誰の関心も引かないことが多いです。つまらなく見えるアイデアでも、ひと工夫を加えることで、魅力的で実現可能なアイデアに生まれ変わります。

3. 多ければ多いほど良い

アイデアの数が多ければ多いほど、優れたアイデアが生まれる可能性が高くなります。フリップチャートが2ページ目、3ページ目へと進んでも、ひるまないでください。最低でも12のアイデアを出してもらいましょう。そして皆がアイデアを出し尽くしたあと、じっくりと検討します。

4. 組み合わせと改善も忘れずに

参加者たちは、各自でアイデアを出すことはもちろんですが、どうすればほかの人のアイデアをより優れたアイデアにブラッシュアップできるかを考えることも大切です。また、複数のアイデアを組み合わせて、別のアイデアを生み出すことも必要です。それだけでは実現不可能なアイデアでも、組み合わせれば有効なアイデアになる場合もあります。

思いつくだけのアイデアを出したら、リストを1つずつ見直して、実際に議論可能な数まで絞り込みましょう。すべてのアイデアを検討し終えるまでは、どのように実現するかは気にしないようにします。リストの絞り込みが終わったら、絞り込まれたアイデアについて議論する時間を取り、ほかよりも優れていると思われるアイデアについて意見を交わします。そして最後に、実践するアイデアを選びます。

このプロセスは、フォーカスグループとして知られています。市場調査には何年にもわたって使用されているテクニックで、データ収集や市場関連の課題に関して徹底した調査を行ううえで有効です。

もしグループ内で活発な議論を交わすことができたら、セッションの終わりに、再度集まることを提案します。このようにすることで、2回～3回しか会わないフォーカスグループを、あなた独自の協議会へと進化させることも可能です。たとえ四半期ごとや、半年ごとといった頻度であっても、必要に応じて集まって、あなたが向き合っている課題について議論することには大きな価値があります。

❖クリエイティブなインセンティブ

優れたインセンティブの仕組みをつくるには、クリエイティブな発想が大切です。人間には、助け合いたいと思う性質があり、自分の努力が報われたと感じる場合は尚更そうです。もし紹介された人と話がうまく進んだら、紹介してくれた人には必ず連絡しましょう。その際はアイデアを凝らしましょう。

多くの事業者がクリエイティブなインセンティブを使って、リファーラル提供者に感謝の意を表しています。女性のコンサルタントが男性に花束を贈ったり、楽器店の店主がコンサートのチケットを贈ったり、ファイナンシャルプランナーが小銭入れやマネークリップを贈ったりしています。セントルイスに住むある会計士は、紹介してもらった人が新規クライアントになった場合、紹介者をペアでディナーに招待しています。しかも、必ず紹介者の家から1時間以上離れた場所にある高級レストランを選ぶのです。この方法で、彼はリファーラル提供者に自分のことをしっかり刻み込むことができるのです。というのも、1時間離れている場所ですので、ディナーに行く計画を立てる必要があります。わざわざ計画した予定ですから、2人の間ではその日が近づけば食事のこと、ひいては会計士のことが話題に出るでしょう。その後、この2人が会計士を必要としている誰かに出会ったとしたら、この会計士を紹介すると思いませんか？　筆者（アイヴァン・マイズナー）の経験からも、この要点を理解することができます。

北カリフォルニアで、わたしはある不動産業者と出会いました。彼は、過去6年間、リファーラルが売上につながった場合などは、１００ドルを仲介料として紹介者に支払っていると言っていました。これまで成功したリファーラルはたった12件程度であったため、何か別の方法を考えていると説明してくれました。

ワインで有名な地方に大きな土地を所有し、そこで暮らしていた彼は、自分のぶどう畑をつくり、ブドウを育て始めました。そこで彼は面白いことを思いつき、試してみることにしました。自分で育てたブドウを加工し、独自のビンテージワインの製造を始めたのです。最初の収穫のあと、グラフィックデザイナーにラベルのデザインを依頼し、美しいラベルを作成し、それぞれのボトルに添付しました。友人には、「そのワインは販売していない」と伝え、優良なリファーラルを提供してくれた人にプレゼントするようにしたのです。

その結果、最初の3年で、何十ケースものワインをプレゼントすることになりました。前述のとおり、仲介料でのインセンティブを提供していた際は、その倍の6年間で12件だけでした。ボトル1本あたりのコストは10ドル以下。それでも、この特別なビンテージワインは、100ドルの仲介料よりも、より売上につながりました。

この本の初版が印刷されてから約2週間後、その不動産業者から電話がきました。「本はもう印刷に回っているんですか」。わたしがそうだと答えると、彼は「なんだ、残念です。すごくよいニュースがあるんです」と言うのです。

「先週の金曜日、知らない女性から電話がきて、突然2件のリファーラルをいただきましたよ。わたしはその情報を書き留めながら、彼女がどうやってわたしのことを知ったのかを聞いたんです。彼女によると、友人の家で夕食をごちそうになった際に、ワインが出されたそうです。一口飲んだ彼女はワインをすごく気に入って、ワインをほめたそうです。どこで買ったか尋ねると、その友人は、売り物ではなくて、ある不動産業者にリファーラルを提供した人だけが入手できると彼女に伝えたそうです。そこで、彼女は、自分も紹介できるリファーラルが2件あるので、ボトルを2本もらえるか、友人に尋ねたそうです。もちろん、彼女にも喜んでワインを送りました。どっちのリフアーラルも売上につながったのに、それぞれにかかった費用はたったの10ドルですよ」

ワイン1本のようなシンプルなプレゼントが、リファーラルを提供するうえで大きなインセンティブになるということに、いつも驚かされます。とはいえ、それは単純な理由です。それはこのワインが特別だからです。非売品のワインでも、ビジネスリファーラルのように価値あるものと交換できれば、製造コストの10倍の価値があるということです。

❖ 身の回りの人へのインセンティブ

リファーラルを提供してくれそうな従業員、同僚、友人、親戚はいませんか。一緒に働いている人からのリファーラルに対して、私たちはインセンティブの提供を忘れてしまいがちです。異なるグループの人には、種類の違うインセンティブを提供する必要があるでしょう。従業員へのインセンティブは、クライアントやネットワーキング仲間へのインセンティブとは全く異なるもの、たとえば、ボーナスや休暇などを選ぶことになるかもしれません。

リファーラルでビジネスを大きく成長させようとしている人が一番苦労する点は、適切なインセンティブを見つけることかもしれません。もしあなたがそれで悩んでいるのであれば、よい方法があります。あなたの成功を心から望んでいる人の意見やフィードバックを聞くことです。

リファーラルをくれた人の功績をたたえることは非常に大切です。リファーラルマーケティングにおいて、考え抜いたインセンティブの仕組みは非常に大きな意味をもっています。

アクションアイテム

1. 売上につながったか否かにかかわらず、受け取ったすべてのリファーラルに対して感謝を表明できる仕組みをつくりましょう。
2. リファーラルをくれた相手の個性に合わせた形で感謝する方法を見出します。これにはリファーラル提供者のＧＡＩＮＳプロフィールが参考になります。また、直接尋ねるのもいいでしょう。
3. フォーカスグループのブレインストーミングセッションの進行役を務め、より効果的なインセンティブの仕組みに関するアイデアを生み出しましょう。どんなアイデアでも批判せず、自由奔放な意見を歓迎するようにします。多くのアイデアを求め、提案されたアイデアを活用しましょう。
4. インセンティブ三角形戦略のために、協力を得られる事業を特定しましょう。

第29章

魅力的なリファーラルを引き寄せる

質の高いリファーラルを獲得する秘訣

まずはリファーラルを頼みましょう

リファーラルを探している事業者と話をすると、驚かされることがよくあります。友人や仕事仲間、ネットワーキング仲間、顧客、クライアント、患者などに、きちんとリファーラルを依頼したことがないというのです。お願いした、と最初は言うのですが、詳しく聞くと、少数の知り合いにしか依頼していない人がほとんどなのです。しかも、前向きな返事がもらえなかった場合は、そこで諦めてしまっています。

リファーラルを依頼にするに当たっては、効果的なアプローチがあります。第9章で紹介しているマーク・シアーが著書『Referrals』で説明している方法です。この本では、リファーラルを頼む際に有効なフレーズを紹介しています。「ビジネスを拡大したいと考えているのですが、力を貸していただけませんか？　お知り合いのなかで○○な方はどなたですか？」というフレーズです。マーク・シアーは次のように説明しています。

このフレーズは変更せずそのまま使ってください。何度も使用した結果、成功が実証されているフレーズです。ほかのフレーズも試しましたが、あまりよい結果が出ていません。効果のないフレーズで時間を無駄にするのはやめましょう。この新しいフレーズに慣れてしまえば、知り合いにリファーラルを依頼することは簡単です。「お知り合いのなかで○○な方はどなたですか？」と言えばいいだけなのですから。

この質問は自由回答形式の質問です。そのため、聞かれた人は、誰かを紹介する方法を考えます。「わたしのサービスを必要な人を誰かご存知ですか」と聞いてしまうと、答えが「はい」か「いいえ」の選択形式となってしまうので、リファーラルに関して前向きな答えが返ってこないことが多いのです。

皮肉にも、ちょうど、私たちがこの章の下書きを書いていたころ、著者（アイヴァン・マイズナー）はある女性から手紙を受け取りました。過去に何年もの間、著者は彼女から子供の教育用おもちゃを購入していました。もらった手紙を見て、彼女がマーク・シアーのセミナーに参加したことはすぐにわかりました。手紙は次のようなものでした。

マイズナー博士

いつもご利用いただき、ありがとうございます。現在、ビジネスを拡大させることを考えているのですが、お力を貸していただけませんでしょうか。あなたのお知り合いで、わたしの理想的な顧客となりそうな方をどなたかご存じでしょうか？　わたしが提供している高品質のサービス及びアフターサービスがお役に立てそうな、企業様や個人様を、お知り合いやご友人のなかからリストアップしていただけましたら、大変うれしく思います。同封いたしました「顧客プロフィール」にお目通しのうえ、ご記入いただけますようお願いいたします。今週中に一度お電話を差し上げます。同封の宛名付き封筒で顧客プロフィールをご返送ください。切手は不要です。ご協力ありがとうございます。お知り合いのなかで

赤ちゃんがいる方はどなたでしょうか？

最近子ども、孫、甥や姪が生まれた方はどなたでしょうか？

子どもの発達に役立つおもちゃを必要としている方はどなたでしょうか？

児童支援団体に寄付を行う組織に所属している方はどなたでしょうか？

先生をしている方はどなたでしょうか？

子どもの教育を通じて、世界の未来に直接影響を与える仕事に就きたいと考えている方はどなたでしょうか？

教育玩具コンサルタント　S・L

記載した条件に会う人の名前を記入することで、手紙の受取手（ここでは筆者）は、彼女が連絡をとる際に、自分の名前を使用することを承認していることになります。であれば、手紙の受取手（筆者）がこれらの知人たちに、自ら声をかけるほうがよりよいのではないでしょうか。

❖ただ頼めばよい？（そうではありません）

ここまでで、リファーラルを頼むことの意義を理解していただけたのではないでしょうか。しかし、先に進む前に、本書でもすでにご紹介しているVCPプロセスについてもう一度ご説明します。筆者（マイク・マセドニオ）の体験談をご紹介します。

先日、BNIのナショナルカンファレンス（全国規模のイベント）に参加してきました。すばらしいネットワーキングが行われていました。BNIには、ギバーズ・ゲイン（与えるものは与えられる）という組織文化があるため、参加者はお互いを助け合って、つながりを生み出していました。しかし、あまりよく知らない人にまでアプローチして、その人の大切な知り合いを紹介してもらおうとしている事業者を目撃した場面もありました。このような会話を聞くと、いつもいたたまれない気持ちになります。

いたたまれない気持ちというよりも、デジャブといえばいいのでしょうか。わたしはかつて、「不意打ちリファーラル」を頼まれる側にいたことがあります。認知（V）の段階にもなっていないような関係の人々が、わたしの影響力を利用して、わたしの大切な友人に彼らのビジネスを紹介して欲しいというのです。なかには、わたしの知り合い全員に対して、その人が所属する会社を宣伝して欲しいと頼まれたこともあります。

まさにこのカンファレンスの最中に、とある女性参加者が、基調講演を行ったスピーカーに近づき、自己紹介をしていました。会話が始まって間もなく、その女性は、そのスピーカーが知っている国際的な有名人を、彼女のビジネスを拡大させるために紹介してもらえないかと依頼していたのです。これは、かなり大胆な頼みですよね。

では、なぜこれが不適切だったのでしょうか。理由は、リファーラルのプロセス、つまりＶＣＰプロセスにおける2人の関係性によって説明できます。

認知は、あなたと相手とが知り合いになる段階です。

このケースでは、スピーカーと女性は、認知以前（pre-V）の段階であったといえます。この女性は、もしかしたらスピーカーとのあいだの段階は信頼であると勘違いしていたのかもしれません。3日間のイベントにおいて、スピーカーが参加者に向けてしっかり情報を発信しているのを見て、彼を知っているような気になってしまった可能性はあります。しかし、信頼は、長い時間をかけて至る段階です。数週間や数日、ましてや数時間ではたどりつくことができない段階です。何ヵ月も、多くの場合は何年もかけ、真の信頼関係は築かれます。

もちろん、リファーラルを得るためには、お願いすることも必要です。しかし、どのように依頼するのか、いつ依頼するのがふさわしいのかを判断することが大切です。依頼するのにふさわしい時とは、いつなのでしょうか。それは、リファーラルを提供する関係において、両者ともに信頼（C）の段階になったときです。

ネットワーキングといっても、闇雲に**リファーラルを頼む**ことで、友人や家族を遠ざけてしまうような頼み方をすべきではありません。関係を築き上げた人とのあいだに「利害関係」が発生する、つまり**リファーラルを頼む**前に、自分がその関係を深めるためにこれまで何をしてきたかを意識するようにしてください。

❖ 推薦の価値

前向きなメッセージを効果的に伝えてもらうためには、相手があなたのことをポジティブに語るような関係を築くことが大切です。もし、誰かがあなたの商品やサービスについて皆の前でほめてくれたら、あなたが自分自身について何かを語るよりもずっと効果的です。これが「推薦の言葉」または（書面の場合は）「推薦状」です。

マーケティングプランにおいて、積極的にリファーラルを提供し合うのが重要であるのと同じくらい、推薦状を提供し合うことは重要です。皆からすばらしいコメントを寄せてもらっている優秀な事業者であるにもかかわらず、推薦状を得ていないというケースは非常に多くあります。推薦状は時として、リファーラルよりも効果的です。考えてみてください。信頼できる人から、きちんとした推薦状をもらうことができれば、繰り返し利用することができるのです。LinkedInのアカウントに推薦の言葉を投稿するように頼んだり、ウェブサイトやパンフレットなどのマーケティング資料として使用することもできます。また、推薦状をリファーラル提供者にも渡すようにしましょう。あなたのビジネスを誰かに紹介する際に使ってもらうことができます。

プレゼンテーションを行う際にも、よく推薦状や推薦の言葉が利用されます。説明している内容を、実際にほかの人がどのように活用して、どのような結果を出しているかを説明するためです。推薦状は正しく使うと強力な営業ツールにもなります。たとえば、潜在的な顧客であるファイナンシャルプランナーと話しているとします。彼らは、トレーニングに投資することが有益かどうかを判断しようとしています。このような状況で、トレーニングに投資してよい結果を得たほかのファイナンシャルプランナーからの推薦状が役に立ちます。

推薦状のやりとりは、積極的かつ慎重に行うのが効果的です。あなたの商品やサービスを利用した知人がいたら、次のことを質問してみましょう。

1. あなたの商品やサービスを使う前は、どのような状況だったか。
2. あなたの商品やサービスを使うことは、どのような体験だったか。
3. あなたと一緒に仕事をしてよかったことは何か。

ただ推薦状を頼むのではなく、上記のようなフォーマットで質問すれば、頼まれた人も簡単に答えることができます。もらった回答を文章にまとめたら、推薦者に一度読んでもらい、その人の経験について正確に表現されているかを確認したうえで、使用する許可をもらいます。推薦者の名前、企業、ウェブサイト、連絡先、ロゴ、写真などを使用することで、推薦者のビジネスのＰＲにもなります。

リファーラルインスティテュートの中東支部の責任者であるフィル・ベッドフォードへの推薦状を掲載しますので、参考にしてください。

フィルさん

もっと早く推薦状を書くべきだったけれど、遅くなってしまいました。でもほんとうによいサービスや結果を目にしたときだけ、推薦状を書くことにしているのです。だから、これは本心からの推薦状です。

リファーラルインスティテュートの認定ネットワーカープログラムでトレーニングを受け始めて、10週目に入り、これまでの結果に非常に満足しています。わたしがトレーニングから得たメリットを3つに分類して説明します。

1. 金銭面—はじめにプログラムに支払った額の倍の額のビジネスを、たった4週間のうちに紹介してもらいました。

2．個人面──わたしは46歳で、自分のことを優秀なネットワーカーだといままで信じていました。そのため、このプログラムからどれくらい恩恵を受けられるか、若干懐疑的でした。しかも始めるまでは、12週間のプログラム全部に参加する時間はないと確信していました。しかし、自分の考えが間違っていたことを思い知りました。簡単に、しかも自信をもって使用できるリファーラルテクニックを身につけた今、将来のビジネスの95パーセントはリファーラルから来ることを確信しています。

3．リファーラルパートナー──認定ネットワーカープログラムのほかのメンバーを通じて、自分のリファーラルパートナーに対して、額面で70万UAEディルハムを超えるリファーラルを提供しました。優秀なネットワーカーが集まっているので、この数はどんどん増えていくと確信しています。

わたしは、リファーラルマーケティングで成功したい人（ただし、身につけたことをすべてを実践する意志のある人）に、このプログラムを受講することを強くお勧めします。

わたしは、ベッドフォード氏がこのプログラムで成功することを心から願っています。わたしも新しいことを学び続けられるよう、毎年参加するようにします。

ピーター・コーワン

リファーラル提供者に推薦状を提供することは、信頼関係を育てるための有益な手段となります。リファーラルインスティテュートのヴァイスプレジデントのドーン・ライオンズ（Dawn Lyons）とエディ・エスポジト（Eddie Esposito）は、２人とも電子メールの署名欄に推薦状を掲載して、大切な知人のＰＲをしています。

ライオンズ氏が電子メールの署名欄に使用している推薦状サンプルをご紹介します。

電子メール署名サンプル
ドーン・ライオンズ

私たちは、リファーラルグループとして次の方を推薦します。

ザック・メセル氏
コンピューターネットワーク専門家
ウッデンスプーンテクノロジーズ社

メセル氏は、業界で20年以上の経験を有するエキスパートです。コンピューターネットワークの維持及びサポートコストの削減の分野で、多くの企業をサポートしてきました。サンタローザで、コンピューターを20台以上使用したネットワークを持っている事業主をご存じの方がいましたら、メセル氏によるネットワーク管理のサポート及び予算の効率化に関するコンサルティングを受けることができます。

メセル氏は、全世界のリファーラルインスティテュートのウェブサイトをホストする役割を任されています。私たちは、メセル氏とそのチームと仕事ができることを、とてもうれしく思っています。

わたしがBNIのチャプターを訪れた際、わたしは推薦状の重要性を知っているメンバーがどのように推薦状を提供するかを観察していました。ただたんに「ジェーンがいかにすばらしいか」を立ち上がって語るだけ、あるいは、自分の経験を口頭で説明するだけではありませんでした。きちんと時間をとって丁寧に下書きした推薦状を、自分の会社の便箋に清書し、それを皆の前で読んだうえで、ジェーンに渡したのです。それだけではありません。推薦状のファイルをつくり、ビジターが受付で見られるようにしたのです。すばらしいですよね。これには、ジェーンだけではなく、参加者全員が感動しました。

マイク・マセドニオ

何年も前、BNIのメンバーであったカイロプラクターが、チャプターのメンバーからビジネスを得るのにはどうしたらいいのかとわたしに聞いてきました。わたしは、チャプターのメンバーのうちで、いままでに彼のサービスを利用したことがある人がいたかどうかを尋ねました。彼は「いいえ」と答えました。わたしは、チャプターのメンバーにいままでカイロプラクティクというものを利用したことがある人がいたかどうかを尋ねました。彼は、たぶん誰も使ったことがないだろう、と答えました。

わたしは、1人でもいいのでメンバーの誰かに彼のサービスを利用してもらうのが一番だと言いました。カイロプラクティックなどのヘルスケアサービスは、個人的なものです。メンバー限定の割引価格を提供したら、少なくとも1人は彼のサービスを利用するのではないかと提案しました。

彼は、次のミーティングで、全額保険適用（米国の個人加入の健康保険）できるカイロプラクティックのサービスを提供すると発表しました。つまり、大手の医療保険に加入している人なら、実質無料でサービスを利用できるわけです。しかし、このオファーを利用したのはたった1人でした。カイロプラクターはがっかりしました。

次のミーティングでのことです。このサービスを利用したメンバーが立ち上がり、次のように発表しました。「今週、彼の施術を受けてきました。たった1つ言えることは、わたしはバカだったということです！　なんでいままでカイロプラクティックに行かなかったのか後悔しています。彼の施術は最高です。彼のオファーを利用しなければもったいないです。わたしはいつも腰に問題がありました。たいしたことはないと考えていましたが、すっかり痛みが消えた今、その痛みがどれだけ、うっとうしいものだったのかと思います。最高の気分です！」

その発表者が座ると、ほかのメンバーが「少なくとも施術で歩けなくなってはいないようだし、まぁ試してみるか！」と冗談を言いました。冗談を言ったメンバーは、次の週のミーティングで、クライアントを紹介するリファーラルをカイロプラクターに渡しました。彼は、2週間のうちに4人の新規クライアントを獲得したのです。すべては、1人のメンバーが立ち上がって、この発言をしてくれたことから始まりました。「わたしは彼のサービスを利用しました。そして皆さんにもお勧めします。なぜなら……」

この「なぜなら」が非常に重要です。推薦状は、なぜそのサービスや商品が優れていたのか、そしてどのように役に立ったのかを、細部に渡り詳しく説明することではじめて効果を発揮します。推薦状は、読み手の体験を聞き手に共有する効果があるので、紹介されているサービスや商品について、身構えずに聞くことができるのです。

アイヴァン・マイズナー

あなたの商品やサービスを利用したことがある人に、その経験がどのようなものだったのか、ほかの人に話してもらうよう頼みましょう。また、可能なかぎり、推薦状を手紙の形式でもらえるように頼んでみましょう。そうすることで、彼らが紹介してくれた人にあなたが話をする際に、その手紙を使用することができます。

あなたも同様に、取引先に関する推薦状を提供することが大切です。ケン・ブランチャード及びロバート・ローバーは、その著書『Putting the One-Minute Manager to Work』の中で、パフォーマンスに関するフィードバックこそ、効果的な信頼関係において非常に大切であると説明しています。フィードバックを提供することで、よい仕事を続ける力になるというのです。推薦状を提供するチャンスがあった場合、自分が使用したことのあるサービスや商品について、どのように役に立ったのかを具体的に説明するようにしてください。ミーティングのなかで、あなたが使用したことのある商品を羅列しても、なんの役にも立ちません。

あらゆるタイプのネットワーキンググループ（とくにリファーラルを目的とするネットワーク）に参加していれば、推薦状がネットワーキングに必要不可欠であることに気がつくでしょう。推薦状は、受け取るだけではなく、提供することも大切です。リファーラルでビジネスを成長させようとする際、推薦状はリファーラルパートナーに信頼や信用をもたらします。もちろん、相応の件数のリファーラルをもらいたければ、推薦状の提供以外にも、考慮すべきことがあります。

❖ サポート素材とテクニック

リファーラルを提供してもらうために役立つ方法を紹介します。なかには、全員に有効とは言えない方法があるかもしれません。あなたのビジネスや専門分野に当てはまると思われる方法を選んだうえで、利用することが大切です。

◎資料

あなたが扱う素材を手にとってもらえる機会があるなら、利用しない手はありません。商品、サンプル、パンフレット、各種資料を持ち込みましょう。多くのネットワーキンググループでは、パンフレットを並べる机が用意されていますので、持ち込んだ素材を並べることができます。商品のサンプルを見る、感じる、触る、聞く、匂いを嗅ぐなどの体験を提供することができれば、サービスや商品を使用してもらえる確率が高まります。メンバー限定の特別価格や特別サービスを用意しましょう。所属するグループのメンバーに使用してもらえれば、リファーラルを提供してもらえる可能性はぐっと高くなります。カイロプラクターの例と同じです。

◎プレゼンテーション用資料

ネットワーキング・グループで積極的に活動している人は、プレゼンテーション用資料を用意すると効果的です。高品質のバインダーを用意し、あなたの商品またはサービスのサンプル、パンフレット、写真などをきれいに入れましょう。このバインダーはミーティングに持参するようにして、皆に手に取ってもらいましょう。

◎無料の講演または実演

多くの専門職の事業者は、奉仕団体やネットワーキンググループで無料講演を行います。ビジネスの露出を高め、ＰＲするのに良い機会と考えるからです。あなたの商品やサービスが、この方法に適している場合、ネットワークのメンバーに無料で講演を提供することを伝え、このサービスに関するリファーラルを受け取ると伝えましょう。彼らが所属する団体の企画責任者に、提案を推薦してもらうように依頼しましょう。

しっかり準備をし、優れた講演を行うことができれば、多くの講演依頼や新しいビジネスのチャンスが舞い込んでくるでしょう。このテクニックは、ほとんどの専門職に使用できますが、とくにコンサルタント、セラピスト、ファイナンシャルプランナー、会計士、弁護士にとって効果的です。

◎試供品

賢い事業者は次のことを心得ています。商品やサービスを一度試した顧客には、もう一度使用してもらえる可能性が高まります。所属するネットワーキンググループで、定期的に試供品を提供することを強くお勧めします。試供品を渡す際には、その試供品はあなたからのものであることがわかるようにします。必ず名刺を添付しましょう。そうすれば、試供品を気に入ってもらえた場合、連絡をもらうことが期待できます。

◎定期的な連絡

可能なかぎり、いつも出席しているミーティングの外でも人に会うようにしましょう。カードや手紙を書いたり、相手の興味がありそうな記事を送ったり、電話で様子を聞いたりします。また、地元の事業者の会合に関する情報を教えたり、昼食を共にとったり、一緒にテニスやゴルフをするとよいでしょう。お礼状で関係を深めることも大切です。もし誰かがリファーラルや重要な情報を提供してくれたら、お礼状やギフトを送りましょう。それによって信頼関係を強化することができ、相手にあなたを思い出してもらえるチャンスにもつながります。

◎フォローアップ

リファーラルを得るための方法は、知り合いの役に立つこと、そしてお返しに助けてもらうことです。リファーラルマーケティング・プログラムで成功するためには、あなたにとって効果的であり、ほかのメンバーにとっても役立つような仕組みをつくることが必要です。

どんなネットワーキングでも、出会った人たちやリファーラルを提供してくれた人たちへのフォローアップを行わなければ、なんの役にも立ちません。人脈をつくるために一生懸命努力したのに、フォローアップをきちんと行わなかったために、信頼関係を失う人たちは大勢います。これは、ネットワーキングの途中で、リファーラルでビジネスを成長させる可能性を完全に失っているようなものです。フォローアップの手紙や電話をすることは、今後の関係を築くうえで大切な一歩となります。ほかの条件がすべて同じ場合、より頻繁に連絡を取ったほうが、より多くのビジネスが発生します。ネットワーキングのためにデザインされたフォローアップカードやお礼状、ポストカードを製造する企業が数多く存在するため、今時、フォローアップができないという言い訳は通じません。「つながりを復活させるための電話」を定期的に行いましょう。このような電話をかけることで、あなたが誰で、どこで会って、どんな仕事をしているのかを、知り合った人に思い出してもらうことができます。また、付き合いの長い人に定期的に連絡をするうえでも、助けになります。電話や手紙でフォローアップをしなければ、多くのビジネスチャンスが失われてしまいます。

❖予想外のところからのリファーラル

質の高いリファーラルは時に予想しないところから舞い込みます。私たちが出会う事業者のなかには、ＣＥＯや社長に限定してネットワークを広げたいと考えている人も多くいます。そういう人たちは、ほとんどのネットワーキンググループは、企業のトップをメンバーに有していないため、加入したくないと言います。ＣＥＯや企業のトップのみで構成されるグループが見つかっても、期待しないほうがよいでしょう。

そういったグループは、おそらくそんなにビジネスの成功の助けにならないでしょう。なぜなら、向こうが同じようにあなたのことを求めているとはかぎらないからです。企業のトップは、サービスや商品を売りつけようとする事業者から身を隠し、水面下で活動しています。

とはいえ、リファーラルでビジネスを成長させる場合には、このことは問題になりません。なぜなら、あなたが知り合った１００人には、それぞれ１００人の知り合いがいて、その人たちにはさらに１００人の知り合いがいるため、ネットワークを通じてビジネスを成長させることができるからです。自分のネットワークの外の巨大なネットワークとつながる可能性をもっており、この拡張されたネットワークには、あらゆる人が含まれているはずです。

　カーテンを扱う事業主が、あるリファーラルについて話してくれました。友人が、１人のお年寄りの女性を紹介してくれたと言います。その友人は、彼がその女性を助けられるのではないかと考えたからでした。その女性は70代後半で、様々なカーテン会社に相談していましたが、彼女の願いを聞き入れてくれる会社はありませんでした。その願いとは、裏口の小さな窓にブラインドを取り付けに来てほしいというものでした。彼女は家の裏を通りかかる人から、中をのぞかれるのではないかと怖がっていました。いつもなら、そのような手伝いは息子がしてくれるのですが、息子は長期出張中ということでした。わざわざ出向いて行って小さなブラインドを取り付けても利益にはならないため、すべての地元のカーテン業者から断られてしまったそうです。共通の友人の紹介を受けたカーテン業者は、その女性が心配しているのを知り、助けることにしました。

　１カ月後、このカーテン業者が倉庫兼ショールームで作業をしていると、建物の前に高級リムジンが止まりました。彼は好奇心から、その車から運転手が出てきて、高級なスーツをまとった紳士のためにドアを開けるところを見ていました。

　その紳士はカーテン業者のショールームに入ると、経営者は誰かと尋ねました。カーテン業

者は自己紹介し、要件を尋ねました。その紳士は、小さなブラインドを取り付けた女性の顧客をおぼえているかと尋ねました。カーテン業者はよくおぼえていると答えました。すると紳士は、利益にならない仕事だったのに、カーテン業者がその仕事を受けたことに感銘を受けたと言います。

その紳士は、あの女性の息子さんだったのです。そして、いかに彼がすばらしく、誰も助けてくれないときに親切にしてくれたかを、熱心に彼に話してきかせたと言います。あの女性はその息子さんに、できるだけ彼のカーテン業者に仕事を依頼するように伝えたそうです。息子さんは、海辺に557・42㎡の新居を購入したと言い、その家の全部の窓にカーテンを取り付けるために、ぜひ採寸にきてくれるよう頼んできたのです。

裏口に小さなブラインドが欲しかった女性から派生したその仕事は、そのカーテン業者にとって、いままでで一番利益の多い仕事となったそうです。

皮肉にも、「重要なリファーラル」は、CEOからではなく、CEOを知っている誰かから生まれることのほうが多いのです。

ラスベガスのある建築家は、ネットワーキンググループで出会った窓清掃員のメンバーについて話してくれました。その建築家は毎週、その窓清掃員に会っていましたが、9ヵ月経ってはじめてリファーラルを受け取ったと言います。そのリファーラルは、30万ドル以上の売上につながるものでした。

アイヴァン・マイズナー

よいリファーラルが、どこからやってくるかは予想できないものです。この章に出てくる筆者（アイヴァン・マイズナー）の話にあるように、小柄な老婦人から生まれるかもしれませんし、タクシーの運転手、あるいは窓清掃員からかもしれません。ほかの事業者がもっている人脈、あるいはあなたのためにつくり出してくれる人脈から生まれる可能性を、ないがしろにしないでください。

質の低いリファーラルを受け取った場合

「質の低い」リファーラルをもらった場合、いったいどうすればよいでしょうか。

まずは「ありがとう」と言ってみましょう。

少なくとも、誰かがあなたのことを考えて、行動を起こしてくれたのです。それから、「質の低い」リファーラルとはどんなリファーラルかを考えてみましょう。リファーラルの質に関して事業者と会話をしていると、彼らが何をもって質の低いリファーラルと考えているのかを知り、驚くことがあります。売上につながらない紹介は、質の低いリファーラルなのでしょうか。たとえば、あなたのサービスについて詳しく知りたいという紹介を受けた潜在的な顧客が、あなたのサービスは予算オーバーだということに気がついた場合はどうでしょうか。私たちは第2章でリファーラルを定義しました。リファーラルとは特定の商品やサービスを必要としている人に対して、それらを提供できる事業者を個人的に推薦・紹介することをいいます。すべてのリファーラルが必ず売上につながると期待することは非現実的であり、売上につながらなかったとしても、それが質の低いリファーラルだということではありません。

❖ あなたがリファーラルの「質が低い」と判断する基準は何ですか?

1. あなたが提供していないサービスや、あなたの専門外の案件に関するリファーラルのことでしょうか。これは、確かにあなたのビジネスには適さないリファーラルの例と言えるでしょう。しかし、考えてみれば、それは、そのサービスを提供できる誰かほかの人にリファーラルを提供するチャンスといえないでしょうか。自分には適さない潜在的な顧客と、そのサービスを提供できる可能性がある誰かが関係を築くうえで役に立てる、というすばらしい機会を手にしていることになります。

2. 一緒に仕事をしたくない人とのリファーラルを受け取った場合はどうでしょうか? どのよ

うな人と仕事をしたいのか、そしてしたくないのか、明確に定義できているでしょうか。事業者はよく「誰でもいいので〇〇な人」を探していると言います。しかし、ほんとうに誰でもいいのでしょうか。お金を払わないような人でもいいのでしょうか。不満ばかりの人はどうでしょうか。私たちにとっての「質の低い」リファーラルは、態度が悪く、自分自身のビジネスに関心がない人です。つまり、自分でビジネスなんて始めるべきではない人、そして、始めても長続きしないような事業者です。

3．どれくらいの紹介のレベルで行動を開始するか決めていますか？　たとえば、連絡先をもらっただけで、すぐに行動に移しますか？　それとも、その人にはあなたのサービスが必要で、あなたが連絡することに同意した場合のみ、行動に移しますか？

質の高いリファーラルと質の低いリファーラルの基準が何であれ、リファーラル提供者にあなたの基準を明確に伝えることはあなたの責任です。

質の低いリファーラルを受け取ったら、それはリファーラル提供者にあなたの基準を伝えるチャンスとなります。質の低いリファーラルだからといって無視してしまうことは、利益を得るチャンスを無駄にするようなものです。それを効果的な紹介にするには、どう行動すればよかったのか、リファーラル提供者に会って話し合ってみてはどうでしょうか。あまり効果的な紹介になっていなかった場合には、リファーラル先に直接紹介してもらったり、推薦状を提供してもらったりするといった改善ができるかもしれません。もし、それが難しい場合は、いますぐにはそのリファーラルに対してアクションを起こせないという旨を伝えましょう。

質の低いリファーラルを避ける最良の方法は、質の低いリファーラルをもらった際にその旨を伝えることです。伝え方には十分に気を付ける必要がありますが、伝えなければなりません。もし伝えなければ、質の低いリファーラルを受け取り続けることになります。そして、それは伝えなかったあなたの責任です。「リファーラルの質が低かったなんて、とても言えません」という人によく出会います。そういう人たちには、「大事なことなので、そうも言ってられないでしょう？」と答えるようにしています。ダイレクトに伝えてください。謝らなくても大丈夫です。あなたにとって質の低いリファーラルだったことを、リファーラル提供者は知る必要があるからです。

ポジティブな態度で、悪かったのはリファーラルの質であり、リファーラルを提供してくれようとした姿勢ではないことを明確にします。ほかの人のよいところを信じていれば、だいたいの場合はよい結果が出ます。ほかの人のよいところを信じきれなければ、よい結果は出ません。質の低いリファーラルを得ないようにする一番の方法は、あなたにとってよいリファーラルとは何かを周りの人に教えることです。この基準は、人によって、あるいは専門分野によって大きく違います。

たとえば、コンサルタント、カウンセラー、セラピストなどの一部の専門職では、ネットワーキンググループで講演するのはよい機会となります。印刷業や各種請負業者、花屋などのほかの専門職の場合には、そうとはかぎりません。あなたがどのようなリファーラルを求めているのかを、誰もが知っていると思い込まないようにしてください。あなたにとっての質の高いリファーラルの定義は、なるべく具体的にしましょう。

アクションアイテム

1. あなたの仕事をほめてくれた直近のクライアント2人に、コメントをもらい、それを推薦状として使用する許可を得ます。推薦状の下書きをあなたが書けば、彼らの負担を軽減することができます。推薦状を使用するのは、許可と了承を得てからにします。推薦者の名前、企業情報、ロゴ、顔写真などを掲載することで、推薦者のPRもするようにします。
2. コンタクトサークルの中でもとくに優良な関係にあるメンバー2人に、推薦状を書きます。彼らに渡し、変更したい部分があったら、喜んで変更する旨を伝えます。
3. リファーラルを頼むことができる人たちをリストアップします。VCPプロセスのリファーラルを頼んでもよい段階を念頭におきます。
4. 欲しいリファーラルの詳細を書き出します。

第30章

成功のための最後の秘密

リファーラルマーケティングへ力を注ぎ込んでいるものの、期待する成果が得られないでフラストレーションを感じている読者もいるかもしれません。前章までに学んだことをしっかり実行しているにもかかわらず、希望する結果を手にできないとしたら、それはなぜなのでしょうか。

❖ 3つの核

リファーラルを通じてビジネスを成功させるプロセスには、3つの核が存在します。

1. リファーラルマーケティングに関する正しい知識を得ること。
2. 新たに学んだ知識をしっかり身につけ、継続的に実践すること。
3. 所属するリファーラルネットワークのメンバーが、専門家によるトレーニングを受講するようにすること。

１つずつ確認しながら、理由を説明していきます。

１．リファーラルマーケティングに関する正しい知識を得る

これは成功のためには不可欠なことです！　大学でリファーラルマーケティングのコースを受講したり、ビジネス立ち上げの際にリファーラルのトレーニングを受けたりする人は少ないのですが、それでも彼らは皆より多くのリファーラルを求めています。

自分自身に問いかけてみてください。リファーラルマーケティングに関するトレーニングについて、どれだけ自分自身に投資しましたか？　効果的に目標を達成するために必要な教育を受けていますか？

答えが「いいえ」の方は、リファーラルマーケティングに関するリサーチを行いましょう。筆者（アイヴァン・マイズナー）は、リファーラルを通じてビジネスを成長させる方法を紹介する本を複数執筆しています。代表作の１つである『Truth or Delusion: Busting Networking's Biggest Myths』は、ニューヨークタイムズでベストセラーとなりました。この本では、リファーラルにつながる人脈を構築するための、最適なビジネスネットワーキングの方法を学ぶことができます。

2．新たに学んだ知識をしっかり身につけ、継続的に実践すること

トレーニングプログラムに参加した多くの人は、学んだことに興奮し、いままで最高のトレーニングだったと感じて、実際にビジネスのやり方にいくつか変更を加えます。でも、学んだ知識を継続的に使用しないとどうなると思いますか？　新しい習慣が生まれず、古い習慣に戻ってしまいます。古い習慣のままでは、ゴールを達成することができません。では、継続して実践するためにはどうすればよいのでしょうか。

学んだ知識を継続的に使用しているメンバーが集まるコミュニティーに入ることです。そうすれば、学んだ情報を継続的に使用し続ける可能性がぐっと高くなり、より大きな成功を収めることができます。リファーラルインスティテュートでは、*Referrals For Life*プログラムを提供しています。1年にわたる同プログラムに参加すると、地域で開催されるあらゆるトレーニングプログラムに参加することができます。さらには、*Referrals For Life Community*の全メンバーが、あなたが学んだ情報を一貫して使用し、成功を収めることができるよう手伝います。

3．所属するリファーラルネットワークのメンバーが、専門家によるトレーニングを受講するようにする

経験の少ないネットワーカーは見過ごしがちですが、所属するリファーラルネットワークのメンバーをトレーニングすることは非常に大切です。あなた自身が、ネットワーキングに長けていて

も、もしほかのメンバーがネットワーキングに関して未熟だったら、よい結果は期待できません。

これは、ほとんどのリファーラルマーケティングの仕組みに欠けている部分でもあります。考えてみてください。あなたが本書を読んで、リファーラルマーケティングに関する新しい知識を得て、学んだスキルを活用しようとしているとします。さらに、学んだことを継続的に実践するために、リファーラルインスティテュートが開催する*Referrals For Life*プログラムに参加したとします。

これで、必要なことはほぼすべて揃いました。しかし、依然として、リファーラルを提供してくれる人たちの存在に依存していることに変わりはありません。自分だけが知識を得て、学んだ情報を習慣として活用したとしても、あなたにリファーラルを提供してくれる人たちは同レベルの知識をもっているとはかぎりません！

人は、自分がもっているスキルの範囲内でしか、リファーラルを提供することができません。そのため、リファーラル提供者のもつ知識を、自分と同じレベルの知識まで引き上げることが必要になります。時間をかけて自分で教育することもできますし、リファーラルインスティテュートが提供するトレーニングプログラムを利用してもよいでしょう。

数年前、リファーラルインスティテュートの経営陣は、この重要性に気がつきました。そして、それがリファーラルインスティテュートにとって大きな転換期となり、クライアントのために、クライアントのネットワークを訓練するためのプログラムをつくったのです。

リファーラルマーケティング・プランを作成するにあたっては、この3つ目の核を忘れないでください。次の質問を自分に投げかけ、正直に答えてください。

1. あなたにとってカギとなるリファーラル提供者は、リファーラルマーケティングについての知識とスキルを有していますか？
2. リファーラル提供者は、あなたが誰であるか、どのような仕事をしているか、ターゲットとしている潜在的な顧客層はどこかなど、あなたに関する基本的な知識をもち合わせていますか？
3. リファーラルマーケティングはチームで行うプロセスです。ほかのメンバーもリファーラルを生み出すための知識とスキルをもっていれば役に立つとは思いませんか？

リファーラルパートナーがしっかりとしたリファーラルマーケティング・プランをもっていて、あなたもそのプランの一部として組み込まれていたら、リファーラルネットワークは驚異的な効果を生み出します。彼らは、あなたに対して、誰をどのような方法で紹介すればよいのかだけでなく、なぜあなたを紹介するのか、その理由も理解しているからです。それも彼らのプランの一部なのです。

スポーツに例えるなら、まず、全員が同じ種目のスポーツをしていることを確認することが必要です。そして、同じルールに従ってプレーしてはじめて、連携力の高い強力なチームが生まれます。リファーラルインスティテュートのヴァイスプレジデントである、ドーン・ライオンズは次のことを繰り返し述べています。「リファーラルマーケティングは、1人ではできないのです」

❖結論

この本を読み終えた今、リファーラルマーケティングに関する知識を身につけたいと真剣に考えているのではないでしょうか。あなたが、リファーラルマーケティングに関する新しい知識を学び続け、習慣として継続的にリファーラルマーケティング・プランを実行することを願っています。継続的な努力があれば、最初の2つの核はマスターできるでしょう。リファーラルマーケティングについて学び、学んだ情報を徹底的に身につけ実行すればよいのです。

おぼえておいてほしいことは、3つ目の核が、希望するレベルの成功を達成するのには必要不可欠であるということです。つまり、あなたと同じレベルのトレーニングを受けて、同等のスキルをもったリファーラルチームに所属することです。自分自身が、最高のレベルのトレーニングを受け、スキルを完全にマスターしたとしても、リファーラルチームのレベルが適切でなければ、望むような結果を出すことはできません。

もし本書があなたのリファーラルマーケティング・プラン作成の一助となったなら、大変うれしく思います。本書で学んだことを徹底的に身につけ、実践するようにしてください。最後に、あなたが熱心でリファーラルマーケティングの知識を身につけた事業者たちと共に、レベルの高いリファーラルチームを築くことを願っています。

クチコミ・マーケティング

ここでは、「クチコミ」は「たんにほかの人があなたの商品やサービスについて話していること」として定義します。クチコミ・マーケティング・プランでは、特定のリファーラル提供者を通じて、ターゲット層に対して効果的なメッセージを伝達します。

コンタクトサークル

コンタクトサークルとは「お互いに競合せず、補完関係にあるビジネスや職業で構成するグループ」のことです。

ネットワーキング

ネットワーキングとは、一つのプロセスを指しています。それは、コンタクトを増やし、それを売り上げアップにつなげたり、知識や影響範囲を拡大したり、そして、コミュニティに貢献したりするためのプロセスです。

ビジネスネットワーキングで成功するには、次のことを理解することが大切です。それは、ビジネスネットワーキングとは、他の人を助けることを通じて、自分のビジネスを発展させるということです。あなたが誰かを助けると、その人はあなたをより助けよう、あるいは、自分が知っている人たちをあなたに紹介しようという気になります。

ネットワークマーケティング

この用語は、しばしばマルチ・レベル・マーケティング組織が自分たちの販売システムを表現する際に用いています。マルチ・レベル・マーケティングとは、商品やサービスの販売のために、ディストリビューターがさらにほかのディストリビューターと契約を結び、そのディストリビューターもまたほかと契約を結ぶというようなタイプのマーケティングです。このシステムでは、「上流」に位置するディストリビューターが、より「下流」での販売からコミッションを受け取ります。

バイラルマーケティング

既存のソーシャルネットワークを用いて、ウイルスが自己増殖するようなプロセスで、ブランド認知度を高めたり、商品の販売などほかのマーケティング目標を果たしたりします。たとえば、最新のファッションや、映画、注目のスポットなどについて、誰もが話題にしているというようなトレンドを意味します。マーケティングバズに関連した用語として使用される場合もあります。

ハブファーム

ほかの事業者とのあいだに効果的なコネクションをつくることは、リファーラルをベースにビジネスを構築するための土台の1つとなります。独立した事業者が集まり、相互に連携すれば、それぞれの組織を最も効果的に働かせることができます。その際に、中心的位置を占める企業のことを「ハブファーム」と呼びます。このように、事業者が協力関係をつくることで、劇的な競争力を生み出すことができます。一般に、協力関係にある企業はコンタクトサークルの関係（つまり共生関係）にあります。単なるコンタクトサークルとの違いは、このコンタクトサークルに属する企業のうち1つ（理想的にはあなたの会社）が、この連合をまとめる「ハブ」（中核）になっているという点です。

ハブファームネットワークは、一般に、複数の領域の専門家（またはあなたの会社が直接供給できないリソース）が必要となるコンサルティング業に見られます。ハブファームネットワークは、あなたの会社が、単独の場合よりも高いレベルで機能し、より優れたサービスを提供することを可能にします。

多くの場合、レギュラーにリファーラルを交わし合うことは期待できません。そもそも、ハブファームになる目的は、リファーラルを交わし合うことではありません。より専門的なサービスを提供することや、企業間の「食物連鎖」の上流で活動すること、自社の競争力を高めることが目的です。ハブファームネットワークを構成するのは、リファーラルネットワークよりもサポートネットワークのメンバーです。

パワーチーム

パワーチームのメンバーとなるのは、あなたが人間関係をもっている人たちのうち、あなたのコンタクトサークルに含まれ、かつ積極的にリファーラルを提供し合っている人たちです。

マーケティングバズ（バズ）

「マーケティングバズ」（あるいはたんに「バズ」）はクチコミマーケティングで使われる用語です。その商品やサービスの消費者やユーザーの間での交流が、マーケティング・メッセージを増幅させます。バイラルマーケティングとの関連で使われることもあります。

メモリーフック

「メモリーフック」は、初対面の人たちに対してプレゼンテーションをする際に活躍します。メモリーフックというのは、プレゼンテーションのなかで使用する、あなたがやっていることを鮮明に描写する要素のことです。メモリーフックを使うことで、聴き手が頭の中でイメージしやすくなります。あなたの商品やサービスをイメージしてもらうことで、ニーズがありそうな人に出会った際に、あなたのことを思い出してもらいやすくなります。

メモリーフックは、初対面の相手に対して、あるいは、VCPプロセスの初期の段階にある相手に適しています。

リファーラル

リファーラルとは、特定の商品やサービスを必要としている人に対して、それらを提供できる事業者を個人的に推薦・紹介することをいいます。

リファーラルパートナー

リファーラルパートナーとは、次の6つの条件のすべてを満たし、あなたと利益（P）の段階の信頼関係にある人たちのことです。

1. あなたを手助けしたいと思っている。あるいは、その気にさせることができる
2. あなたを手助けするために時間を割いてくれる。あるいは、その用意がある
3. あなたが頼もうとしていることをする力がある。あるいは、トレーニングすればできる
4. あなたを手助けするのに必要なリソースをもっている
5. あなたが顧客にしたい人たちとの人脈をもっている
6. あなたの人脈にとって、質の高いリファーラルとなる

リファーラルマーケティング

人間関係を構築することを通じて、新規の顧客やクライアントを獲得し、その結果、継続的に個人的紹介によるビジネスを獲得する戦略のことです。

Asentiv®

Asentiv（Referral Institute Co.,Ltd）は、リファーラルマーケティング戦略を提供することで、志を同じくする起業家のコミュニティを創造し、壮大なビジネスと雄大な人生を生み出します。誰よりも長い時間働くのではなく、賢く働き、あなたが真に求める見込み客、誰を顧客にするかを明確にできます。

Asentiv は、リファーラルに関するダイナミックなビジネスコンサルティング・コーチング・トレーニング（Asentiv PRO）を提供しており、さらにリファーラルに関する専門的なスキルを身に付けた起業家のみが参加できるコミュニティ（Asentiv Mastermind Community: AMC）を各地域で展開しています。そのネットワークは、日本だけではなく、北米・オーストラリア・中東・ヨーロッパ・アジアなど世界にその拠点を広げています。

ビジネスを次のステップに進めたい、熱意ある事業者の方は、是非 Asentiv にご連絡下さい。リファーラルマーケティング及び Asentiv プログラムに関する詳しい情報は< asentiv.com >でご覧いただけます。

質の高いリファーラルを通じて素晴らしいビジネスの発展と豊かな人生を掴むことをお望みになるビジネスパーソンは< inquiry.japan@asentiv.com >までご連絡下さい。

世界最大級のビジネスリファーラル組織であるBNIは、1985年にアイヴァン・マイズナー博士によって創立されました。事業者が質の高いビジネスリファーラルを交わすための、体系的かつプロフェッショナルな環境を提供しています。BNIは、世界最大級のビジネスリファーラル組織へと成長を遂げ、今日では世界中に数千のチャプターと27万人のメンバーを有しています。BNIメンバーは、年間で何百万件ものリファーラルを交わし、何十億ドルにも相当するビジネスを提供し合っています。

BNIのおもな目的は、メンバー間での質の高いリファーラルを交わし合うことです。BNIの理念は、「ギバーズゲイン（Givers Gain®）」の一言で表現されます。これは、「与える者は、与えられる」（他の人にビジネスの機会を提供することで、自分も他の人からビジネスの機会を提供してもらえる）という理念です。BNIの各チャプターに加入することができるのは、1つの専門分野につき1名のみです。BNIのプログラムは、事業者同士が長期的な関係を構築し、信頼に基づくリファーラルを生みだすことを目的としています。BNIのミッションは、メンバーがビジネスを増やすのを助けることです。体系的かつポジティブ、そしてプロフェッショナルな「リファーラルマーケティング・プログラム」を通じて、メンバーが質の高い各専門分野のプロと、長期的で有意義な関係を築く機会を提供します。

BNIに関する詳細な情報や、お近くのBNIチャプターへの訪問を希望される方は、wbk.bni.jpをご覧いただくか、wbk@bni.jpまでご連絡ください。

索引

A～Z

ア行

カ行

サ行

タ行

ナ行

ハ行

【著者プロフィール】

アイヴァン・マイズナー（Ivan Misner）

世界最大級のビジネスリファーラル組織であるＢＮＩの創立者兼ＣＶＯ（チーフ・ビジョナリー・オフィサー）。１９８５年にＢＮＩを創立。ＢＮＩは、現在、全世界に数千のチャプターを有し、毎年メンバー間で何百万ものリファーラルが交わされ、約１兆円ものビジネスがメンバーにもたらされている。

南カリフォルニア大学で博士号を取得。数十冊の著書を有し、代表作には、近年ベストセラーになった『The 29% Solution』、ニューヨークタイムズ・ベストセラーの『Masters of Networking』などがある。このほか、Entrepreneur.comの月刊コラムの執筆や、世界中でリファーラルに関するトレーニングを提供しているリファーラルインスティテュートのシニアパートナーも務めている。また、米国各地の大学において、ビジネス・マネジメントやソーシャルキャピタルについて教えている。

アメリカのニュース専門放送局（ＣＮＮ）から「現代ネットワーキングの父」との異名を取り、「ネットワーキングの権威」とも呼ばれている。ビジネスネットワーキングについての第一人者として世界的に認知されており、大手企業や組織のために基調講演者を務めている。また、Ｌ．Ａ．タイムズ、ウォールストリート・ジャーナル、ニューヨークタイムズなどの新聞に加え、ＣＮＮ、ＣＮＢＣ、ＢＢＣ放送などのテレビやラジオ番組でも特集されている。ラ・バーン大学で評議員を務めるほか、ＢＮＩ財団の創立者でもある。赤十字社により「ヒューマニタリアン（人道主義者）・オブ・ザ・イヤー」に選ばれる。プライベートでは、アマチュアマジシャン、空手の有段者でもある。

＊＊＊

マイク・マセドニオ（Mike Macedonio）

リファーラルインスティテュートのプレジデント兼共同経営者。起業家及び営業のプロフェッショナルを対象として、彼らが質の高いリファーラルを通じてビジネスを構築するのをサポートしている。リファーラルインスティテュートのクライアントは、実績あるリファーラルマーケティング戦略を取り入れ、経済情勢に左右されない記録的なビジネスの成長を実現している。

アイヴァン・マイズナー博士との共著である『Truth or Delusion, Busting Networking's Biggest Myths』は、ニューヨークタイムズ、ウォールストリート・ジャーナル、ＵＳＡトゥデイ、Amazonにおいて、ベストセラーを記録。

２００１年にリファーラルインスティテュートのトレーナーになり、２００３年にはプレジデントに選任される。以来、創立時にはわずか数名のトレーナーしかいなかったリファーラルインスティテュートを、北米、オーストラリア、アジア、ヨーロッパで展開するフランチャイズ組織にまで成長させた。

ボランティアを通じて、地域社会へ利益を還元することを大切に考え、十代の肥満撲滅をめざすプロジェクトであるＬＩＦＴ、虐待及び放棄された大型の猫科動物を世話するWisconsin Big Cat Rescueの両ＮＰＯにおいて役員を務めている。

仕事やボランティア以外では、夫人と共に過ごす時間を大切にしながら、山登り、サイクリングに情熱を傾けている。

＊＊＊

大野 真徳(おおの・まさのり)

１９６５年千葉県生まれ。本名、大野麻人（おおの・あさと）。立教大学法学部卒。メリルリンチ（現バンクオブアメリカ・メリルリンチ）、パリバ（現ＢＮＰパリバ）と欧米系大手証券会社で勤務したあと、１９９５年にロンドンに赴任するも、２００２年に退社し、当時の同僚らとインターネット・サービス会社を設立。その後、ロンドンの公的金融機関で現地中小企業を対象とした助成金申請支援や、ウェブマーケティングのコンサルティングの仕事を経験。その間に、ＢＮＩのメンバーとしてリファーラル（紹介）マーケティングの威力を自ら体験。日本の経営者や事業者にもこの効果の高いマーケティング手法を紹介したいとの思いを胸に２００６年に11年ぶりに日本に帰国。現在は、ＪＢＮインターナショナル株式会社の代表取締役兼ＢＮＩナショナルディレクターとして、その新しいマーケティングプログラムを国内に広めている。趣味は学生時代から始めたアイスホッケー。高校生と大学生２人の娘の父親。

【訳者プロフィール】

小川 維(おがわ・ゆい)

１９８６年東京都生まれ。東京外国語大学を卒業後、翻訳会社勤務を経て、２０１０年からＢＮＩナショナルオフィス専属の翻訳者として活動。リファーラルマーケティングやビジネスネットワーキング関連の資料・記事の翻訳を行う。また、ウェブページや情報システムなど、ＩＴ関連の翻訳・ローカライズも行っている。近年は、情報セキュリティーの分野など、人とビジネス、ＩＴが交差する領域に関心をもっている。日本翻訳者協会会員。

リファーラルマーケティング

2015年（平成27年）7月 4 日　第 1 刷発行
2022年（令和4年）10月26日　第 4 刷発行

著　者　アイヴァン・マイズナー、マイク・マセドニオ、大野真徳
訳　者　小川維
発行　デイメーカーズ・パブリッシング
〒181-0013 東京都三鷹市下連雀3–35–1
TEL 0422-40-6631
http://dmbook.jp
発売所　アチーブメント出版株式会社
〒141-0031　東京都品川区西五反田2-19-2　荒久ビル4F
TEL 03-5719-5503 ／ FAX 03-5719-5513
http://www.achibook.co.jp

装丁──轡田昭彦
本文デザイン──朝日メディアインターナショナル
印刷・製本──シナノ書籍印刷株式会社

ISBN 978-4-905154-82-2